家庭教育導論

黃廼毓　著

五南圖書出版公司 印行

自　序

本書是根據以下的信念寫成的：

一、儘管社會急速變遷，家庭仍是人類所需要，而且必要的。

二、儘管學校教育和社會教育以各種方式在影響每個人，但是家庭教育仍是一切教育的根，對教育的成敗負有無可推卸的責任。

三、家庭教育的內容超越一般的培養、傳授、訓練、輔導，它是「生命的分享」。

四、從終身教育的角度來看，每個人一生都在學習，因此家庭教育並不等於「父母如何教子女」，而是「每個人如何在家庭中學習」，只要活著就不會畢業。

五、從全民教育的觀點來看，每個家庭都是學習場所，隨時隨地在進行著言教、身教、境教。

六、從全人教育的理想來看，人除了知識、情感、技能的需要之外，也渴望心靈的滿足。教育的極致不僅限於知道、肯做、會做，更要有願意做的精神去探求生命的意義。

七、對家庭有基本的認識可以使人對家人產生合宜的期望，不致因要求過多或失望而造成自己和家人的痛苦。然而知識並非真理，要觀察、要思考、要體驗、要領悟。

本書共分為三部分，包括十二章。第一部分探討家庭教育的理論基礎，首先認識家庭的本質及家庭教育的本質，其次討論家庭成員的角色，並介紹家庭生命發展的概念，再談到教養的一些經典策略。第二部分則就各階段的發展需要及特性，談及不同時期的家庭教育重點。第三部分針對一些有特別需要的家庭及兒童，提出其教育上可能存在的挑戰及解決問題的建議，最後探討家庭的趨勢及研究方向。

本書乃根據1988年出版的拙作《家庭教育》修訂而成。當年將

它當成「博士後研究」，出版後驚喜的結識了很多同好，彼此成為家庭教育這個領域的夥伴，二十幾年來我們看到臺灣、華人社會、甚至全球的家庭更多的需求，也紛紛產生許多精彩的論述和實踐。

回顧這些年，非常多的感恩，無以回報，只能鼓足勇氣和熱情，在五南圖書出版公司的支持下，著手修訂。過程中有很多的來回斟酌，希望保留原書精華，仔細做了一些增刪，當作「退休前統整」的一部分工作。然而走過這二十幾年的變化，當年雖已有個人電腦，但功能有限，書稿還是寫在稿紙上，如今3C產品普遍，網路發達，人們學習的習慣不可同日而語。若要將這些年來家庭教育相關的研究大量納入新的內容，對讀者是否必要？因此雖蒐集許多文獻，還是只能留待日後在其他書中呈現。

雖不容易，還是得完成，由衷感謝許多師長、學生和朋友，提供寶貴的意見和資料。特別要感謝的是幾位徒弟：易君常、陳志偉、劉容襄、吳妮真、洪婉紋等，還有好友陳碧帆的協助，也感謝陳德馨為本書內文畫插圖。

我的父親和母親「恆久忍耐又有恩慈」的愛和包容，先生葛瑞格的陪伴和扶持，使我對家庭教育的未來充滿信心。

黃迺毓
序於國立臺灣師範大學人類發展與家庭學系
2016年夏

目　錄

第1篇　家庭教育的理論基礎

第一章　**家庭的本質** ················· 3

1.1　家庭的起源與演變　4

1.2　家庭的意義與特點　9

1.3　家庭的功能　11

1.4　家庭的類型　18

1.5　華人家庭的特點　21

第二章　**家庭教育的本質** ················· 27

2.1　家庭教育的特性　28

2.2　家庭教育與西方文化　33

2.3　家庭教育與中華文化　38

2.4　養兒育女對於父母的意義　41

第三章　**家人的角色** ················· 45

3.1　影響父母行為的因素　46

3.2　母親的角色　50

3.3　父親的角色　53

3.4　親職與平權　55

3.5　祖父母的角色　57

3.6　父母對子女的期望　59

第四章　**家庭生命的發展** ················· 63

4.1　發展的架構　64

4.2　家庭生命週期　69

4.3　親子間發展互動的觀念　71

4.4　發展互動中的社會化　77

第五章　**教養的策略** ····················· 81

5.1　現代化的意義　82

5.2　管教的意義　86

5.3　管教的策略　91

第2篇　各發展階段中之家庭教育

第六章　**嬰兒與幼兒時期** ··············· 109

6.1　初為人父母　110

6.2　嬰兒期的發展　112

6.3　嬰兒期的教養重點　115

6.4　幼兒期的發展及教養重點　117

6.5　學齡前幼兒的家庭　125

6.6　托育機構與家庭　131

第七章　學齡兒童時期 ················ 135

7.1　學齡兒童的發展　136

7.2　學齡兒童的家庭　141

7.3　家庭對兒童上小學適應情形之影響　144

7.4　學齡兒童的家庭所關心的議題　146

第八章　青少年時期 ················ 151

8.1　青少年時期的特性　152

8.2　青少年的家庭　159

第九章　成年子女的家庭 ················ 165

9.1　成年時期的發展　166

9.2　成年時期的家庭　169

9-3　人口高齡化對家庭的影響　173

第3篇　不同家庭型態中的家庭教育

第十章　多元型態家庭的家庭教育 ················ 183

10.1　單親家庭　184

10.2　重組家庭　191

10.3　收養家庭與寄養家庭　194

10.4　家庭暴力　197

10.5　多元文化家庭　203

10.6　遠距生活家庭　204

第十一章   **特殊兒童的家庭教育** ┄┄┄┄┄┄┄┄┄┄┄┄┄┄ 207

     11.1   臺灣特殊教育的興起   208

     11.2   特殊兒童的特徵   209

     11.3   特殊兒童的父母   212

     11.4   特殊教育與家長參與   218

     11.5   父母親為身心障礙者家庭   220

第十二章   **社會變遷中的家庭教育** ┄┄┄┄┄┄┄┄┄┄┄┄ 223

     12.1   社會變遷對家庭的影響   224

     12.2   家庭的未來與未來的家庭   230

     12.3   有關家庭的研究   238

附錄一   一位父親的祈禱詞   247

附錄二   新孝道和新慈道   248

參考文獻   251

第1篇

家庭教育的理論基礎

　　家庭使人有別於其他動物。

　　除了人以外，還有什麼動物能在把孩子撫育到會自己行動，或自有出路之後，還能稱他們為自己的兒女的？

　　大多數寵愛子女的動物——狐狸、熊、獅子等——教導子女自創世界後，便忘掉他們；鷹教會小鷹飛翔之後，便再也見不到小鷹了。小牛、小馬、蚱蜢、蜻蜓，都各走各的路。

　　只有人，自始自終，從生到死，兒女永遠是兒女。

——R. N., So Love Returns.

　　"Family is an anthropological fact—a socially and culturally related fact. We cannot qualify it based on ideological notions or concepts important only at one time in history. We can't think of conservative or progressive notions. Family is a family. It can't be qualified by ideological notions. Family is per se. It is a strength per se." (Pope Francis)

　　家庭如同人類學，與社會文化密切相關。我們不能憑意識型態或歷史上某時期的思想去定義家庭，這無關乎保守或先進的主張。家庭就是家庭，不能受意識型態框架。家庭的本質就是家庭，它本身就是一種力量。

（天主教會第266任教宗方濟各，吳子潔譯）

第一章

家庭的本質

　　家庭是每一個人來到這世界上最先接觸的環境，也是人類生活中最重要和最基本的一種組織。舉凡個人的生存、種族的綿延、社會的維繫、國家的建立，都是以家庭為依據。

　　對孩子來說，家庭供給生存所必需的物質及精神支持，也為日後人生觀的形成奠定基礎。對成人來說，家庭提供個人成長與發展所必需的生活經驗及機會，滿足人的生理、心理及社會需求。因此，不論社會如何變遷，文化如何不同，家庭是人類所不可缺的。

　　然而大多數人都生長並生活在家庭中，反倒習以為常，將家庭的存在及功能視為理所當然，就像我們分秒都需要空氣，卻往往不特別覺得空氣之重要不可缺，直到空氣出了問題或缺乏了，我們才會注意到它。

　　近年來由於社會迅速而激烈的變遷，目前的家庭已在型態上及功能上改變了很多。必須對社會的變遷及家庭的意義多瞭解，才談得上過高品質的生活，也才能建立正確的家庭價值觀和規範。因此，許多社會學家、人類學家、心理學家、歷史學家、教育學家等，都很關心有關家庭的議題：到底什麼是家庭？家庭是如何形成的？為什麼要有家庭？家庭成員之間如何互相影響？如何使家庭生活更美滿幸福？

　　本章擬就家庭的起源、演變、意義及特點，簡要介紹。

1.1　家庭的起源與演變

　　人類為何要有家庭？是社會制度形成的？還是家庭制度本來就是根據人性而設計的？人類對家庭的依戀和認同，是天性？還是後天養成的習慣？

　　家庭的形成沒有任何文字記載，即使人類學家根據一些考古證據而提出「假設」，那也僅是推論。各民族也都有不同的「神話」來滿足人類對於「建立家庭」的好奇。以下僅就文獻敘述，略微介紹。

1.1-1　家庭的形成

　　人是群居的動物。

　　根據人類學家的說法，在遠古時代，人們還不懂得使用火，也還不會製造用具和武器，如果不能形成群體，互相團結合作，就無法繼續生存。人類結伴成群，其中有男有女，自然會生育小孩，但是那時尚無家庭的觀念和型態，只是一種群居的狀態。人們也不工作，因此沒有產物，找到什麼就吃什麼，什麼地方有食物，大家就聚攏過來。

　　食物分量有限，沒有多餘的可儲存，但聚集的人變多，就可以找到更多的食物；生兒育女後，食物的獲取與分配更為重要。人們逐漸的由食物的分配轉為獲取食物工作的分配，例如：誰比較強壯，可以捕捉大型動物；誰比較靈巧，方便抓小型動物；誰比較仔細，可以清潔捕殺的動物。分工使得從覓食到供食過程更有效率，能吃的食物也就更多元，因此，「關係」密切的人自然成為一群。

　　而自從人類發現了火，隨之逐漸發明並使用器械，人類的生活起了很大的變化。由於有火和器械，一些工作就更分化，在分工的過程中，很自然的，性別成為區分的標準，因為男人先天在體格上較強壯而有力，才拿得動那些笨重的工具和武器，而且男人不必受生育和撫養幼兒的牽絆，故成為戰士和獵者。而女人在體格上較柔弱，又受懷胎和哺育幼兒的限制，所以她們的主要工作是照管小孩，在附近採集菜蔬，並且留心護火，因為火若熄滅了，要再點燃是很麻煩的，而且把男人打獵帶回來的肉類煮熟，也是需花不少時間和精力的。這種經濟職能分工的結果，兩性在經濟上，即在民生問題上，便彼此依賴了，家庭的雛形就這樣產生了。

　　狩獵生活相當不安定，必須隨著野獸的動向而迅速遷移。當人們逐漸學會農耕和畜牧，就開始從土地獲取生活所需，人們學習自己耕種菜蔬，自己畜養牲畜，也學著計劃。農業的發展有利於較大的群居，而為了保存他們的產物，人們必須設法防衛外來的侵犯，勢必要增加群體內部的團結和合作，不像狩獵時期以遷徒來逃避強敵和災難。

　　之後，人們逐漸有了財富，就開始想到要保障並囤積自己的財富，並傳給自己的孩子，家庭的形成就更明顯了。那時的家庭是自給自足的單位，雖然各種行業上已有一些分工的情形，也有交易的行為，但使用的是「自然貨幣」，即以物易物。那時的家庭領袖是男人，丈夫和父親有很大

的權利，婦女的地位卑微，常是被買賣的商品，必須服從、聽命於丈夫。父親的權威極盛時，他甚至可以懲罰、販賣、決定子女的生死、婚姻、財富，因此家庭這個名詞（family）的原始意義不是親屬或共同祖先，而是建立在權力與財產上的主奴關係。famel原義即奴隸，familia即對人的所有權，包括生物上有關係的（子孫）或僱來服役的，或買來的及戰爭中擄來的奴隸。而父親（Pater）一詞的原義是統治者，主人（王禮錫等譯，1975）。

1.1-2 華人家庭制度與倫理

而根據說文解字，「家」，居也，從宀從豭，宀為交覆深屋，豭為牡豕（公豬），以字義言，我國「家」之起源於農業定居，從遊牧到耕稼，築屋以養家畜，從事生產繁殖（吳自甦，1973）。不論是東方或西方，家庭形成之初，過程是相似的。

家庭一旦演化成為社會制度，就會隨各民族、各地區的不同文化，而有不同的類型。華人的社會以家庭為本位，所謂「國之本在家」，數千年來，政治雖有變遷，家族制度始終保持存在，而儒家倫理是由家族制度演成；西方國家則除了羅馬帝國社會以家庭為中心，其他國家或以國家為本位，或以個人為本位，顯然與華人不同（楊亮功，1980）。

中文文獻中，歷史學家的說法是，上古神農三皇時代為母系社會，只知其母，不知其父。夏殷以降，始由母系演變為父系。到了女子終於一夫，而父子之倫始定。集夫婦父子兄弟而成家庭，集家庭而成家族。為了維繫家族組織之延續，到了周朝才建立完整的宗法制度，即距今四千年前。

周朝建國於岐山之下，大力發展農業，周王將可耕種土地劃為許多區域，將每個區域交給一個部落去開墾耕種。部落首長再將土地分配給有了家庭雛形的小團體去耕種，若干年後，就發展成正式而穩固的農民家庭（楊懋春，1981）。如此建立的家庭大多是男系父權家庭。

周代的封建制度與華人家庭的形成與結構有很大關係。封是委託的意思，天子將一片領域委託給某人去開發治理，就是建設。接受封疆（即土

地）之人就是諸侯，到封疆後先要建立一個城堡，其功能有二：一為諸侯
與其家屬、輔佐及軍士等人之住處與保護所；二為象徵一個封疆上的政治
與權力中心，若干年後，它也會發展成為工商及文化的城市。

諸侯在封疆上的主要任務有二：一是遵照天子的意旨，開發治理疆
域，使成一個開化、人民可在其上安居樂業的地方政治單位。所謂開發，
主要是召集農民、分配土地、發展農業、修築道路與溝渠。所謂治理，主
要是布施教化，如開設學校，教導年輕人禮樂射御書數等；農閒時則於鄉
里間召集民眾，講論一些行為規範、政府法令、倫理道德等。治理也包括
維持社會秩序和地方治安。

另一個任務是發展諸侯及輔佐、軍士各自的家：

1. 使家裡人口旺盛：為此，他們實行一夫多妻制，第一個稱為妻，
其餘稱為妾。妻所生的子女為嫡出，妾所生的子女為庶出，嫡出子女地位
高於庶出子女。

2. 使家中人，特別是男人，都有文化修養：即有學問、知禮達義，
通曉並履行各種人際禮儀規範，建立家風與家聲。

3. 積聚資財：主要財源是封疆內農民所繳納的地賦或租穀，臣屬所
呈獻的禮物或金錢，鹽鐵事業所抽的稅金，錢多了就能再分配，更顯其富
有。

4. 要由天子或上級諸侯處，為家庭獲得可以世襲的各種爵位、榮
譽、特權、俸祿等，代代相傳。

諸侯如此發展他們的家，成為世家。即使在封建廢除後，做高官的
人、讀書有成的人、有顯赫武功的人、有大財富的人，以及有高級文化修
養的人，仍然以建立或發展自己的家世為家庭理想。

華人的倫理思想，以家族制度為基礎，歷堯舜至孔子而集其大成。
倫是人際關係中的一套地位與一套次序，理是道理或原則。孔子講五倫之
教，首重孝悌，也是以家族制度為基礎，他把治家平天下的大道，統攝於
家庭倫理孝悌之中。例如在《孝經》中有：

「子曰：夫孝，德之本也，教之所由生也。」

「夫孝者，始於事親，中於事君，終於立身。」

「子曰：君子之事親者，故忠可移於君。事兄悌，故順可移於氏。居家裡，故治可移於官。」

「以孝事君則忠，以敬事長則順。」

「孝悌之至，通於神明，光於四海，無所不通。」

孟子繼承孔子思想，他說：「孩提之童，無不愛其親也，及其長也，無不敬其兄也。親親仁也。敬長義也。無他，達之天下也。」又說：「堯舜之道無他，孝弟而已矣。」

由此可見，儒家的倫理思想對華人傳統的家庭觀念有很深的影響，其間三千多年，雖歷經老莊及佛家思想的衝擊，仍無所動搖，使得中華文化得以家族為骨幹而發展，歷史亦以家族為原動力而延續。然而近代社會關係，不再以家族為中心，農業社會狹隘的家族觀念也必須加以擴大、修正，方能適用於現代社會。

當今華人遍布全球，然而不管居住地或當地文化或政治經濟環境的歧異，根本的核心價值與家庭觀念仍根深柢固。重點是如何去蕪存菁，保留優良的傳統，去除不合時宜的觀念。

1.1-3　家庭的演變

西方的產業革命對家族或家庭帶來了空前的震盪，工廠以機器大量生產物品，家庭逐漸失去它以往經濟上的重要性。農牧方面的勞力被機器取代，不再像昔日那般需要勞動人口，許多農民紛紛遷移到城市去工作，大家族也很難再維持下去，家庭再也不能滿足人們所有的需要。更由於許多工作以機器代替人力，原本較吃力的工作如今婦女也都能勝任，再加上家庭裡的工作不像以前那麼耗費時間和精力，於是婦女外出就業的機會大增，比起農牧時代，家庭無論在型態上、功能上、生活方式上，都有天淵之別。

1.2 家庭的意義與特點

　　家庭有客觀的定義，在不同學科領域，也有或多或少的認定差異。然而家庭也有主觀的認定，即由個人在自己的生活中型塑的家庭概念。因此討論家庭時若為了「絕對定義」而爭執不下，就很難有理性對話。日常生活中，廣義的家庭可以包括不認識的人，是「四海之內皆兄弟」的概念，例如某廣告用語「We are family」或是「全家就是你家」；華文口語裡，更是將「家」（home）與「家人」（family）混用。當我們說回家（going home），指的是一個地方的一個住處，不管是租屋或是購屋，但是住處（residence）不一定是家，住處裡要有家人才是真正的家庭。近代也有人以抽象的回家形容人生在世心靈漂泊之後找到心靈的故鄉。

　　此節的討論乃針對客觀的、相對的定義。

1.2-1 家庭的定義

　　世界各民族對家庭的定義並不完全相同，不過人類學的共同概念是：家庭是一個親子所構成的生育社群。親子是指家庭的結構，生育是指家庭的功能。再者，親子是雙系的，兼指父母雙方；子女則指配偶所生的孩子。這個社群的結合，主要是為了子女的「生」和「育」，所以家庭的基本組成分子乃夫婦及其子女。此外，各個社會各有其不同的變異性，有些尚可包括其他的成員，諸如直系或旁系親屬，或沒有血統或婚姻關係的人，因此，家庭可說是基於血緣、婚姻及收養關係結合而成的一個團體（莊英章，1986）。

　　另有人類學者（Queen and Habenstein, 1967）認為家庭是「一群親屬親密地住在一起，其成員交配、生育並養育子孫，成長，且互相保護。」（a group of kinsmen living intimately together, its members mating, bearing and rearing off-spring, growing up, and protecting one another.）

　　人類學者謝繼昌（1982）則指出華人的「家」字，其涵義可小至僅指一個人的家戶（household），但又可大到指所有同姓但不一定有系譜關係的人，「家」之富伸縮性與華人固有的政治哲學有關。此外，華人擅長綜

合性的思維方式,一個「家」字可以指稱許多類似但不同的團體。

美國社會學家（Stephen, 1963）給家庭下的定義是:家庭是以婚姻與婚姻契約為基礎的一種社會安排。它包括三種特性:

1. 夫妻與子女住在一起。
2. 承擔為人父母的權利和義務。
3. 夫妻在經濟上負有互相扶養的責任。

社會學者楊懋春（1981）認為家庭一詞包含著兩件東西,或是兩件東西的結合體,我們稱由父母子女所構成的親屬團體為家,也稱其所住的房舍為家;而稱「家庭」則是把那個親屬團體和他們的住處連結起來,都包括在內。在英文中,那個小親屬團體稱為family（group of parents and children）,而他們所居住的房屋庭院為home（place where one lives, especially with one's family）。

我國民法親屬篇第六章第1122條,對「家」的定義為:「稱家者,謂以永久共同生活為目的而同居之親屬團體。」根據以上,我國對「家」在法律上的認定有三指標:(1)永久共同生活;(2)同居者必須是親屬關係;(3)必須是兩人以上之團體。因此同居而非共同永久生活、單獨一人,或同居之團體者非親屬關係,仍不得謂之為「家」。

社會學家（Lang, 1946）定義華人家族為「一個由血緣、婚姻或收養關係的人們所組成的單位,他們有共同的生計和共同的財產。」（a unit consisting of members related to each other by blood, marriage, or adoption and having a common budget and common property.）

綜合上述,家庭最普遍的定義是:家庭是一些人經由血緣、婚姻或其他關係,居住在一起,分享共同的利益和目標。

1.2-2 家庭與其他社會組織之不同

社會學者龍冠海（1976）比較家庭與其他社會組織,歸納出以下十點:

1. 家庭是人類所有社會組織中最普遍的一種。
2. 家庭是可以滿足我們多種需要的組織。

3. 家庭是人類營生最早最久的社會環境。

4. 家庭是各種社會團體中最小的一個。

5. 家庭是最親密的團體。

6. 家庭是唯一為人類負起保種的任務的團體。

7. 家庭是社會組織的核心，其他社會結構的基礎。

8. 家庭對其分子的要求比任何團體都要迫切而重大。

9. 家庭嚴格地受著社會風俗和法律條規的限制，在各種行為上所受的限制比任何其他團體所受的多。

10.家庭制度是永久的，但家庭的結合或個別的家庭團體卻是暫時的，普通只有幾十年的生存，不像教會或國家那樣長久。

雖然當今家庭的組成趨向多元，然而家庭的本質仍深植人心，且延續著人類最初的需求滿足和渴望。

1.3 家庭的功能

家庭之所以在每一個社會和文化中都存在，並受到重視，是因它具有許多功能，可以滿足人類不同的需要，而人類需求的滿足方式會因時代變遷而有所改變，家庭的功能也必隨著改變。

學者（Burgess and Locke, 1953）將家庭的功能分為固有的功能（intrinsic function）和歷史的功能（historical function）。固有的功能是指情愛、生育和養育子女的功能，不會因時代和社會的不同而改變。歷史的功能是指經濟、保護、教育、娛樂和宗教的功能，會隨著時代和社會的不同而改變。

茲將家庭的主要功能略述於下：

1.3-1 經濟的功能

許多年前，家庭就像一個綜合農場和工廠，家庭裡需要用的東西，大部分是自己製造生產的，全家大小都從事生產的工作，如種菜、養雞、織布、釀酒等等民生需要，都在家庭裡自給自足。工商業發達後，日用物品

的製造生產已經逐漸轉移到有專門知識、技術和設備的工廠裡，如今已經有些家庭完全仰賴商品來滿足生活了，偶爾學習製作，也不是為經濟的效益，而是為了消遣的趣味。

家庭成員設法賺錢，就可以去買生活所需要的東西或服務，尤其是雙生涯家庭，日常所需更是依賴外界提供。目前家庭的經濟功能改變了很多，從以前的自產自用的生產單位，到現在是消費單位，我們必須把昔日花在製造生產上的心力，轉移到培養正確的消費意識，使廠商能製造出我們需要的東西，並以合理合法的方式銷售，而不是消極的做個消費者，健康及安全完全受到他人的控制。食安問題正反映了製造者與消費者之間的矛盾，也嚴重影響到家庭成員的健康。

在這種角色的調整的過程中，家庭仍是消費的基本單位，其經濟功能雖改變，卻仍存在。

1.3-2　保護的功能

以往，家庭的主要功能是保護家庭成員免受外人的侵害，同時當家庭成員生病、受傷、失業或老邁時，家庭更是避難的堡壘。

如今家庭的保護功能也不若以往。要避免受到侵害，須靠警察局等治安單位來保護我們；生病了，需要去醫院接受檢查治療；意外事件需由保險制度來保障。現代人已不再能單純的生活在家庭裡，凡事只依賴家長或家人來保護，很多方面都需要政府的福利措施，而福利措施的經費來源主要是來自人民的稅收；也就是說，人民繳稅，由政府統籌運用，使我們的生活更安全，更有保障。

然而家庭仍保存最重要的保護功能，即父母仍須照顧並保護兒女，尤其年紀愈小的孩子，愈需要父母花很多時間和精力去教他保護自己，教他不要玩火，不要玩電插頭，不要隨便跑到街上等等。又當孩子遇到困難，父母仍是他最大的支持，使他不致感到無助，而能解決問題。青少年雖不再需要家庭呵護，卻需要大人的關心和陪伴，保護他們不因無知或孤單而被惡人欺壓。

　　此外，高齡化社會中，老人的照顧安養也是家庭日益重要的保護功能。

1.3-3　娛樂的功能

　　在農業社會，休閒生活以家庭為中心，一般人多半藉著節慶廟會，家人吃喝吟唱，就是主要的娛樂。而在現代生活裡，休閒愈來愈受到重視，家庭外的娛樂場所隨之增多，娛樂方式也由單純到複雜，大多數的家庭，娛樂功能也改變了。

　　然而家庭現存的娛樂功能仍很重要，因家庭是孩子人生首先學著休閒的場所，許多父母會帶孩子去動物園、美術館等等地方，或是跟孩子玩遊戲，有些家庭是全家人一起計劃如何安排休閒生活，有些家庭更是樂意邀請朋友或親人一起休閒。

　　雖然孩子長大後會比較喜歡與年齡相近的朋友一起玩，但是他對娛樂的價值觀最主要還是受家庭的影響，父母若重視休閒生活，孩子自幼就學著如何充分利用閒暇，從事有益身心的活動。相反的，若父母堅信「勤有功，嬉無益」，自己生活裡就少有娛樂，或者父母本身就偏好不正當娛樂，孩子自然地接受那一套價值觀。

　　其實，休閒生活若安排得好，可以促進家人關係的親密與和諧，因此西諺說：「玩在一起的家庭就不會分開。」（The family plays together, stays together.）

1.3-4　宗教的功能

　　早期歐美的家庭受到基督教文化的影響，家庭中的宗教氣氛維繫了家人的團結，家庭裡的大家長是上帝，教堂是跟弟兄姊妹一起敬拜神的地方，也是社區活動的中心，有適合各種年齡的主日學、唱詩班、團契和查經班，家庭與教會有密切的關係。

　　宗教信仰曾是道德教育的根據，如今父母雖不一定按照聖經的教訓來教導子女，但仍要教導他們判斷是非，走正路。例如自古至今，父母都教導子女要誠實，但過去的重點可能在於聖經中所記載神的指示，而如今則

強調誠實的人會受到信任和尊敬。

傳統的華人相信已故的祖先變為鬼神，存在另一個世界，他們雖為鬼神，卻仍有世人的生活需要，子孫有義務為祖先提供那些需要物品（楊懋春，1981），因此祭祀祖先是家庭一項重要的宗教功能。

慎終追遠是很好的傳統，祖先崇拜原是表示對先人的懷念，但是由於個人主義及宗教信仰的影響，此觀念漸漸淡薄；從環保的觀點來看，現代人祭祀的行為和方式也有待改善。

倘若父母過度迷信，也會造成子女對人生缺乏自信，凡事靠運氣，不靠努力。一般華人家庭的宗教功能不甚明顯，但對子女的人生觀有很大的影響。

1.3-5　教育的功能

以往，家庭是教育子女的主要場所，學問是代代相傳的，父母教子女識字、算術，以及其他的生活技能，使其能有一技之長。而今的社會，知識爆炸，家長已無能力負擔全部的教養責任，曾幾何時，一提到「教育」，就只想到「學校」，家庭教育和社會教育反而常被忽略，家庭的教育功能的確因學校的普遍設立而減少了許多。目前大部分的孩子的照料和陪伴可能經手於不同的人，產生了「生育、養育、教育」互不協調的現象。

教育的意義及範圍都擴大了，但是家庭仍有其重要的教育功能，大部分的孩子仍是從家庭中學會說話、學會走路、學習守規矩、人際關係等等，更重要的是，孩子從父母及家人那兒學到了價值觀、信仰和處世態度，且奠定與他人的依附關係，因此即使社會上有那麼多提供教育的機構，家庭仍是教育的中心，對一個人的影響最長久而深遠。

教育最重要的內涵，如品格教育、性別教育（sexuality education）、生命教育等涉及價值觀的傳遞，原本是家庭教育的重心，但是家庭的教育功能無法發揮時，教育當局只好「責成各級學校」去實施，雖有實體課程，效果卻是短暫而有限的。

當此之際，關心教育的人非得重新看待「家庭」和「學校」教育的分

工和合作，以達作育英才之效。

1.3-6　生育的功能

每個社會皆以家庭為生兒育女的地方，傳統華人家庭的首要功能是生育子女，尤其是生育男孩子，其目的是傳宗接代，因為華人相信今世的人是已故祖先的生命延續，因此重男輕女。此外，農業社會裡，許多工作須靠男丁，多一些人手就顯得家庭興旺，而且地廣人稀，醫藥保健不發達，夭折率高，因此深信「多子多孫多福壽」，多生育可以保障種族延續。

但是在重質不重量的新觀念之下，許多家庭實施計畫生育，一般家庭的子女人數都減少，而且個人主義抬頭，「不孝有三，無後為大」的觀念也逐漸淡薄。一些國家甚至政府還設立許多鼓勵辦法，希望年輕人多生育，但效果不彰，家庭的生育功能顯然下降。

少子化的趨勢凸顯了人們對養兒育女價值的疑惑：如果不能期待養兒防老，為何要生孩子呢？如果教養辛苦，何必找麻煩呢？政府似乎也只是將生育當成人口政策的一環，措施都繞在「福利」上，好像只要鼓勵生小孩，就解決了人口問題，卻忽略家庭和社會看重的是人才需求。生育不是「育種」，生育要有「承諾的愛」做基礎，人們需要婚前和婚姻教育，享受婚姻生活的同時，迎接新生命的加入。

1.3-7　情愛的功能

男女因愛而結合，組成家庭，為的是讓愛情落實到生活裡，並延續到未來。有了子女後，父母對子女之愛發自本性，也是子女發展過程中最重要且不可缺的。

家庭最主要的功能就是滿足每個家庭成員的情感和愛的需要。家人之間彼此的愛、接納、關心和支持是最珍貴的，尤其夫妻間的情愛是家庭幸福的基石，對夫妻本身而言，經過一天辛勤的工作，回到家來有人互相照顧，分享工作心得，交換體己的話，的確是單身生活享受不到的。

心理學家認為「孩子的安全感的最主要來源是知道父母相愛」，夫妻感情和睦，孩子自然有安全感，珍惜自己的生命，重視自己的存在，能自

愛愛人，等於為幸福人生開了明燈。

在其他的家庭功能隨著時代變遷而轉移或減少時，情愛的功能卻比以往更迫切需要，「人生最大的快樂與最深的滿足，最強烈的進取心與內心最深處的寧靜感，莫不皆來自充滿愛的家庭。」（Wahlroos，鄭慧玲譯，1981）但是家庭為何不和諧？大多是由於家人未將感受到的愛和所懷的善意，恰當地溝通出來。

昔日國人在感情表達上較保守而含蓄，但今日的社會節奏快速，現代人似乎沒有太多的時間仔細體會，情愛的表達與溝通已是現代人必須學習的。此外，在緊張忙碌的現代生活裡，人們渴望情緒的平衡及內心的安適，因此大多數人仍願意犧牲一些個人的自由和享受而成家。

家族治療大師薩提爾（Virginia Satir）的一段話可說明情愛功能的極致：充滿真誠、活力及愛，家庭分子的智慧、精神和心靈則是一體的。每個人說話時有人傾聽，別人說話時他也會專注。成員除了被關愛外，尚被認定為有價值的，因此他可以享受任何做人的權利：尤其是嘗試錯誤的權利——他可以不必害怕做錯，因為家人會認為他會從學習錯誤中長大而諒解他。同樣的，他也是以如此態度對待家人，彼此互信、互尊及互愛（吳就君譯，1983）。

1.3-8 家庭功能的發揮

在愈傳統的社會裡，社會結構愈少分化，家庭所負擔的功能愈多。而現代社會裡，人們講求效率，傳統的家庭功能由社會上專業的機構所取代，家庭更應把握其最重要的固有功能——情愛及養育子女的功能，在急速變遷的社會中，幫助其成員去適應現代的社會，建立合情合理合法的行為規範；而不是使成員受太多不必要的阻礙及牽制，反而使家庭的功能變質，而無法提供成員在發展過程中所需的精神及實際的支持。

「任何的成功都彌補不了家庭的失敗。」家庭的失敗指的是什麼呢？一定不是別人給你打的分數及格與否，而是個人在家庭中的付出和獲得，犧牲和享受。

家庭既然仍是人們內心最渴望的，它必須具備基本的功能，並讓功能

發揮到滿意程度。

　　由於家庭組成多元化，我們必須從所有分化的功能中，重新學習「愛」的功課。

　　欲達到這些理想，「學習」是唯一的方式。近年來學習型家庭的理念成為家庭教育的「進階版」。學習型家庭的理想，是希望透過家庭成員的相互學習，共同創造新知識，並且透過知識的運用及轉化，進而能持續家庭整體的生命力與適應力，亦即促進家庭的成長與發展。

　　學習型家庭原是由學習型組織（learning organization）的概念延伸而來。學習型組織是由Peter Senge（1990）所提出，亦即一種能培養創造性、擴張性的思維型態，成員持續學習如何一起來學習，增進能力，創造所要的結果。集體的期望可以自由設定，並經由大家共同的努力來達成。根據Senge的觀點，學習型組織的基本特徵是：

　　1. 系統性的問題解決。
　　2. 嘗試新的取向或方法。
　　3. 從自己的經驗中學習。
　　4. 從別人的經驗中學習。
　　5. 組織上下能快速而有效率的轉換知識。

　　在學習型家庭的理念下，家庭功能得以發揮，就是健康家庭。健康家庭的觀念是由人體的健康概念而來。

　　既然家庭如同個人，有開始，有結束，也有不同的發展階段和每個時期需要學習的功課，所以一個家庭要能成長，也需要合適的學習。

　　家庭像是一個有機體，也會「生病」，而家庭成員都要努力讓家庭保持在「健康」狀態，大家才會有好日子過。

　　學習型家庭的終極目標無非是使家庭更健康，品質更提升，而所謂的健康不是指無病痛，或是完美的狀況，而是有機體能發揮功用，使生命存活而滿足。因此所謂健康家庭是指品質較高的家庭，包括家庭關係的有效運作、家庭資源的有效運用，以達成個人及家庭潛能的充分發展，並使家庭有能力有效的處理壓力與危機。

1.4 家庭的類型

人類的家庭起源於生物本性，而後逐漸成為社會制度。楊懋春在所著《中國家庭與倫理》（1981）中指出：古今中外一切社會中或一切文化中都有家庭制度；但沒有一個社會或文化中的家庭制度與另一個社會或文化中的家庭制度完全相同。因為人類的基本需要雖然相同，但滿足需要的方法或途徑可以因時因地因機會而有不同。

社會學家以五種標準作為家庭的分類，即世系、居住方式、婚姻形式、家庭形式及主要人倫關係。

1.4-1 以世系為標準的分類

世系是指家名、香火傳遞、財產繼承的方式。以世系為標準，家庭可分為四大類：

1. 父系家庭（patrilineal family）

家系、姓氏、財產等，均由父方的男性傳遞下去，華人的傳統家庭可作代表。

2. 母系家庭（matrilineal family）

家系、姓氏、財產等，均由母方傳遞下去，花蓮的阿美族有此種家庭。

3. 父母雙方等重家庭（bilateral family）

父母雙方同等重要，一個人可以繼承雙方的財產，亦對雙方盡相同的責任，現代歐美家庭屬於此類。

4. 雙系家庭（double descent family）

有父系與母系的區分，各有其重要性，並有禮俗規定一個人由母方繼承某種類或性質的東西，另由父方繼承不同種類或性質的東西，太平洋上Ontong Java島有此類家庭。

1.4-2 以居住方式為標準的分類

居住方式是指一對男女結婚後，共同居住之處。以居住方式為標準，

家庭可分為六類：

1. 隨父居（patrilocal）：婚後與夫之父母住在一起。

2. 隨母居（matrilocal）：婚後住在妻之父母家中。

3. 隨舅居（avunculocal）：母系社會中，婚後妻與所生子女均居住妻母家中，子女長大後歸舅父管。

4. 兩可居（bilocal）：婚後夫妻可自由選擇隨父居或隨母居。

5. 新居制（neolocal）：婚後二人另建新家居住。

6. 分別居（duolocal）：婚後夫仍住營舍內，以便繼續受戰鬥訓練，妻則仍住娘家。

1.4-3　以婚姻形式為標準的分類

以婚姻形式為標準，家庭可分為三大類：

1. 一夫一妻式（monogamy）：文明人的理想婚姻。

2. 多妻婚（polygyny）：法律承認或社會默許一男娶多於一個女人為妻子。

3. 多夫婚（polyandry）：一個女人可以有數個男人為合法或社會所承認的丈夫。

1.4-4　以家庭形式為標準的分類

以家庭形式為標準，大致可分為三類：

1. 核心家庭（nuclear family）：即小家庭，由一對夫妻及其未婚子女組成。

2. 單幹家庭（stem family）：即折衷家庭，由祖父母、父母及未婚子女組成。

3. 擴展家庭（extended family）：即大家庭，由數代數房所構成的家庭。

1.4-5 以主要人倫關係為標準的分類

人類學家許烺光認為家庭中成員關係的特性是影響文化的關鍵所在。一個家庭中的成員可分為許多種角色關係，如父子、夫婦、兄弟等等，這些關係稱為人倫角色關係（dyad）。由於家庭型態的種種變化，每一民族的家庭經常在各種人倫關係中，採取一種為主要代表，這種代表性的人倫關係稱為「主軸」關係，亦即家庭中其他人倫關係都以之為模型或典範，主軸關係的特性掩蓋了其他關係的特性而成為家庭生活的軸心。許先生研究世界各種民族，認為家庭中成員關係的主軸可分四種類型：

1. 以父子倫為主軸：華人家庭為典型代表。
2. 以夫妻倫為主軸：歐美民族的家庭為代表。
3. 以母子倫為主軸：印度家庭為代表。
4. 以兄弟倫為主軸：以東非洲及中非洲若干部落社會的家庭為代表。

1.4-6 人類學家的分類

有人類學家（宋光宇，1977）將家庭分為：

1. 核心家庭，又分為：

(1) 養育家庭（family of orientation），即出生之家，一般稱為原生家庭（family of origin）。

(2) 生殖家庭（family of procreation），即生育之家。

2. 擴大家庭，又分為：

(1) 小型：主幹家庭（stem family），三代同堂。

(2) 中型：直系家庭（lineal family），一對夫妻及其諸子女的生育之家。

(3) 大型：延伸家庭（expanded extended family），大家族。

3. 聯合家庭（joint family）：包括兩個或兩個以上的核心家庭，透過男系或女系繼嗣關係而結合在一起。

1.5　華人家庭的特點

每個民族均有其獨特的歷史和文化，經過代代相傳，形成該民族的家庭特色。華人人口眾多，歷史悠久，家庭的特色也是研究家庭者很感興趣的。

1.5-1　家庭主義的特質

韋政通（1974）曾探討家庭與個人的關係，指出華人傳統家庭與西方社會學家所說的「家庭主義」（familism）相符合，家庭主義的特質則是：

1. 強烈的一體感

每個人從出生到獨立謀生，都有一段相當長的時間依賴家庭，本來對自己的家就會有特殊的感情，而家庭主義經由一套文化上的設計，把這份感情特別強調，並與特殊的價值觀念結合，使其經久常存。因此即使子女長大了，對原來生長的家庭的感情依舊濃密，而儒家更把孝悌視為最高道德價值的表現，為家庭的維繫和凝結奠下不拔之基。因此華人不願離鄉背井，即使出外工作，仍願衣錦還鄉，落葉歸根。

2. 嗣續繁衍

受儒家教孝的影響，孟子說：「不孝有三，無後為大。」萬一沒有後代，祖先即無人祭祀，而祭祀是華人家庭的整合力量，也是家庭制度的根本，所以絕嗣是很嚴重的。

3. 恪遵祖訓

即培養子女對祖先的認同感，如朱柏廬治家格言：「祖宗雖遠，祭祀不可不誠；子孫雖愚，經書不可不讀。」經書既是祖訓的主要來源，多讀經書就是恪遵祖訓。

4. 家庭財物公有

子女一旦有了私有財物，對父母的依賴減少，順從心也會減退，因此傳統華人家庭裡，父母必掌經濟大權，不但控制財物，也負責援助子女。

5. 重視家庭榮譽

家庭主義最重要的要求是家庭高度的統一與和諧，而個人的興趣是不被重視的，必須為全家人的理想而奮鬥，光宗耀祖是個人最大的成就與滿足。

雖然傳統家庭也能滿足某些需要，然而這種傳統家庭與現代家庭已不太相同，因為現代人的需要和古人不同。

1.5-2 華人傳統家庭的特點

楊懋春（1981）指出，華人把家庭當成是延續生命的機構，認為有了家庭才能合法的產生後嗣，生命才能傳遞下去，而有了後嗣才能香火不斷。他列舉了華人傳統家庭的特點：

1. 複式家庭（compound family）

即一個大家庭中包含數個小家庭，如三代同堂。

2. 建立在男系制度，或父傳子的制度上

家庭產業多由眾子均分，而長子承受勳爵封號。

3. 重男輕女

婦女在禮法上地位低，必須「在家從父，出嫁從夫，夫死從子」。

4. 對兒子的期望特別高

因此通常父親對兒子的管教特別嚴厲，而母親對兒子特別愛護，兒子的地位固然重要，壓力也很大。

5. 財產共有

使家庭成為一個共同生產、共同生活、養育幼小、照顧老弱、恤病送終的機構。但是家道中落時，一部分的家庭分子受到其他家人的連累，不得發展，因此常見家世興替的現象。

然而近年來，傳統家庭起了大變化，多數人反對大家庭制度，以威權與服從為特點的親子關係已起了顯著變化，婦女的地位提高許多，家庭主要功能也不再是傳宗續氏，重男輕女的心理已不如過去，個人經濟較以往獨立，形成的家教家規也少了。

又由於我國的家庭是以父子倫為主軸，這種家庭有四種特性（李亦園，1981）：

1. 延續性（continuity）

某人身為人子，將來也會為人父，父子關係在家庭中一連串不斷勾連下去。

2. 包容性（inclusiveness）

夫婦的關係是單一而排他的，父子關係則是包容的，一個父親的愛可以包容所有的子女。

3. 權威性（authority）

父對子的關係常是權威的，而夫妻之間則是自主的，母子之間是依賴的，兄弟之間是平等的。

4. 非性的（asexuality）

父子關係不是以性為基礎的，本身並不包含任何價值判斷。

1.5-3　華人家庭的變遷

華人的家庭結構，自周代以來，經歷多次變遷，根據芮逸夫的研究，在宗法制度盛行的兩周時代，是以擴展家庭占優勢；宗法制度破壞後，自秦至隋，家庭結構是以主幹家庭占優勢。唐代以後，由於講究家世與族系，所以又為直系家庭所代替，這種直系家庭一直到清代末年都是華人心目中的理想家庭。

但自清末民初以來，因為受了西方個人主義及工業社會的影響，傳統的家庭制度動搖了，一般均以建立核心家庭為理想，尤其在都市裡。但是這種小家庭實際上產生了一些問題，如年老父母的奉養和幼兒的照顧，幾乎困擾著每一對年輕夫婦。

朱岑樓（1970）曾在其所著《婚姻研究》中列舉了核心家庭的特質，其利弊顯然易見：

1. 以夫妻關係為基礎。
2. 其功能為性、經濟、生育、教育。
3. 其親屬關係網路之依賴性小，受控制亦較弱。

4. 嗣系較不偏重配偶之任何一方。

5. 擇偶較自由。

6. 教育以愛情為基礎。

7. 與外人較疏離，離婚率較高。

8. 子女較自由發展。

9. 適合現代工業都市社會。

10.需要社會福利事業，以補親屬團體之缺。

在變動或過渡期間，有些華人社會學者主張「主幹家庭」，即三代同堂的折衷家庭，其優點有：(1)老有所養；(2)子女對父母有責任感和同情心；(3)有人助理家務及管教小孩。而其缺點有：(1)感情不易融洽；(2)權柄問題難解決；(3)輪流供養父母不易實行。其實施的效果決定於家庭分子具備的條件，如個人修養、性格、教育程度、人生觀、經濟能力和家庭的傳統等等（龍冠海，1976）。

朱岑樓曾在1977年以問卷調查臺灣十五所大專院校講授有關家庭課程之教師，及臺北市七家晚報家庭欄主編及專欄作家等152位，列舉近六十年來臺灣家庭所發生的重大變遷，以十項為原則。其結果如表1-1。

表1-1　近六十餘年臺灣家庭的重大變遷

變遷項目	提出人數
1.以夫妻及未婚子女組成之家庭增多，傳統式大家庭相對減少。	94
2.父權夫權家庭趨向於平權家庭，長輩權威趨於低落。	79
3.職業婦女增多，妻之經濟依賴減輕。家計趨向於共同負擔。	77
4.傳統家庭倫理式微，祖先崇拜不若過去之受重視。	71
5.家庭功能由普化趨向於殊化，以滿足家人情感需要為主要，其餘則轉由社會負擔，尤是以子女的教育為然。	70
6.傳統孝道日趨淡薄，家庭非若以往以父母為中心，而趨向於以子女為中心。	71
7.夫妻不再受傳統倫理的束縛，趨向於以感情為基礎，穩定性減低，家庭糾紛增多，離婚率升高。	60
8.傳宗接代觀念減輕，家庭人數減少。	54
9.親職受到重視，教養子女方式由以往之嚴格控制，轉向尊重子女人格獨特發展，且養兒目的不再全是為了防老，子女均受教育，輕重之別趨於淡薄。	51
10.家人相聚時間減少，關係趨向於疏離，衝突增多。	49

變遷項目	提出人數
11.婚前自由戀愛逐漸取代父母之命，媒妁之言，傳統擇偶標準大部分消失。	44
12.貞操觀念趨淡，兩性關係愈見開放。	39
13.單身家庭及有子女而不在身邊之家庭增多，年老父母乏人奉養，孤單寂寞。	35
14.男女趨向於平等。	35
15.老人問題趨於嚴重。	35
16.青少年犯罪者增加。	35
17.婚後與岳母共居之家庭增多。	34

資料來源：朱岑樓，中國家庭組織的演變，1977，PP.255-288。

　　雖是多年前的調查，如今看來，仍令人欷噓，時光荏苒，景物不再，家庭的變遷有跡可尋，也可見我們若隨波逐流，就是證明「情勢比人強」，但是願意以學習為改變契機的人，仍可能在時代洪流中，開創積極的人生。

第二章

家庭教育的本質

　　家庭教育原是華人文化裡極重要的一部分，近年來由於經濟的發展，固然生活比以前富裕，但由於社會變遷迅速，導致各種失調的現象，影響社會的安寧。而要維持社會的秩序，最基本的仍是要從防止青少年走上歧途著手，也就是要父母們重視家庭教育，引導子女朝向正確的方向發展。

　　一般人將教育分為學校教育、家庭教育、社會教育。張春興（1984）指出，不良少年的問題是：

　　1. 病因種於家庭：由於父母養不教或教不當所致。

　　2. 病象顯在學校：由於行為規範與學業標準的要求，而導致適應困難。

　　3. 社會使病情惡化：既不能得到家庭的支持，又無法克服學校困難。

　　因此家庭教育雖不明顯，其品質良莠卻關係著學校教育和社會教育的成敗，家庭教育可說是一切教育的基礎。若比喻教育是一棵大樹，家庭教育是樹根，決定了樹的生命與生存，但是通常不會看到；而學校教育就像樹幹，看起來像是主體，向下承接家庭教育，向上延伸樹枝樹葉，亦即社會教育。

　　本章擬就家庭教育的特性，西方與華人傳統的家庭教育，及兒女的價值，加以敘述。

2.1　家庭教育的特性

　　家庭是由一群人組成的，這些「家人」不同於其他社會團體成員的關係，卻是每個人來到這世界最先接觸和互動的「別人」，因此家庭教育有其不可取代的特性。

2.1-1　家庭中的人際關係

　　家庭是人際關係最單純、也是最複雜的地方，它之所以單純是因為它通常只牽涉到自己家裡的人，由於相處密切，互相比較瞭解，也比較能包容和欣賞。而它之所以複雜是因為家人朝夕相處，摩擦的機會也多，彼此

付出多，要求也多，反而不容易保持客觀、冷靜或理性。

　　家人關係中的親子關係更是一門藝術和學問。父母既沒有權利選擇自己的子女，子女也無法選擇父母。親子的感情原是本性的流露，卻受到環境的塑型，因此父母對子女的愛雖是人類所共同具有的，表達方式卻因文化差異，而有顯著不同。

　　一般人們談家庭教育，大都是以社會化的單向的模式（unidirectional model），強調父母是子女的老師，子女是學習者，父母應該把價值觀、態度以及行為準則教給孩子，使他長大成為社會認為成功的人。也有許多研究報告指出，父母的管教態度與方式對子女的確有很大的影響，這種單向的親子關係及教育模式，近年來引起一些爭議，理由如下：

1. 家庭裡的倫理是一種社會系統

　　父母與子女的關係是動態的、互動的，每個人都影響其他的人，每個人都是行為的發動者（initiator），也是接受者（recipient），因此家人可以彼此激勵。從此觀點來說，父母與子女的關係應是雙向的模式（bi-directional model），不但父母可以影響子女的行為，子女也會影響父母的行為，這種互動關係可稱為是一種社會系統，許多因素，如性別、發展階段、健康情況等等，都會影響家人的行為和互動關係，因此親子關係始終是在改變的。

2. 家庭教育的目標因人而異

　　社會和家庭也是互動的，社會變遷與家庭改變互為因果。由農業社會進入工商業社會，到資訊社會，科技與每個人的生活息息相關，而目前社會所面臨的變遷是空前的，在變遷中學習調適是個大挑戰。

　　以往的父母比較清楚子女長大後要面對的是什麼樣的社會，需具備哪些能力，因此教育孩子需有明顯目標。現今一般的父母對於子女的教育卻有一種不確定感（feeling of uncertainty），也懷疑如何才是稱職的父母。今日的父母幾乎無法教子女如何去適應未來的社會，因為那是無法預測的，但是家庭仍須幫助孩子社會化，父母必須教導孩子培養適應種種變化所需的能力，也就是培養子女解決問題的態度和能力，而不只是教他解決問題的方法。

3. 為人父母的理由因人而異

目前的年輕人比過去的年輕人更可以自由作決定是否要有孩子，醫技的發達使人可以選擇是否要生育或是何時生育，來自上一代及社會的壓力也減輕了，年輕夫妻既不期望「養兒防老」，又擔心如果有了子女，是否能保證子女的幸福，沒有把握就不應讓一個小生命來到世間受苦，人口增加，資源卻減少，許多人對未來抱著悲觀的想法。

以往，結婚後為人父母是順理成章的，而今愈是認真考慮子女前途的夫妻，愈是不敢貿然生養子女，一旦他們決定要有孩子，多半有他們的理由，心態上的差別很大。

4. 父母的角色是很獨特的

父母的角色有四個特點：（Rossi, 1968）

(1) 母親的壓力比父親的壓力大。從小，女孩子就被鼓勵玩辦家家酒，男孩子則玩些打仗或冒險的遊戲，因此長大後自然認為照顧孩子是女人的事，女人在事業與家庭之間的衝突也是男人不必面臨的。

(2) 父母的角色比其他角色更由不得自己選擇。雖然避孕方法技術發達，意外懷孕仍經常發生，縱然可以墮胎，但多數婦女還是盡可能保留胎兒。在不得已的情況下當了父母的仍不在少數。

(3) 父母的角色是不能取消的。若一個人對工作不滿意，他可以辭職，若他對婚姻不滿意，也可以離婚，但是親子關係一旦產生，就是「終身職」了，除非特殊理由，如送人領養，否則父母和子女的角色就永遠存在。

(4) 親職的「職前準備」很缺乏。大多數人在當父母之前根本不瞭解生育、養育、教育子女是怎麼回事，很多年輕人在有了子女後才赫然發現孩子不是玩具，不是寵物。有的人連忙買書看或請教別人，從嘗試錯誤中學習，孩子成了試驗品。

以往的大家庭裡，家中長輩會教導年輕人為人父母所需的知識和技能，如今多半是小家庭，學校和社會之沒有完善的教材可以提供給他們，使得許多年輕父母手忙腳亂。

5. 父母的角色是發展性的（developing）

隨著孩子的成長，父母必須隨時調整自己的角色，例如年幼的孩子較需依賴父母，父母對他的照顧也多些，但孩子逐漸獨立時，父母也要慢慢放手，才不致形成對立和衝突。同時父母本身也是發展中的個體，隨著年齡增長，對自己及子女的看法也會改變。

2.1-2　家庭教育的範圍

到底「家庭教育」這種觀念是不是華人文化所特有的？它與近年來頗受重視的「親職教育」有何關係？以下討論家庭教育的幾個定義。

顧名思義，家庭教育是父母在家庭裡對其子女所施之教導。接近英文的parenting（教養）的意思。其實施是以家庭裡為主，教育者是父母，接受者則是子女。此義類似於王連生（1980）所述之狹義的定義，即「學前兒童在家庭中接受的教育，即父母對幼兒所施之情感生活之指導，與道德觀念之養成」，也就是父母把為人處事的社會規範教給子女，使子女長大後能適應社會生活並服務人群。

然而，並非父母怎麼「教」子女，子女就成為什麼樣的人，其中影響的因素很多、很複雜，例如：對一般父母來說，「言教」比較容易，因此關心孩子的父母就會變得絮絮不休，至於孩子聽進了多少，接受了多少，就很難講了。「身教」則較難，但效果似乎稍微好些，因為孩子最主要學習來自實際的觀察、體會和模仿，「有樣學樣」是很自然的，因此有人說「孩子是父母的翻版」，也因此現代人體認到父母也需要接受教育，紛紛提倡「親職教育」（parent education）。

現今的社會，人與人接觸頻繁，甚至往往相處時間最少的反倒是自己的家人，因此孩子所受的影響更是來自四面八方，光是父母以身作則已經不足以對抗其他的影響力了。因此家庭教育應該擴展至「境教」，除了諄諄教誨和以身作則，也要給孩子一個較好的學習及成長環境，才能真正發揮家庭教育潛移默化的功效。

而王連生所述之廣義定義為「一個人自生至死，受家庭環境、成員、氣氛的直接薰陶或間接影響，在情感生活的學習上、倫理觀念的養成上、

道德行為的建立上，獲得身心健全發展的指導效益。」也就是一種終生教育、人格教育、生活教育。

若將家庭教育直譯為英文的family education，根據教育辭典（Good, 1973），其解釋有兩種：

1. 家庭教育是一種正式的預備課程

包括在學校、宗教組織或其他福利團體的課程內，目的是要達到父母與子女、子女之間及父母之間更好的關係。（formal preparation included in the curriculum of schools, religious organizations, or other welfare associations for the purpose of effecting better parent-child, child-child, and parent-parent relationships.）

2. 家庭教育也是非正式的學習

在家庭中進行，學習家庭生活的適當的知識和技能。（informally acquired learnings, within the home, of pertinent data and techniques of family living.）

前者強調家人關係，不只是親子關係，也含括了婚姻關係和手足關係。後者屬於家事的學習，偏重日常生活的經驗。

而若專指「父母對子女的教導」，則有另一個字——parenting，亦即教養。為了要能做個稱職的父母，父母必須學習，而不能蕭規曹隨，因此有段期間親職教育（parenting education）等同家庭教育。親職教育是一種成人教育，主要內容是兒童的教養和家庭生活，從生活的照顧、瞭解孩子的發展與需要、解決親子間的問題等等，到培養子女正確的人生觀、建立良好的溝通、達成家庭目標等等。

然而，家庭教育強調在家庭裡，家人彼此的互動關係，也就是說，父母和子女是互相教育、彼此學習的，家庭裡發生的許多事都直接或間接的讓我們學到一些東西，我們也在日常家庭生活裡接受最基礎的教育。

親職隨著時代改變，從倫理教育的一環到「當父母要學習」的觀念，已經顯得有點消極，需要以更積極的角度來進行家庭教育。

近代，學習型家庭成為家庭教育的新趨勢，尤其自2003年臺灣通過家庭教育法，建立家庭政策的教育面，也是教育政策的家庭面，受到國際矚

目。學習型家庭強調「家人共學，家人互學」，在「幸福不是靠運氣，而是靠學習」以及「因為愛，我們學習；學習，讓我們更相愛」的信念下，家庭教育的「家庭」二字不限於以家（home）為場域，教導者不限於父母，學習者不限於子女，學習內容更包括家人關係和家庭管理，二十一世紀的家庭教育有了全新的面貌。

2.2　家庭教育與西方文化

文化塑造了家庭教育，家庭教育也形成了文化。

人類學家李亦園曾說：家庭其實就是基礎文化養成之地，家庭中子女的養育，對整個民族文化實在有非常深遠的影響。世界上各民族的文化差異很大，產生文化差異的重要原因之一是家庭型態的不同。

中華文化雖有數千年的歷史，傳統的家族觀念已深植人心，但是在西方文化的衝擊下，現代人迷失在新舊交替的混亂裡，因此我們有必要對西方的家庭教育思想演變，稍加瞭解。

2.2-1　古希臘和羅馬

在古時候，人的一生只分兩個階段：兒童期和成人期。成人期是兒童期經驗的累積，發展的目的就是長大成人，兒童期是指從出生到5歲或7歲，此後即被當作成人看待。兒童沒有地位，可以任憑成人擺布，但是家庭教育還是相當受重視，其目的不是在於兒童本身的福利，而是為社會國家的福利。男孩子才有權利接受教育，女孩子只需學習家務即可。父親是一家之主，母親則是子女的第一個老師，兒童是沒有什麼地位的。

2.2-2　中古時代

中古時代約西元400年到1400年間。當時正式教育很少，且大部分是修道院所辦的。當時的家庭多為農業社會的大家庭，兒童的需要很不受重視，兒童所受的教育大都來自觀察和模仿大人。事實上，在產業革命以前，人們成日為了糊口謀生，已心力交瘁，兒童得到的注意很少，他們被

視為「小成人」（miniature adult），不但穿著像大人，也被賦予大人的責任，甚至年紀很小就開始當學徒。

由於衛生保健不佳，嬰幼兒死亡率高，但出生率也高。由於對生命持續不太有把握，成人不敢跟孩子太親密，免得失去時太悲傷，因此這個時期的親子關係相當冷漠。

2.2-3 文藝復興時期

文藝復興時期約從1400年到1600年間。此時期歐洲經歷了藝術及科學上的大復興，但是一般人仍不注意兒童，有錢人僱用保母照料嬰兒，父母不認為照顧孩子是他們的事。

2.2-4 美洲殖民時期

約在1600年到1800年之間，一些英國人移徙到新大陸北美洲時，那些移民主要是清教徒（puritanist），他們認為兒童是性本惡的，父母應嚴加管教，才能使子女成為無私而虔誠的人。由於嬰幼兒的死亡率很高，孩子是相當受到重視的，此時期父母對子女已非漠視，而是關愛了。

2.2-5 十九世紀

1800年到1860年，在美國內戰（Civil War）之前，有三個主要的教養理論：

1. 卡爾文主義（Calvinism）

是當時最受注目的方法，強調嚴格管教。父親開始出外就業，管教子女的責任即落到母親肩上。非不得已不處罰子女，鼓勵子女獨立，儘早訓練他斷乳、大小便、餵食、走路、保持乾淨和衛生。卡爾文主義強調父母的權威和子女的順服。

2. 環境主義（Environmentalism）

受到洛克（Locke, 1699）的影響最大，他認為初生嬰兒像一張白紙，日後的經驗會構成其性格。和卡爾文理論最大的不同是，環境主義者認為孩子的本性無好壞之分，完全是環境造成，環境決定一切。

3. 早期發展主義（Early Developmentalism）

與近代的思想較接近，主張父母不必太在乎以權威讓子女順服，而可以用說服、獎勵和堅定的態度，使子女願意服從。這種觀點為現代的發展理論奠下基礎，因它強調孩子有發展的需要，而且父母協助子女塑造人格，它也指出嚴厲的管教和溫和的管教造成不同的效果和影響。

2.2-6　二十世紀

西元1890年到1980年，從文獻分析中，可看出二十世紀的父母管教子女的態度。大約在30年代中，父母對子女由嚴轉寬，主要原因是美國的經濟快速成長，父母（尤其是父親）忙著追求物質生活，對子女就較縱容，也常以物質來表達對子女的關愛。此時期由歐洲各國大量移民去美國，那些移民一方面帶來各自的文化傳統，一方面又希望在新大陸建立夢想的美國。直到行為主義（Behaviorism）之父J. B. Watson提出他的看法，他警告父母不要給子女太多溫情，也不要跟子女太親暱，以免造成子女長大後「心理殘弱」（psychological invalid），直到現在仍有人主張孩子哭時不要理他，免得他學會以哭鬧來引起父母注意。

到了1935年和1945年之間，佛洛依德（Freud）的心理學說強調嬰兒期經驗、母親和嬰兒的親密關係，以及壓抑孩子內在慾望對他的傷害，這些原則都被運用在教養子女上。此時期也有些學者強調心理衛生的觀點，認為孩子需要撫抱和疼愛，才會有安全感，情緒的適應也較好。尤其是史帕克醫生（Spock, 1946）的書（*The Common Sense Book of Baby and Child Care*），把佛洛依德的心理學說概念，以一般人所能瞭解的文筆寫出來，影響很多的父母。

1950年到1970年間，注意力又由兒童轉向大人，Spock給為人父母者很大的信心，他一再強調父母必須給予子女持續而堅定，但是充滿愛的輔導。此時期的另一個大改變是：父親的角色分量大增，人們認為若父親多參與子女的教養工作，對子女的人格發展比較好。由於學說理論，眾說紛紜，使得許多父母無所適從，因此也有很多文章提出「父母比專家更知道如何教養子女」的呼籲。

又如行為科學提出「行為改變」（behavior modification），反對以體罰來矯正孩子的行為，而是以鼓勵和獎賞，不但重視孩子的感受，也重視父母的感受，以求達到雙方的平衡。當孩子有困難時，父母應協助其情緒上的成長。例如吉諾特（Ginott, 1965）說的：

在教育孩子時，父母也會生氣，事實上，該生氣卻不生氣反而顯得對孩子很冷漠，因此父母可以在不傷害子女而讓子女知道的情況下生氣。我們必須承認幾件事實：(1)孩子的確惹我們生氣；(2)我們有生氣的權力，不必有罪惡感或羞恥感；(3)在不攻擊子女的人格的情況下，我們有權表達怒氣。

在1960年到1970年代，美國發生了一些大事，改變了文化和社會氣氛，人們對社會制度的實際運作以及行為產生懷疑，家庭既是兒童學習社會化的主要場所，當然也受到不少批評，教育、政府和宗教機構責無旁貸的詳察那時的文化環境，也鼓勵人們嘗試不同的生活方式和家庭型態。那時也很注重社經水準較差的人，最有名的就是「提前開始」計畫（Head Start），主要是幫助貧困家庭的幼兒在進入小學前能增加教育、體能及家庭經驗。此外也有一些法案影響了當時的家庭生活，例如1965年的The Civil Rights Act，就是要求少數民族和婦女在就業、居住、教育上應當受到平等待遇。

之後雖受越戰的影響，經費比較短缺，但是仍有不少人探討影響家庭生活和功能的問題，也有很多組織提倡注意「特殊兒童」的教養問題，家庭暴力及虐待兒童事件的報告也受到注意。越戰在1973年結束，整個美國社會經歷一段再適應期，結婚和生育的年齡延後、夫婦均就業、女權運動等等，對家庭及家庭教育都有很大的影響。在1981年舉行的第一屆白宮家庭會議（White House Conference on Families）認為家庭的型態和組成的多樣性，應該為未來尋求新的目標和方向。

2.2-7　基督教與西方文化

　　西方社會的文化精神是以基督教為依據，今日西方文化亦可謂之基督教文化，聖經中所傳的道理對基督徒和非基督徒都有很大的影響，因此要瞭解西方文化中家庭教育的觀念，聖經是一個很重要的來源。但是讀聖經切忌斷章取義，以華人的尺度去解釋。例如：有一次耶穌在對眾人講道時，有人對他說他的母親和弟兄站在外面，要跟他說話，他回答說：「誰是我的母親？誰是我的弟兄？凡聽信天父道理的人都是我的母親，都是我的弟兄。」

　　耶穌的意思並不是不承認自己的母親或弟兄，他是教人不可將愛心侷限於自己的家庭中，而是要打破家庭界限，「老吾老以及人之老，幼吾幼以及人之幼」的世界大同的思想。但是若以華人的想法，會認為耶穌很不孝順，但是在耶穌臨被釘十字架時，看見他母親和所愛的門徒站在旁邊，就對他母親說：「看你的兒子。」又對那門徒說：「看你的母親。」從此那門徒就接她到自己家裡去了，可見耶穌即使到了臨終都不忘為母親做妥善的安排。

　　聖經不論舊約或新約都有提到「孝」，例如：舊約的申命記裡，摩西告誡以色列人：「當照耶和華你神所吩咐的，孝敬父母，使你得福。」而新約的以弗所書：「你們做兒女的，要在主裡聽從父母，這是理所當然的。要孝敬父母、使你得福，在世長壽，這是第一條帶應許的誡命。」

　　但是我們也注意到基督教談到「孝敬」而非「孝順」，以尊敬代替盲目順從，因為父母也是血肉之軀，難免有私慾及弱點，若子女盲目順從，可能反而受害。而且聖經裡也提醒「律法的總綱就是愛」，所有行為的出發和目的都需要以「愛」為核心，而非要「做給別人看」，為了自己的好名聲。因此要瞭解西方文化，不妨多瞭解基督教精神，才會瞭解西方人對家庭及親子關係的看法，才不會以華人的眼光去曲解西方人的行為。

2.3 家庭教育與中華文化

如今是地球村的時代，資訊傳播快速，人來人往，各種文化互相交流影響，如何認識自己的文化和家庭觀念？如何不斷章取義的看懂別的文化和家庭？這些都是現代人必須有的文明素養。

2.3-1 華人傳統的家庭教育

華人對家庭的重視已如前述。在普遍設立學校之前，家庭是最主要的教育場所，因此人們習慣說一個人的品德好是「家教好」，行為惡劣就是「家教不好」或「沒家教」。

華人傳統家庭深受儒家思想的影響，宗法觀念濃厚、教育子女時最重視倫常的建立，如《論語・學而篇》中所述，「弟子入則孝，出則悌，謹而信，汎愛眾，而親仁，行有餘力，則以學文。」數千年來，縱然改朝換代，這套以倫常觀念為主的家庭教育內容，一直是華人信守不移的。

楊懋春認為傳統華人家庭中，子女教養與子女行為的理想與目標，可分為下列數點：

1. 要將子女教養訓練成祖先所喜歡或合乎祖先願望的後代，故須以祖先的遺教與願望為教養的準則。

2. 順從父母：家庭的權力中心大都在父母，因此子女必須尊敬服從父母，不得反抗。

3. 兄弟友愛：弟妹對兄姊要恭敬，兄姊要愛護弟妹，即長幼有序。

4. 關心族人：中國的家庭觀念擴大到親族，因此濟助困乏的族人也是分內的事。

5. 和睦鄰居：守望相助是古老的社會道德，村里中鄰居彼此都認識，故說「遠親不如近鄰」。

6. 生活技能的訓練：農家子女自幼跟從父母學習種田、飼養家畜、女紅及料理家務。

7. 耕讀並重的家庭理想：耕是為體驗稼穡的意義與辛勞，讀則以求取功名富貴為目標。

8. 避免惡習：吃喝嫖賭不但敗壞個人身體，也使家產蕩盡，終至家毀人亡，故應嚴禁。

9. 個人德性之養成：不注重個性的發展，但對於堅毅、忍耐、忠孝等四維八德的養成十分強調。

由上看來，傳統家庭教育最主要的是在於養成孩子良好的生活習慣，教導孩子待人處事的道理。也就是以生活教育和人格教育為主，學習「灑掃應對」，灑掃即是做事方法的訓練，應對則是待人接物、言談舉止的訓練。如朱熹在《小學》中開宗明義就說：「小學之方，灑掃應對，入孝出恭，動罔或悖，行有餘力，誦詩讀書，……」讀書在常規的學習之後。

此外，孟母三遷、歐母畫荻的故事也都耳熟能詳，宏揚母教的偉大，岳母的教子盡忠，更是名垂千古。還有許多的家訓、箴言，也存留下不少先人的智慧和經驗，如《課子隨筆》、《顏氏家訓》、《曾文正公家訓》等等。至於朱子的治家格言：「黎明即起，灑掃庭除，要內外整潔；既昏便息，關鎖門戶，必親自檢點。一粥一飯，當思來處之不易；半絲半縷，恆念物力之維艱，……」至今仍影響許許多多華人的家庭教育。

2.3-2　當前臺灣的家庭教育

不管社會再怎麼變，國情民風如何不同，家庭教育對孩子的性格與發展仍有相當的決定性，但是家庭教育的內容的改變可以反映社會變遷。也就是說，無論古今中外，大多數的父母對子女的教養都是為了子女好，但是內容及方式則會因時因地而有不同。

因此要瞭解當今父母對子女的期望及管教方式，不妨先瞭解社會變遷所產生的家庭問題。

多年前（1987）曾有過一個調查，發現現代的青少年父母對於子女的照顧是屬於「勞碌命的愛」，多數兒女都認為父母很盡責的照顧家庭，父親賺錢養家，賣力工作，母親理家、洗衣、做飯。但是在高層次的表現上，父母就比較無能為力了，他們不太瞭解孩子的心情，孩子有心事也較少向父母傾吐。難怪常可看見一些家庭父母都付出很多辛勞，使子女衣食

無缺，生活安定，卻仍產生問題青少年。

在傳統的觀念裡，孩子是父母所生所養的，愛怎麼對待是他自己的事，因此父母很有權威，也較霸道，導致親子之間不夠親密，比較容易有離家傾向。

事隔多年，當年的青少年也成為父母，他們是否曾反思自己為人子女的過程，家庭所給予的能量？還是反過來，選擇讓自己當個不一樣的父母？例如：學會傾聽？或是不甘勞碌？

家庭是個小社會，而社會是個大家庭，每一個人在家庭裡所接受的教育大都成為他將來在社會上待人接物的原則，如果一般家庭裡只注重講情，而忽略合理和合法的要求，這個社會就難保不成為「濫情」的社會了；如果一般家庭也只教子女「自掃門前雪」——當然是把雪掃到別人家門口，那也難怪會以這種狹窄自私的心胸來糟蹋這個共有的生存環境。在社會變遷中，我們的目前的家庭教育不只應該配合腳步，更應該有遠見，以培養出開創未來美好社會的下一代。

就如劉清榕（1975）所說：「在變動或過渡期間，傳統的理想及實現理想的方法都減少了效力，或已完全不能適用，新的理想與方法又在開端或形成中，一般家庭在教養子女上會失去方向，不知所措，甚至家庭已不再具有塑造行為規範的功能。」這種「失調」的現象不是單單發生在家庭教育方面，但是既然「家為國之本」，家庭教育的現代化應是一切現代化最根本之道。

2.3-3　民法上的親權

家庭教育除了要合情合理，也必須合法。法律規定的親權基於父母與子女之間，關係很密切，故彼此間有繼承財產、扶養之權利義務，但因未成年子女尚未長成，需有人予以保護教養，以保障其利益。

依照民法第1084條「父母對於未成年之子女，有保護及教養之權利義務。」也即所謂的「親權」。親權為父母對未成年子女權利之集合，也是義務，以教養保護為目的，由父母對未成年子女行使。子女成年後，父母之親權雖終止，但親子關係仍是最密切的。

　　但是並非所有父母均可為親權人，例如：本生父母對出養之子女不能行使親權，而由養父母行使；繼父母對於繼子女、夫對妻之子女或妻對夫之子女，因只是姻親關係，故也不享親權。父母離婚後，如父母無約定，而法院又無酌定由何人行使，則由父親行使親權。其他如因心神喪失、精神耗弱，以致不能處理自己之事務而受禁治產宣告之父母，及濫用親權而被法院停止親權之父母，均不得行使親權（「民法」第1090條）。而其子女若未成年，應置監護人，但若未成年但已婚，則不在此限（「民法」第1091條）。

　　至於親權的內容，由於父母對未成年子女有保護及教養之權利義務，保護即排除危害，使子女身體及財產處於安全，而教養即教導養育，使身心健全發展。故親權之內容包括對於子女之身上監護及財產監護二大類。

　　身上監護包括：

　　1. 事實上之照顧（如衣食住行、看護疾病等）。

　　2. 子女交付請求權（即他人違法掠奪或扣留未成年子女時，父母得請求交返）。

　　3. 居住所指定權。

　　4. 對於未成年子女身分行為（訂婚、結婚、兩願離婚等）之同意權，包括對未成年子女被收養、協議終止收養之同意權，及對未成年子女身上事項之決定或同意（如子女因病休息之決定、動手術之同意）。

　　5. 懲戒權。

　　財產監護包括：

　　1. 對子女財產之事實上管理。

　　2. 對子女財產上行為之代理權。

　　3. 對未成年子女夫妻財產契約之訂立、變更或廢止之同意權，對未成年子女之受僱有允許、撤銷或限制權。

2.4　養兒育女對於父母的意義

　　養兒育女是責任還是負擔？是權利還是義務？在少子化的社會趨勢

中，這個最原始的家庭元素反而成了最時尚的討論議題。

2.4-1 權利或義務

不論中外的社會，生兒育女以傳宗接代幾乎是家庭最主要的目的，因此在許多社會中，妻子倘若不能生育，丈夫可以休妻，或是娶三妻四妾，妻子也得認命。因此，一般已婚夫妻理所當然應該有他們自己的子女，而後照著社會的期許和自己的願望教養子女。在過去，大概很少人考慮到：我為什麼要有子女？我可以選擇不做父母嗎？

即使想到這些問題，多數人還是不願與眾不同，尤其在我們的社會裡，結了婚的夫妻沒有子女，總是教人另眼相看，一般人認為生兒育女是自然的、合乎道德的，可以使人有責任感、維持心理健康、婚姻有保障。艾瑞克森（Erickson, 1950）認為發展到了成年時期，人類天生就有照顧、喜歡、教導他人的本能和需慾，而為人父母是一般人選擇的、滿足這種本能和需慾的方式。雖然從生育、養育到教育，是很辛苦的歷程，但是那種「被子女需要」的感覺，滿足了許多成人的心理、生理和社會需要，而成人的價值觀、個性、態度、知識、技能等等，也可以深深影響著子女，因而感覺到自己是整個文化、時代和社會的一部分。

傳統的養兒防老觀念是基於農業社會的需求，偏重生活的照顧和供養，以及家業傳承，現代社會的家庭功能強調心理支持和情感互動，因此權利和義務的關係仍具體存在，但是需要調整。

近年來，有些年輕人在追求自我實現的過程中，不願意被家庭牽絆，而很滿意他們的生活型態，尤其對已婚職業婦女來說，照顧子女是很大的壓力，如果她又很在意子女的教育，她會覺得對子女很愧疚，更加重心理負擔。其實，成為父母也是自我實現的一部分，未經學習當然無法兼顧，幸好還是不乏相輔相成的實例。

也有一些研究報告指出，子女可以使穩固的婚姻更充實，但卻使有問題的婚姻更複雜。因此在離婚率偏高的今天，許多年輕夫妻寧可等到婚姻適應期安然度過後，才決定是否要生育，以免破碎的婚姻和家庭，危害到

無辜的下一代。

　　總之，「要不要有子女」在未來更是個人的決定，而不是對社會的義務，與子女分享他的成長也是父母的權利，他是上天所賜的禮物，只是在享受權利的同時，必然也有責任。

2.4-2　子女對於父母的價值

　　雖然傳統中濃厚的家族觀念，已被個人主義沖淡了許多，但是子女對於父母有其恆久的價值（Hoffman and Hoffman, 1973），例如：

　　1. 成人地位和社會認同（adult status and social identity）：為人父母是一種身分，顯示一個人在生理、心理及社會上都有了特殊的權利和責任。

　　2. 自我擴展（expansion of self）：個人的血統和基因可以延續下去。

　　3. 道義（morality）：在某些宗教信仰中，生兒育女是無私的美德，因為需犧牲父母本身的時間和心力。

　　4. 關係的鞏固（primary group ties）：使夫婦兩人有共同的感情投注和生活重心。

　　5. 新奇、有趣（novelty, stimulation, fun）：子女的出其不意的言行舉動，常使家庭充滿歡笑愉悅。

　　6. 激發創造力、成就感、能力（creativity, accomplishment, competence）：從生育、養育到教育，步步都須靠父母發揮其創造本能，逐步克服困難，並培養各種能力。

　　7. 權力、影響、接受（power, influence, acceptance）：父母有力量提供子女物質及情緒的需要，而且可以教導他、影響他。

　　8. 社會比較、競爭（social comparison, competition）：即傳統「輸人不輸陣」的想法，仍存在人們的潛意識中。

　　9. 經濟效用（economic utility）：如各種生育和教育補助，而且將來子女長大後有工作收入，可以互通有無。

　　吳聰賢（1976）認為，「子女的價值」可分為外在與內在兩個向度，並包含了正負價值。

	正值	負值
外在	傳宗接代 經濟效益	經濟負擔 生理負擔
內在	幸福與親情 伴侶	心理負擔 限制發展機會

　　而高淑貴、賴爾柔、張雅萌（1989）研究發現：不論丈夫或妻子，「加強婚姻關係」、「增加家庭樂趣」、「有孩子像個家」，均為想生第一個子女的主要原因；並且，無論是職業婦女或家庭主婦，看法並無差異。而認為需要子女的意義以「享受親情」為首，已遠別於以往主要為傳宗接代的觀念。

第三章

家人的角色

「角色」（role）一詞本是指戲劇中某個人所扮演的部分，用在真實生活裡，指的是一個人所擔任的職位、身分、地位。人與人相處，彼此有權利和義務，這些權利和義務來自各人的角色關係，因此瞭解角色關係，可以在相處時，更清楚彼此的期望。

角色大致可分為三類：

1. 指定的角色（given roles）：如父母、子女、兄弟、姊妹等等，是與生俱來的。

2. 學習的角色（learned roles）：在成長過程中，藉著學習而得的，如老師、學生、消費者、丈夫、妻子，及其他因環境或遭遇而面臨的新角色。

3. 選擇的角色（chosen roles）：可以隨自己的意思選擇的，例如：選擇自己的職業、選擇單身或結婚。

為人父母，如果能更清楚自己的角色，必能更清楚應該如何教導子女，而這些觀念可以決定並引導父母的行為。因此本章擬談及影響父母行為的因素、親子關係的特性，及家人個別的角色。

3.1　影響父母行為的因素

大部分為人父母的學習，都是來自經驗及不斷的修正，在這過程中，影響父母的角色的因素很多，主要的有社經地位、性格、管教態度、角色示範，以及人生哲學。

以往的實證研究多半是研究者針對某些樣本所蒐集的數據，分析整理後或可見一些結果，但是受到這些施測樣本的代表性的限制，無法做更多的推論。一些國家紛紛建立兒童發展資料庫，例如美國NICHD（National Institute of Child Health and Human Development）自1987年開始進行一連串兒童照顧議題的研究。研究團隊從全美不同的社區選取大量的受試樣本，並以縱貫研究方式，長期蒐集這些研究對象各種托育經驗中量性和質性的資料，也盡可能將相關的背景變項納入考量，正因為如此大規模且曠日費時的研究設計讓研究所得更具有意義與價值，所以時至今日，NICHD的

調查報告也可說是兒童照顧領域最有價值的研究。

3.1-1　社經地位的影響

家庭的社經地位影響其文化環境，而文化環境的差異，使得人們產生不同的價值觀，因而對自己和子女會有不同的期望，教養子女的態度和行為也就不同了。

社經地位不是直接影響子女的教養的因素，而是因社經地位而形成某些價值觀或行為模式，以及所造成的文化差異。有關父母的社經地位對教養子女的影響的研究很多，近年來由於大眾傳播媒介及工具的普及，其影響深入每個家庭，每個人的價值觀或多或少都受到傳播媒體的影響，因社經地位而造成的差異已經不那麼明顯，但是一般說來，差異仍存在。

當今父母較不會一味照自己的想法教養子女，多半會求助於專家。加上行為科學的發達，使我們對人的行為更瞭解。人們因著知識的不斷增加，修改對子女的教養態度及方法，也因此減少了文化所帶來的差距。

3.1-2　父母的性格的影響

由於親子的關係非常密切，又有血緣關係，父母的性格對子女有莫大的影響，社會也認定把子女教養好是父母責無旁貸的天職。而且按一般人的想法，一個好父母理所當然就有好子女，而好子女將來必是好公民，所以子女是父母的孩子，是父母童年的再現、目前的需要，以及未來的寄託。

父母的性格所造成的家庭氣氛，對子女最有潛移默化的作用，研究（Sears, Maccoby, and Levin, 1957）早就指出：父母本身是什麼樣的人，以及他對父母的角色和對自己的看法，比他如何教導子女更重要。如果父母本身的社會適應不良，老是抱怨、責備，這種怨天尤人的氣氛無形中就影響了子女的人生觀。

3.1-3 父母的管教態度的影響

保林（Baumrind, 1966, 1967）列舉三種基本的教養態度：

1. **權威專制型**（authoritarian attitudes）

過於獨裁的父母要求子女絕對順從，要控制子女的行為，較常使用體罰或強迫的方式，不太向子女解釋規則，反正父母的話就是金科玉律，認為子女應該相信父母的做法都是為了子女的利益。

2. **容忍型**（permissive attitudes）

認一類的父母認為應該讓子女有自主權，不願成為子女心目中的權威或榜樣，對子女的行為標準的要求很寬，連規則的訂定都要子女參與，表示意見，也認為父母應儘量少控制子女，盡可能讓子女自制自治。

3. **權威開明型**（authoritative attitudes）

取上二者之利，強調讓子女在合理的限制內發展自主能力，父母可以用講理的方式，或心理的增強，來引導子女的行為，而且態度堅決，使子女有所依循。

其研究指出，權威開明型的父母，教養出的子女，表現出歡樂、自信、成就導向、與成人及友伴合作的孩子；而權威專制的教養方式，孩子傾向易怒、不快樂；容忍型的教養方式下，孩子表現出自我中心、反叛、攻擊等特性。

他認為：權威開明型的教養方式對子女有較正向的影響，換言之，理想的教養方式是：適度的控制與情感相結合。父母的控制，提供子女架構及評量行為的準則，此一引導協助孩子學會自我控制，而情感與說理則有助於孩子對自己的決策建立自信。

研究也發現，不管子女的行為如何，父母的反應大致已定型，也就是說，父母對於子女的行為的解釋——而非行為本身——決定父母的反應。例如：孩子吵架，獨裁的父母會認為那是很嚴重的惡行，縱容的父母則認為無所謂，而權威的父母相信事必有因，並設法讓孩子自行解決問題。同樣的一種情況，三種不同的管教態度，就決定了父母的不同反應，子女也就受到不同的管教。（Carter and Welch, 1981）

　　這些管教態度與性別、子女人數、婚姻狀況以及年齡有關，例如：通常父母年齡較大或子女人數較少，比較縱容子女。

3.1-4　角色示範的影響

　　為人父母者很少是受過正規的親職教育的，通常父母如何教育我們，我們就如何教育子女。有學者（Harris, 1959）認為一個人若滿意他的父母的教養態度，而且對自己的現況較滿意，就較會按照上一代的方式教養下一代。反之，若對上一代的教養方式不滿意，很可能會以相反的方式教養下一代。也有的父母認為上一代給他的不夠，反而過度補償（overcompensate）下一代。例如：有些幼時貧困的父母巴不得給子女所有他自己幼時想要卻得不到的，以「過度滿足孩子」來滿足自己，倘若孩子拒絕，往往惹父母生氣，認為他太不識好歹，造成親子間的衝突。

　　又如，有些憑「父母之命，媒妁之言」結婚而對婚姻滿意的父母，往往認為子女的婚事應由自己代為安排，因為「父母不會存心害子女」，倘若孩子要自己選擇、決定，父母就很耽心他不成熟，會犯下魯莽的錯誤。

　　再如，有些父母覺得上一代的專制管教方式，嚴重的傷害了他的尊嚴，壓抑了他的個性，因此對下一代特別縱容，而且對其他的獨裁性格的人，也都有一股莫名的強烈抗拒。

　　現代父母還受到媒體影響，有時會參考名人的「育兒寶典」，也是非理性的努力，最好的方式還是透過學習機會，看到好的榜樣，而非在自己的經驗裡盲目嘗試。

3.1-5　人生哲學的影響

　　每個人都有自己對人生的看法，父母認為孩子需要什麼，才會有一個成功而幸福的人生，他自然就會朝著那個方向去教導子女；也就是說，父母對「成功」或「幸福」的詮釋，決定了他教育子女的目標。

　　人生哲學影響的是最根本的價值觀，是金錢？是名望？外表？還是面子？這些內心的指南針其實是教養的最深沉的決定因素。美滿人生需要什麼？良好的健康狀況？和諧的家庭生活？充裕的財富？適合的工作？高

學歷？正確的宗教信仰？看起來似乎都很重要，也都想要，但是如果必須列出輕重緩急時，如何取捨？這些都沒有絕對的「標準答案」，也會隨著時代、成熟度和人生經歷而改變。例如：以往因為升學管道比較狹窄，必須透過激烈競爭才能考上大學，一旦有了大學學歷，「白領」工作就容易些，因此父母會將子女的「學業表現」看為最重要，俗稱「士大夫觀念」。但事過境遷，如今雖仍看重學歷，卻面對可能的「高學歷，高失業」的窘境。也有人在拚成就的過程中，夙夜匪懈，直到身體出現嚴重狀況，才體會健康無價。有人堅持眼見為信，相信人定勝天，直到在生命轉彎處，抬頭仰望，終於知道信仰的必要。

華人的歷史充滿苦難和戰爭，也受到儒家文化的影響，眼光限於今世，潛意識裡崇尚功名利祿，都是教養上很大的挑戰。

曾經有一段時間，全世界對以色列均十分注目，對於猶太民族在歷經憂患後仍能重建國家，而且小小的以色列居然能對抗周圍的強國，許多人感到好奇，也相信猶太人的家庭教育必然是最基本、最深刻的國本，一時出版了許多有關猶太人的父母之類的書。以下舉例看看猶太父母教養子女的原則及信念，也可看出其民族的人生哲學。例如：

1. 不是「要比別人優」，而是「要與眾不同」。
2. 問路十次勝於迷路一次。
3. 用右手處罰孩子，用左手抱起來。
4. 拒絕別人妨礙你教養孩子。
5. 大富豪沒有孩子，只有繼承人。
6. 有父母的管教，孩子就不受外界的壞影響。
7. 雙親的緘默是對孩子最重的處罰。
8. 家人共餐是最好的教育機會。

3.2 母親的角色

自古以來，養育子女一直是婦女最主要的職責，隨著家庭功能的改變，母親的角色也在改變中。

3.2-1 好母親的概念

有個研究（Duvall, 1977）曾請433個母親列舉五項「好母親應該做什麼？」，然後把所得結果分為兩類，一是傳統的概念，一是發展的概念（表3-1）。

表3-1 好母親的概念

傳統的概念	發展的概念
會做家事（煮飯、洗衣、清掃等）。 滿足子女的生理需要（吃、喝、穿等）。 訓練子女日常生活習慣。 德行的教導。 管教子女。	訓練子女獨立自主。 滿足子女的情緒需要。 鼓勵子女的社會發展。 促進子女的智力發展。 提供豐富的環境。 照顧個別的發展需要。 以瞭解的態度來管教子女。

資料來源：Duvall, M., *Marriage and Family Development*, J. B. Lippincott Company. 1977.

所謂「傳統的概念」，是指母親為其家庭和孩子所做的，做了沒有或做了多少，是顯而易見的，比較嚴格；而「發展的概念」，則是強調角色的彈性，鼓勵個人在角色中得到充分的發展，而不是如何去實現那個角色的功能。

至於孩子看母親的角度則與大人有些不同，曾有研究針對86名中等家庭的學前兒童做過調查，這些孩子認為好母親是不打孩子，不讓他們做不該做的事，會做飯，而且保持愉快，照顧幼兒、親吻孩子；而壞母親則是打孩子、不親吻孩子、不料理家務。

現代婦女身兼數職，不但有時要母代父職，決定家中大小事情，更是家庭與外界接觸的主要人物，聯繫親戚朋友，參與學校或社區的活動，等等，職業婦女的角色更是複雜，婦女在家庭裡的角色大異於往昔。

3.2-2 母親的撫育對子女發展的影響

佛洛依德的人格發展理論特別強調母親的撫育對子女的發展的影響，

尤其在最初幾年，孩子的經驗對其成長後的人格發展非常重要。有關這方面的研究，最常被提起的有三個：

1. 瑞寶（Ribble, 1943）觀察初生嬰兒出生後，長時間被隔離在醫院的育嬰室，放在小床上，沒人去撫摸他或搖他，在600個嬰兒中，有30%個嬰兒肌肉很緊張，但是當他吸吮或母親搖他、抱他、撫摸他，緊張就消除。瑞寶認為嬰兒若缺乏母親的適當撫育，就會有虛弱（marasmus）現象，甚至會夭折。

2. 史畢茲（Spitz, 1945）觀察在監獄受刑的母親的嬰兒，並和育嬰室的嬰兒比較，在獄中的嬰兒由母親照料，且有專人指導；而育嬰堂的大人與嬰兒的比例是一比八，顯然嬰兒得不到充分的照顧。史畢茲發現，育嬰堂的嬰兒通常食慾不振、對周遭事物缺乏興趣、發展遲滯、體重不足、睡眠不穩等。

3. 苟得法（Goldfarb, 1945）研究以3到12歲的孩子為主，他觀察這些自出生即待在育幼院的孩子，情緒較冷漠，且較被動，他的結論是：剝奪了母親的撫育，對孩子的人格發展有永久的影響。

此外，也有人以動物作實驗，最有名的當屬哈羅（Harlow, 1958）以恆河猴作的一連串實驗，發現猴子出生後若與母猴隔離，情緒上會受到嚴重的創傷。

這些研究都支持同樣的看法，即早期來自母親的撫育會影響日後人格的發展。目前有的爭論是：

1. 如果稍後重獲母親的撫育，這些人格發展能否恢復正常？

2. 如果沒有母親，卻有人如母親一樣撫育他，這跟由母親親自撫育有沒有不同？

3. 到底嬰兒跟母親之間與跟父親之間的關係不同是先天的，還是後天造成的？

由於人道的考慮，我們無法用人來作實驗，大部分的實驗都是以動物，尤其是與人類最接近的猿猴或猩猩，來實驗、觀察、對照，得到的結論是否也適用於解釋人類的行為，有待我們細心的體會。

3.3　父親的角色

父親在家中的角色是近20年才有人探討的題目。在一般家庭裡，母親的角色比較明顯而具體，而父親的角色比較抽象。

3.3-1　好父親的概念

上述的研究裡（Duvall, 1977）也問到「好父親應該做什麼？」，同樣的分為傳統的概念和發展的概念兩類（見表3-2）。

表3-2　好父親的概念

傳統的概念	發展的概念
為子女訂定目標。 替子女做事，給子女東西。 知道什麼對子女是好的。 期望子女服從。 堅強，永遠是對的。 有責任感。	重視子女的自主行為。 試著瞭解子女和自己。 承認自己和子女的個別性。 提高子女成熟的行為。 樂意為父。

資料來源：Duvall, M., *Marriage and Family Development*, J. B. Lippincott Company, 1977.

從「發展的概念」看一個好父親，不但看重子女的「自我控制和自立」，也把自己看作是發展中的個體，而「傳統的概念」裡的好父親，比較重視父親的權力和訓練，顯然的，父親是一家之主。

以孩子的角色看父親，調查研究中也指出，孩子心目中的好父親是肯替子女做事，而且會擁抱親吻子女，肯和子女一起玩、說故事、唱歌，而且最主要的，好父親要工作；至於孩子眼中的壞父親，則是離棄妻子兒女、抽菸、只顧看報、處罰子女、叫子女去睡覺，出乎意料的，壞父親還包括那些放任子女亂來而不管教的。

現代父親的角色的幾個重點：

1. 在我們所處的社會裡，父親的角色對男人來說並不非常重要，男人的成就與表現全看事業，男人是一家之主，也是主要的養家的人，而女人不管就業與否，照顧子女仍是主要的職責，但是男人是在工作中，表現出做父親的責任感、價值觀和榜樣。（Le Master, 1974）

2. 父親與子女之間不像母親與子女有血肉相連的親近過程，母親由受孕、懷胎到分娩，與子女氣息相通，因此親密的感情是自然的，而父親與子女的感情則須靠培養，尤其親情的建立需要時間、經驗，與妻子的鼓勵。如果一個男人在成長過程中沒機會接觸幼兒，長大後又礙於「男性的形象」而不敢親近小孩子，即使他面對自己的孩子，仍會手足無措。

3. 父親的角色與婚姻的美滿與否有很大的關係。也就是說，如果一個男人不是好丈夫，就比較難成為好父親，而婚姻的幸福也會使他對父親這個角色更有信心。

3.3-2 父親角色的學習

父親是子女社會化過程中很重要的人物，隨著社會變遷，父親實際參與親子互動的行為明顯提升，Lamb等人（1985）提出從三個面向釐清父職（fatherhood）參與行為：

1. 互動性參與（engagement）：意指父親以照顧、遊戲或休閒方式與子女直接互動，像是餵食、協助功課或一起嬉戲等，需花時間與子女一對一的活動。

2. 接近性參與（accessibility）：意指父親接近或在子女身旁，具有間接之潛在性互動，像是子女在房間玩、父親在隔壁看書，或是父親在煮食、子女在腳邊玩耍等。

3. 責任性參與（responsibility）：意指父親將照顧子女與子女的幸福，視為自己最重要的責任；換言之，父親展現其角色上的意義，不僅持續關注子女需求，並適時回應，替子女安排可獲得資源，像是安排保母、預約看診與添足衣物等。

上述三個面向，不僅讓我們可以觀察到，父親在親職角色上的實際行為面，同時也在後續研究中呼應了父親角色對子女的重要性（Lamb, 2004），尤其是第三點「責任性的參與」，雖然不易界定與測量，但其反映出父親將子女的幸福與照顧看作他最大的「責任」，以至於願意花更多的時間投注在子女身上，而此認知與實際行為不只有助於子女未來發展，亦對父親本身與夫妻關係均帶來良性影響。

3.4　親職與平權

　　1970年代以前，研究比較偏向探討父親和母親兩種角色在教養子女時，態度及行為上的差異。社會學家形容妻子／母親的角色是屬於表現的特質（expressive），也就是說，女人通常是家人的精神支柱，比較溫和、重情、會調停或安慰家人；而丈夫／父親的角色則是工具性的特質（instrumental），傳統上是經營或管理家人，是處罰、訓練、控制家人的角色。

　　父母行為的兩個主要功能（Winch, 1971），包括撫育（nurturance）和控制（control）。傳統上撫育是母親的職責，狹義的撫育是指日常生活中的餵食、穿衣、洗澡等等的照顧，廣義的撫育則包括心理及情緒的需要，從父母的言談舉止中得到滿足，也就是父母對孩子的關愛。而傳統上，控制是父親的權力，為了子女的利益，父母擔負權威的責任，使子女在社會化過程中，受到父母的價值觀和態度的影響，學習社會所要求的行為規範。

　　不管傳統的「嚴父慈母」的刻板印象如何影響了我們的觀念，近年來，父親和母親的角色劃分已愈來愈不明顯了，父親和母親的功能也愈來愈相似。在這「中性化」的過程中，現代及未來的父母都必須兼具備「情感」和「工具」的功能，母親所面臨的問題比較偏向實際上的日常生活的調整，而父親最需克服的是心理問題。

　　成人在尋求男女平等的家庭關係時，常會遭遇下列問題：（DeFrain, 1979）

1. 工作時間的問題（太太上班時間與先生上班時間配合困難）。
2. 工作缺乏彈性（每週固定的工作時數）。
3. 夫婦對於家務的標準不同。
4. 子女的日間照顧問題。
5. 在限制的時間內必須趕工完成某工作的壓力。
6. 缺乏社會的支持（如福利措施不夠）。
7. 缺乏同伴的支持。
8. 缺乏親戚的支持。
9. 夫婦對照顧子女的標準不同。

10.太太認為先生理家技巧太差。

11.太太認為先生照顧子女技巧不好。

12.子女上學的問題。

幸好這些實際的困難並未阻止了大部分夫婦的嘗試，他們仍是面對問題並共同解決，以達到平權。

近年來，受到家庭系統理論的影響，學者提出共親職（co-parenting）的概念來界定父母雙方對於彼此的親職教養所表現的支持或抵制行為。

「共親職」的名詞源自於心理分析與臨床學者對「親職聯盟」（parenting alliance）的界定（Emery and Tuer, 1993），近年來成為學者研究的議題。葉光輝（2000）認為對於完整家庭而言，共親職的三角互動關係是家庭所有互動的核心，這樣的三角互動關係，不僅包含著夫妻間的互動關係，同時也包含著親子間的互動關係。

3.5 祖父母的角色

農業社會裡，祖父母在家中是很有權威的，子孫承歡膝下是每個人畢生追求的幸福，「老有所終，壯有所用，幼有所養」，也是我國自古以來所追求的生活方式，但是如今即使當了祖父母，卻不一定能與子女和孫子女同住，祖父母的角色的意義也有了許多改變。

3.5-1 珍貴的經驗

威爾斯有句諺語：「完美的愛有時到了含飴弄孫之時才顯出來。」（Perfect love sometimes does not come till the first grandchild.）

儘管祖父母對子孫已不能完全控制和依賴，但是當祖父母仍是人生珍貴的經驗：

1. 再度嚐到「後繼有人」的興奮滋味，卻不必像年輕當父母時那樣付出、焦慮和煩惱。

2. 看著自己的子女為人父母，勾起他成長過程中的美好回憶，使祖父母感到欣慰和驕傲。

3. 年輕時忙於工作，沒有閒暇好好地欣賞子女的成長，如今卻可在孫子女身上得到補償，彷彿時光倒流。

4. 累積的人生經驗可作為子女及孫子女的指引，穩固子孫的安全感。

5. 在孫子女身上看到遺傳的特質，特別感覺到生命的承傳延續。

6. 思想較年輕時成熟，對孫子女比對子女多包容，關係更親密，甚至可為子女及孫子女的溝通橋梁。

7. 若子女太忙碌，無法照顧下一代，祖父母可兼父母職，自己可以感覺被需要，生活重新有了重心。

8. 讓孫子女知道過去的生活及想法，瞭解父母的成長背景，也是文化的傳遞。

9. 為了縮短自己與孫子女之間的距離，祖父母也必須不斷求知，減慢老化速度，保持年輕心境。

10. 幼兒的童言稚語、無邪的舉止與天真的笑聲，是老年人最大的樂趣來源。

3.5-2 三代同堂的理想與實際問題

三代同堂的折衷家庭仍是一般華人的理想，一方面使老年人不致太寂寞孤單，晚景淒涼；另方面年輕夫婦若二人都上班，也不致家裡常空無一人，同時孩子得到的關愛和照顧也較多。

然而若調適不宜，三代同堂也會產生摩擦，例如：

1. 公婆與媳婦合不來。

2. 兩代觀念差距太大，無法妥協。

3. 老年人的生活習慣不易改變，適應現代化生活困難。

4. 祖父母對孫子女過於縱容，造成父母管教困難。

5. 祖父母的管教原則與父母背

道而馳，孫子女無所適從。

　　6. 老年人長期臥病，造成子女經濟、生活及心理上沉重的負荷。

　　7. 都市生活空間狹小，新式公寓又多為小家庭設計。

　　想要有三代同堂的幸福，先要克服觀念和實際生活安排的挑戰，最重要的是，從愛的出發點，理性的考量三方的最大利益，才能邁向理想。

3.6　父母對子女的期望

　　父母與子女的角色既然關係如此密切，期望也是必然的，父母對子女的期望因人而異，但是從一些研究的結果發現一個社會或文化的價值觀，深深的影響著父母對子女的期望。

3.6-1　父母對子女行為的期望

　　美國曾有研究，針對602位父母做過一個調查（Bigner, 1982），探討父母親對子女行為的期望，他們發現子女的年齡使父母的期望和要求有所不同。例如：學齡前兒童的父母通常希望子女：跟別人好好相處，快樂，常常笑，守規矩，自我控制，不隨便發脾氣。而對學齡兒童，父母的期望則是：合作，自己照顧自己，有禮貌，聽話，認定自我的價值，容忍、接受與自己不同的人。此研究也發現都市化的程度也造成父母對子女的期望差異（見表3-3）。

　　種族不同也影響父母對子女的期望，研究者將「美國白人」和「墨西哥裔和黑人」兩種做比較（見表3-4）。

　　這類的研究並非要加深我們對族群的刻板印象，而是指出不同族群文化深深的影響家庭價值，唯有互相尊重、學習，才能以更健康的家庭教育來更新文化。

　　密西根大學的教授（Alwin, 1984）曾在底特律地區（Detroit）1958、1971、1983年做過三次大規模的調查，資料分析以瞭解父母教養態度的變遷。他發現，父母認為子女在準備成人生活之前，最重要的特質是重視自我的思考能力，從1958年到1983年之間明顯的就是這種趨勢，「服從的重

表3-3　居住地區不同的父母對子女的期望

郊區	都市
1. 好奇（有興趣學習）。 2. 創造力（以不同方法嘗試做一件事，想像力）。 3. 堅忍（不容易分散注意力）。 4. 可靠（遵守規則和政策）。 5. 自己照顧自己。	1. 守規矩（聽父母的話）。 2. 與別人合得來（喜歡社交活動）。 3. 體貼（為別人著想）。 4. 容忍（接納與自己不同的人）。

資料來源：Bigner, R. B. associates. "Development of Social Competencies in Children" (Paper
　　　　　presented at the National Symposium on Building Family Strengths, Lincoln, Leb.,
　　　　　1982).

表3-4　種族不同的父母對子女的期望

墨裔及黑人	美國白人
1. 自我控制（控制情緒）。 2. 守規矩（有禮貌，聽父母的話）。 3. 可靠（可依賴、守規則）。	1. 自我肯定（表達意見，保護權益）。 2. 好奇（有興趣學習）。 3. 堅忍（不斷嘗試，不易分心）。 4. 與人合得來（容易交朋友，團體中的好分子）。

資料來源：同表3-3。

要性」由第二位降到第四位。其他被父母重視的重點是「受人重視，討人喜歡」和「認真工作」。

　　他並比較一份1924年（Lynd）的研究，看看社會化的價值是否有本質上和輕重秩序上的差別。（蕭新煌，1988）

　　他發現50年前美國家教的精神是要將孩子社會化，成為一個聽話而能追隨集體規範的社會成員。而在1978年，當地母親對子女社會化的價值取向有了明顯的變化，屬於「自主性」的社會化價值最被重視，如「獨立」和「容忍」分別有76%和47%的母親視為教養內容的重點。「獨立」指的是訓練子女有能力為自己去思考和行動；「容忍」則指訓練子女能容忍別人的不同意見。相反的，屬於「從眾性」的社會化價值，如「嚴格服從」和「對教會效忠」則分別為17%和22%的母親列為重點，反而成為不顯著的價值取向。

3.6-2 華人的教養期待

朱瑞玲（1985）曾以問卷調查方式，探討社會變遷中的子女教養問題，發現臺灣的父母仍傾向於期望子女具有傳統的美德——如負責、勤勞、孝順、忍耐、節儉、規矩、謙虛、用功、合群，而認為好奇與獨立特質不重要。現代父母在管教態度上雖較開明，對子女未來應具有的特質期望仍傾向傳統與保守。因此建議現代父母需要的親職教育，應是如何將傳統價值賦予時代的新詮釋，以及強調自主性特質對於子女適應社會的必要性。

林文瑛、王震武（1995）直接詢問父母希望子女成為什麼樣的人，並依此將這些期望歸納為十大類教育目標：出人頭地、尊重寬容、傳統道德、人格發展、能力成就、安身立命、社會責任、意識型態、社會評價。這十類教育目標中，父母較偏向人格發展（70.4%）、能力（21.2%）、社會責任（17.9%）和寬容尊重（16.6%）。王叢桂（1997）訪談父母並提出父母對孩子培養期望中的主題為：適性發展；端正品格、正確人生觀、能判斷是非；孩子的人格統整、情緒和社會關係的發展；健康快樂、飲食起居、照顧與運動。

教養方面的研究很多，發現也大同小異，想當然爾，應該沒有正常的父母會希望孩子懶惰、叛逆、浪費、犯法、惹人討厭、懦弱等等，只是這些都需透過良好的管教才能見到成果，也就是說，期望歸期望，父母要真正付出代價，在言教、身教、境教上用心，否則常見的是事與願違。

從華人文化上來看，目前的父母知識增長，資訊更是容易取得，各種教養條件都進步許多，為何教養卻是愈來愈不容易呢？

其一，人的定位不清楚。儒家認為「身體髮膚受之父母」，依此推論，孩子是父母所生，「所有權」在父母手中，父母就可以主宰他的前途和命運。但是基督教認為「兒女是上帝所賜的產業」，因此父母只有「託管權」，而且是必須在人生的盡頭要向上帝交帳。

其二，面子重於孩子。華人文化非常看重出人頭地，或許因為沒有「上帝」（獨一真神，the only God）的觀念，就會很看重別人的肯定，也

很在意別人的否定，內心裡期望他比別人厲害，光宗耀祖，才會有面子。基督教文化也不是不看重人與人的關係，但是，最重要的是上帝的看法，父母應該幫助孩子在這一生活出他自己，而非成為「某人第二」。

其三，關係的定位。華人的社會關係是基於差序格局，「一日為師終身為父」即為一例。其實老師的角色是傳道、授業、解惑，而師生角色不宜僵化，否則當老師的永遠不會進步。師生之間可以相濡以沫，成為一生的學習夥伴。親子之間也是，親子可以共學、互學，家庭才會有生命力。基督教的觀點，既然上帝將孩子交給父母教養，父母就有從上帝來的權柄，既是權力，也是責任，不可濫用，也不能不用。如果關係中的愛是健康的，父母老邁時兒女仍以愛為動機來照顧陪伴父母，而非擔心他人非議而不得已。

第四章

家庭生命的發展

父母與子女的關係並不是單純的給和受。誠然，父母為子女付出很多時間和精力，但是子女也給父母許多人生經驗；父母為子女流淚流汗，子女也帶給父母很多歡笑和滿足；父母教導子女，也在子女一點一滴的成長中看到自己灌溉的心血，而且從子女的反應中，修正自己的觀念，使自己也同時成長成熟。

在傳統觀念中，我們總以為父母是成人，已經定型了，該不能有什麼改變了，所以在親子相處時，大都是「以不變應萬變」，造成許多盲點和脫節的現象，親子關係好像是穿了會打腳的鞋子，腳在長大，鞋子卻無彈性，不但腳痛，鞋子也撐得變形，雙方都感到不適。事實上，人是自始自終都在發展的，而親子之間的互相影響，會使雙方在心理及社會各方面的發展上都更健康。

本章將介紹艾瑞克森（Erik H. Erickson）的社會心理發展理論，以及杜弗（Evelyn M. Duvall）的家庭生命週期理論，以探討在生命循環裡，親子互動的關係。

4.1 發展的架構

一個人的發展是多面的，生理、心理、社會、情緒、認知、語言、品格（道德）、甚至靈性的發展，發展的角度雖多樣，卻是彼此相連，無法分割的，其中談到家庭，最主要的發展是社會心理發展。

4.1-1 發展的意義

在心理學上，發展（development）是指個體從生命開始到終了的一生之中，其行為產生連續性與擴展性改變的歷程。在此改變的歷程中，個體的行為繼續不斷的發生多方面的變化，由簡單而複雜、由粗略而精細、由分立而調和、由分化而統整。變化的範圍也包括心理和生理兩方面的功能。

影響人類行為發展的因素很多，最主要的有四個因素：遺傳（heredity）、環境（environment）、成熟（maturation）、學習（learning）。其

中遺傳與環境是決定或影響個體行為發展的客觀因素，而成熟與學習則是主觀因素。此四大因素互相關聯，無法分離。而在人類行為發展歷程中，在遺傳、環境、成熟、學習四因素交互影響下，形成許多特徵，最基本而顯著的特徵有下列五點：

1. 幼稚期長，可塑性大。
2. 早期發展是後期發展的基礎。
3. 發展通常遵循可預知的模式。
4. 在共同模式之下有個別差異。
5. 連續歷程中呈階段現象。

發展歷程中，常有兩種現象，其一，就某一發展特徵而言，其速率並非一成不變，而是時緩時快。其二，就各種特徵發展之間的關係而言，其發展的先後並非齊頭並進的，而是有先有後。

由於發展歷程中出現階段現象，於是在教育上與心理學上就有一種「關鍵期」（critical period）的觀念。關鍵期就是指在發展過程中的某一段時期內，其成熟的程度最適合於學習某種行為。若在此時期內提供孩子適當的學習環境與機會，這種行為就能得到良好的發展；反之，則無法充分發展，而且錯過時機，以後很難彌補。這種觀念相當符合聖經舊約傳道書上所說的：「凡事都有定期，萬事均有定時，勞碌無益，但神叫世人勞苦，使他們在其中受歷練。」

因此在教育上強調「教育適切性」（educational relevancy），即主張教育應配合發展的程度，適時、適地、以適當的內容和方法，（4R-right time, right place, right material, right method）以達到最佳的效果。

大部分的過去的發展理論都只注意兒童時期的發展，第一次世界大戰後，才開始注意青年期的發展，到第二次世界大戰後，成年人的發展才包括在研究範圍內，近十幾年來，老年人的行為發展才受到注意。而艾瑞克森的發展理論則包括人一生持續不斷的過程。

4.1-2　心理社會發展理論

艾瑞克森於1902年出生於德國法蘭克福，母親和繼父都是猶太人，他從未見過生父，只知「可能」是丹麥人，因此他一生都在面臨認同危機。

年輕時曾授業於佛洛依德，因恐懼納粹而於1933年赴美，成為波士頓第一位兒童心理分析師。也在哈佛大學唸過書。之後曾擔任教於加州大學柏克萊校區，且參與舊金山灣區兒童的縱貫研究。艾瑞克森1982年完成社會發展理論，1994年過世。

艾瑞克森認為人的一生是由一連串的「童年」（childhoods）所構成，由生到死，一連串的生理的、心理的、社會的經驗，造成了進化的過程，因此每個人終其一生都在修正他自己的人格。

艾氏將人的一生發展分為八個時期，每一時期對某種行為特徵的發展具有特殊的重要性，艾氏稱之為「心理性關鍵（或危機）」（psychological crisis）。個體發展到某一階段，他自己具備的條件與社會環境的要求，二者之間若能和諧的協調，在這個階段的危機就會消除；相反的，若危機不能解除，等於留下未解決的問題，不但個體本身在那個時期的發展困難，這困難會影響以後各階段的發展。

但是人的發展不是在真空狀態下進行的，個人並不是單獨的面對或應付這些心理危機的挑戰，最多的時候是在家庭裡，而後才是友伴、學校、鄰居等等，每個階段都有一些對他有影響的人（significant others，重要他人），幫助他或是阻礙他的發展，尤其是父母，在孩子發展過程中是舉足輕重的。

每一階段所指的危機是指相對的兩種行為特徵，前者代表符合社會文化的要求，後者則不符合社會文化的要求，也就是說，這個階段的危機未解除。在這種危機解除／未解除的過程中決定人格特質的發展，由於危機的產生與社會環境有關，故稱為心理社會發展。

4.1-3　人格發展的心理社會階段

艾瑞克森的八個心理社會階段，以及各階段中社會文化對個人要求所

構成的危機，列於表4-1。

表4-1　艾瑞克森的心理社會發展階段

心理危機階段	重要關係人	順利發展的構念	年齡
1.信任／不信任	母親和母親代理人	展望未來的動機與希望	0－1½
2.活潑主動／羞愧懷疑	父母	自我控制與意志力	1½－3
3.進取／愧疚罪惡	家庭成員	方向與目標	3－6
4.勤勉／自卑	鄰居與同學	勝任、能幹	6－12
5.自我認同／角色混亂	同儕與崇拜對象	忠誠	12－18
6.親密／孤立	同性與異性朋友	友誼、關懷、愛	18－24
7.活力／頹廢	家人與同事	關懷社會	24－54
8.完整／絕望	同胞與人類	智慧	54－？

資料來源：Erickson, E. H. *Chidhood and Society*. (2nd ed.) New York: Norton. 1963.

1. 信任／不信任（trust vs. mistrust）

在人格發展的第一階段，主要問題是能否對人產生最基本的信任，也就是說，嬰幼兒的需求與外界對此需求的供應配合一致。母親或母親替代人若適時適量的滿足他的需求，他會對母親產生信任，並以此為基礎，擴展為對一般人的信任（如餵奶、抱他、對他說話和笑、疼愛他）。

艾氏認為某種程度的不信任也很重要，當一個人在新的情境，或遇陌生人時，適度的不信任可防範可能的危險。在人際關係中，信任的程度應高於不信任，才能產生對未來的動機與希望。

2. 活潑主動／羞愧懷疑（autonomy vs. doubt & shame）

第二階段主要的是活潑主動／羞愧懷疑，而能產生意志力或自我控制力。此階段的孩子開始能控制肛門肌肉，也開始學說話、學走路，脫離那個完全依賴大人的階段，他還很需要大人的幫助，但又很想獨立，常使父母很緊張，不得不想盡辦法禁止他冒險。其實，在孩子嘗試成功時予以誇獎，失敗時不要隨意懲罰，孩子漸漸會建立主動意識，若失敗太多，挫折太深，會產生羞愧懷疑的意識。

艾氏也認為主動要有少許羞愧懷疑來牽制，過度的主動會使一個人變

得蠻橫霸道，但主動的程度要高於羞愧懷疑，才能漸漸獲得自我控制的自主意識。

3. 進取／愧疚罪惡（initiative vs. guilt）

學齡前兒童，正是運動及語言能力快速進展的時期，因此對周遭環境，包括自己的身體，充滿了好奇和探索慾望，也喜歡嘗試自己會做什麼，喜歡模仿大人，表示「我也會」。如果家人不阻止他，只是從旁防範他從事危險的探索，可激勵他發展自動自發、積極進取的意識；反之，則會發展出動輒得咎的罪惡感，變得畏縮被動。

4. 勤勉／自卑（industry vs. inferiority）

此時期的孩子大約是學齡時期，生活圈子擴大許多，接觸大人也增多了，尤其是年齡相近的友伴和同學，在遊戲及學習中，學習競爭與合作，領悟遵守規則的重要。競爭成功固然可使他發覺自己的特長，孕育了勤勉奮發的精神，適度失敗的經驗也可以培養容忍挫折的能力。然而過度的失敗和挫折，會導致自卑感的產生。

5. 自我認同／角色混亂（identity vs. role confusion）

青春期的少年正處中學階段，固然處於性生理的變化，但自我觀念的確定與角色的認同是主要的心理危機。此階段說大不大，說小不小，常會自問：「我是誰？人活著有什麼意義？我將來能做什麼？」從別人對他的反應和他自己的多種角色中，覺得自己被接納或是有價值的人，否則他會感到迷惘。

青春期的少年逐漸不再依賴父母，而與同伴建立親密的友誼，容易形成小團體，主要是為了從自己所歸屬的團體中去發現自己。雖然看起來他已不完全屬於家庭，但是父母特別要幫助他認識人生的意義，並能設身處地，瞭解他人的立場和感受。

6. 親密／孤立（intimacy vs. isolation）

此階段是青年期，最主要的挑戰是與找到情感歸屬的對象，建立親密關係，包括同性朋友的知己友誼，以及異性朋友的關懷愛戀，互相覺得對方很特殊，值得去愛和付出。如果不能建立這種親密的感情，很容易把自己孤立起來，漸漸覺得與他人保持親密關係很辛苦，還不如自己過自己的

生活。

　　7. 活力／頹廢（generativity vs. stagnation）

　　此時期是成年期，情感的歸屬落實在婚姻與家庭之後，就開始拓展事業生涯。事業的發展可說是親情、友情與愛情的延伸，將關懷家人親友之心情，推廣到社會與人類的福祉上，是在各方面都最有生產力的階段，貢獻最大，付出最多，有強烈的社會意識；相反的，這種潛能若不得發展，他會對自己過度關心，變得自私自利。

　　8. 完整／絕望（integrity vs. despair）

　　此階段即進入中老年期，如果前七個階段之正面的發展高於負面的發展，則彙集融合而成為成熟的統整人格，體認生命的意義及有限；反之，則產生精神萎縮，悔恨懊惱，覺得一生有許多遺憾，會有「假如時光容許我重新開始」的感歎。面對死亡，艾氏認為「如果看見老年人能死而無憾，年輕人就能生而無懼。」（Healthy children will not fear life if their elders have integrity enough not to fear death.）

4.2　家庭生命週期

　　在家庭裡，家人互相照顧、幫助，以滿足彼此心理及生理的需求，因此家人關係是屬於互動的動態（dynamic system），隨時都在改變和調整。

　　家庭與個人一樣，是發展性的，而不是固定性的，其發展歷程有如春耕、夏作、秋收、冬藏那般，是有週期性的，而且變化相當規律。若將家庭生命區分為幾個階段，探討各階段的發展重點，以及對家人的影響，則有助於美滿家庭的發展。

　　「家庭生命週期」（Family Life Cycle）即指從家庭建立到終止的發展過程。許多經濟學家、社會學家、統計學家、家政學者等，都曾提出他們的學說，有的區分太細瑣，有的則太籠統。本書引用的是杜弗（Duvall, 1977）的家庭生命週期學說。在相關文獻中，最早提出「家庭生命週期」的是美國學者杜弗（Evelyn Millis Duvall, 1909-1998），她畢生的研究都

集中在婚姻、親子教養和家庭生活。杜弗出生於紐約，1927年畢業於雪城大學（Syracuse University），之後在芝加哥大學取得博士學位，1934年到1940年在芝加哥的兒童研究與父母教育協會（Chicago Association of Child Study and Parent Education）工作，曾任家庭生活協會（Association for Family Living）的主任（1940-1945），並擔任美國家庭關係協會（National Council on Family Relations, NCFR）的執行祕書（1945-1951）。她也任教於芝加哥大學的社會學系，曾擔任過終身學習機構（Sarasota Institute of Lifetime Learning）的主任，寫過很多文章和書籍。

4.2-1 家庭生命週期理論

杜弗將家庭分為二個主要的時期，此二時期為：

1. 擴張期（expanding stage）：從建立家庭到子女長大。

2. 收縮期（contracting stage）：子女建立自己的家庭，以及父母進入晚年。

此二時期又可分為八個階段，以第一個孩子的發展來劃分這些階段。（見圖4-1）

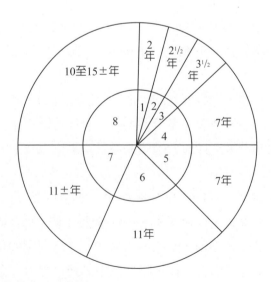

圖4-1 家庭生活週期的八個階段

　　第一階段：已婚夫婦，尚無子女。

　　第二階段：從第一個孩子出生到2歲半，生育家庭。

　　第三階段：從第一個孩子2歲半到6歲，學齡前兒童的家庭。

　　第四階段：從第一個孩子6歲到13歲，學齡兒童的家庭。

　　第五階段：從第一個孩子13歲到20歲，青少年的家庭。

　　第六階段：從第一個孩子離家到最小的孩子離家，家庭像發射中心（lauching center）。

　　第七階段：從空巢到退休，中年夫妻。

　　第八階段：從退休到二老過世，老年夫妻。

　　家庭生命週期中的每個階段均有其發展任務（developmental tasks），影響家庭中每個人的發展，這種發展任務類似艾瑞克森的個人發展危機，也就是說，每個階段有每個階段的需要、期望、問題、挑戰、歡樂，個人的發展配合著家庭的發展，就像月球繞地球，地球繞太陽轉一樣，有「自轉」，也有「公轉」。個人發展與家庭發展如果調適得成功，二者都較美滿，調適失敗則家庭生活陷入困境，個人的發展也受阻。

4.3　親子間發展互動的觀念

　　艾瑞克森的心理社會發展理論，提供了個人一生的心理發展的基本架構。然而，家庭通常是由數個成員組成，成員的年齡不同，發展階段也不同，例如：父母通常是在第七個階段，如果他們有三個孩子，分別為1歲、4歲、7歲，分別處於第一、第三、第四階段，發展危機就不同，也都同時需要滿足，父母無法以同一套方法和規則來滿足每個孩子的心理需求，因此容易顧此失彼。

　　此外，隨著子女漸漸長大，發展到下個階段，父母的教養方式也應調整。在發展過程中，子女的發展需要會逐漸明顯，而讓父母不得不調整，除非父母實在太遲鈍或太忽視子女。例如：孩子過了1歲半，開始要求獨立自主，跟以前只要父母照顧他，注意他的需要，有很大不同。父母有時覺得子女「愈變愈壞」，其實只是發展的自然現象，他若是不變，父母才

該擔心呢！

又例如：孩子到了不同的年齡，父母的管教方法也要改變，年紀愈小，語言溝通能力較差，必須以打手心或屁股，或引開其注意力等實際行動來管教，而年紀漸大後，比較聽得懂，也能講理，責罵或剝奪其權利的管教就比較有效。

4.3-1 親子互動系統

家庭的主要功能是家人能彼此提供成長過程中所需要的支持，家人彼此的交互作用構成了其行為型態、角色和價值觀（Buckley, 1967, 1968）。

所謂的行為（behavior）通常是指我們所能看到的某種行動，也是親子互動系統運作的起點和終點的結果。例如孩子有了某種行為，而父母看到或聽到了，就是「接收者」（receptor component; R.）。父母立即會決定或選擇對孩子的行為的反應，也就是「控制者」（control component; C.）；然後「生效者」（effector component; E.）執行其決定或反應，我們所見的就是父母的行為了。這種交互作用的行為是連續的，因為父母的行為又會引起孩子的反應、決定和行動，有來有往，直到問題解決。

舉例來說，孩子打破了玻璃杯，父母看到了（R.），很緊張，又生氣（C.），就開始責備（E.），我們就看到父母在罵孩子打破玻璃杯了。又例如：孩子向父母撒嬌，父母聽到了（R.），心中產生憐惜（C.），就過去擁抱他（E.）。將此交互作用以圖表示，即如圖4-2。

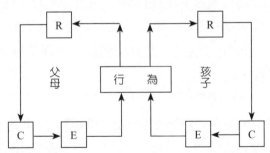

圖4-2　親子之間交互作用圖

4.3-2　系統的特性

　　親子之間的交互作用是基於：(1)刺激的輸入（input）和反應的輸出（output）；(2)試著維持雙方關係的平衡和穩定狀態；(3)達成秩序；(4)成員的互動和互換。

　　茲將此四特性說明如下：

　　1. 每個人每天都在接收別人的行為訊息，而後有所反應，就像電腦程式的輸入和結果的輸出，只是這些步驟往往是在不知不覺之下進行的。

　　2. 不管動機是如何，關係的維持就是希望能達成平衡，例如：父母看到孩子不好的行為，就會想糾正他，自己心裡才覺得舒坦。而子女若感到受父母冷落，他可能會想盡辦法去引父母注意，即使犯規受罰也在所不惜，因為他已得到他所要的。

　　3. 為了要有更好的瞭解和更有效的溝通，行為必須有秩序和組織，如果父母對子女的某種行為有一定的反應，子女就能從中尋到一些行為規則，知道要達到某種目的必須以某種方式。例如：有些孩子每次上街，都會趁機以吵鬧的方式，要求父母買東西，如果父母每次因被吵得心煩，就買給他，他就學到「這一招很管用」，繼續以此要脅父母。但是若父母堅持不買，幾次下來，他就不會明知故犯了。最怕的是有時買，有時不買，又不解釋買是因為那物品是有用的，不買是因為那物品不好，而讓孩子以為買了是因為吵得他兇，不買是因為吵得不夠兇，就會變本加厲，不斷嘗試。有些孩子不講理也是父母無意中訓練出來的。

　　4. 每個人的行為都受環境影響，但是環境是很難測量或預測的。例如：外在的因素、過去的經驗、社會文化因素，以及內在因素，如血糖、內分泌平衡、情緒等等，還要配合事情發生的時間、地點、對象等等，因此「天時、地利、人和」自古以來就被視為圓滿的必要條件。

表4-2　影響親子互動的因素

事前因素	情況因素
1.社會階層背景／價值／信念系統 2.目前流行的養育哲學及技巧 3.同儕壓力 4.過去與兒童接觸的經驗 5.養育兒女的目的 6.對行為的期望及行動的標準 7.養兒育女的態度 8.自己的父母的行為示範 9.個人的人格型態 10.父母及子女的年齡與性別 11.父母及子女目前的發展階段 12.子女的出生別	1.當天事情發生前的情況 2.事情發生的時間 3.當時的時間壓力和心理壓力 4.當時的生理或健康情況 5.內分泌的情況 6.血糖的情況 7.限制：如私下或公共場合、有無旁人在場、 　家庭大小、居住空間大小、家庭收入 8.子女是否與父母頗接近，或是疏遠

資料來源：Bigner, J. J. *Parent-child relations*. New York: Macmillan, 1986, 131.

　　舉例來說，假設有個小女孩跟母親到了一家瓷器店，看到一個名貴的古董花瓶，而被吸引過去，以下的情節有點像一個劇本裡的一段。（見圖4-3）

　　由圖示可知，互動的過程是相當複雜的，環境裡有很多因素會影響我們的決定，同樣的事情發生，往往因情境不同，而導致完全不同的結果。此例可以算是個「喜劇」，雖然出現危機，但和平解決，皆大歡喜。但是很多父母就沒那麼幸運，往往變為敵對的關係，以打罵及嚎哭的「悲劇」收場。你可以試著改寫圖4-3，會發現「牽一髮動全身」的交互關係。

4.3-3　氣質說

　　貝爾（Bell, 1968）認為孩子天生就有個別特殊的氣質，有的孩子較頑固，非達目的誓不甘休，有的孩子則較柔順，可有可無，這兩種孩子很自然的會使父母對他們的管教態度與方式不同，例如圖4-4。

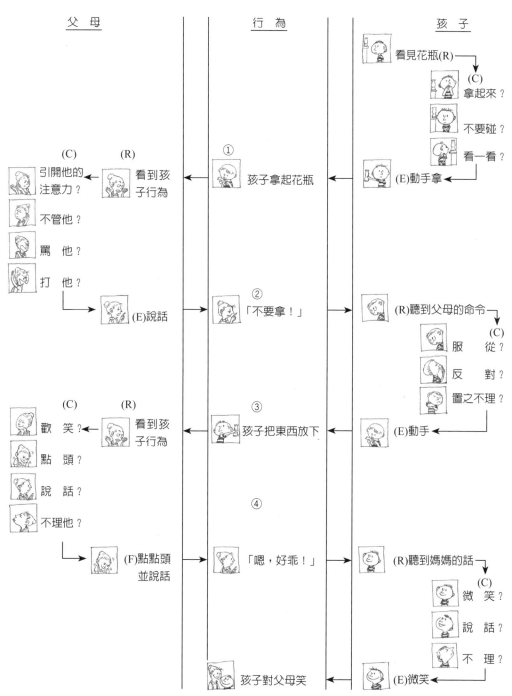

圖4-3　親子互動的實例一

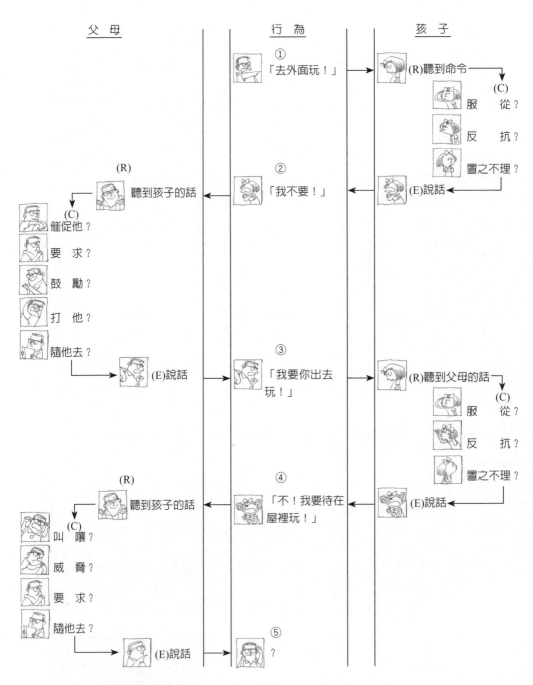

圖4-4　親子互動的實例二

　　貝爾也提到，較會察顏觀色的孩子容易使父母心軟，他較會撒嬌、合作、體貼、迎合父母的期望、對父母笑，使父母不由得對他多幾分憐惜；相反的，不會察顏觀色的孩子，往往對父母的好意不領情，使父母感到被拒絕，在失望之餘，就比較容易處罰孩子。因此「偏心」在父母之中是常見的，通常不是有心的，而是身不由己。

　　貝爾又認為父母的管教是有彈性的（如圖4-5）。

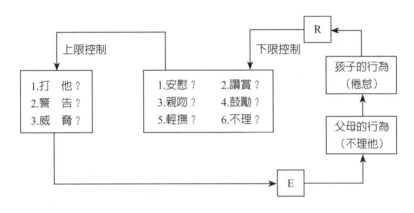

圖4-5　上限控制與下限控制

　　下限控制（lower-limit control）是指如果孩子的行為達不到父母期望時，可以使他多做一些。而上限控制（upper-limit control）可以減少或轉變孩子的行為，這些行為是已經超出父母所能忍受的行為標準。假設一個孩子感到倦怠而懶散，如果照父母本來的反應，會採取上限控制，但是如果這孩子是剛生過病，父母就會採取下限控制，把標準降低。

4.4　發展互動中的社會化

　　每一個人的社會行為都是經由社會化的歷程而建立的。所謂「社會化」（socialization），是指個人的行為在社會因素影響下改變的歷程，在此歷程中，由於受到別人的行為的影響，包括無形的交往與有形的教育，使個人逐漸學到符合社會要求的行為。

社會化並不是兒童專有的學習行為，任何年紀的人，只要他過的是社會生活，必須與他人接觸、相處，由於社會生活時時在改變，他就必須學習改變自己，以符合環境對他的要求；也就是說，人的一生都是在調整自己與社會的關係。而家庭是介於個人和社會之間的一種團體，在社會化的過程中舉足輕重。

社會化既然是一種學習歷程，每個人都是學習者，有二個最主要的影響力支配這種學習行為，一是獎勵與懲罰，即社會增強作用（social reinforcement）。增強包括物質與精神兩方面，正面的物質增強（即獎勵）包括金錢、獎品，而正面的精神增強包括獎狀、讚美；負面的物質增強（懲罰）包括罰款、賠償，而負面的精神增強則有責罵、冷落等等。一個人有了某種行為，若得到正面增強，他就很可能一做再做，因為這樣可以滿足他的行為動機；如果某種行為帶來的是「苦頭」而非「甜頭」，這種反應就受到抑制。

當然人的行為動機並不都是單純而顯明的，例如孩子偷竊行為就有很多不同的動機，若只是處罰他，可能並未對症下藥，倘若大人能瞭解原因，為了物質短缺而偷，則設法滿足他，為了引起人家注意而偷，則平時就多關心他，而不是以同一套增強的方法，應付所有的情況。

另一個支配行為學習的力量是模仿與認同。模仿是觀察別人的行為而仿效，最後成為自己的行為。認同則是更深一層的模仿。父母通常是子女是主要的模仿與認同的對象，所以我們常說「有其父必有其子」，又說「近朱者赤，近墨者黑」。

而在所有子女中，長子或長女（包括獨子和獨女）的社會化歷程受父母影響最深，父母的社會化歷程也受第一個孩子的影響最大。長子或長女通常是第一個教父母「為人父母是怎麼回事」，以及「孩子是什麼」的人，他提供各種經驗給父母，讓父母體會到孩子成長過程中的改變及發展，讓父母學著扮演父母的角色。而他也是父母的第一個「實驗對象」，父母的要求、想法、期望、態度、價值觀等等，會很強烈的放在他身上，企圖「塑造」他，因此長子或長女往往比較受到壓抑，個性比較拘謹、保守，但也最有責任感。

　　而次子或次女就比長子或長女多了一個模仿認同的對象，且父母在「第一次育兒經驗」過後，比較不會花全副精神在調教老二，又有老大首當其衝，所以老二的來自父母的壓力較小，但有老大為爭寵對象，模仿老大又永遠無法超越老大，這是老二的苦惱。也因為這種社會化的歷程，老二通常有與老大不同的性格，往往引得父母更愛比較了：「奇怪，以前老大……，怎麼老二卻……」，到底老二是先天的性格就與老大不同？或是後天因「出生別」的社會化所造成的差異？恐怕是很難下定論的。

第五章

教養的策略

現今很多為人父母的人，都察覺到周遭的環境像個轉盤，轉得現代人頭暈目眩，不知所從。若堅守原則，照原來的方式生活和教養子女，不但不合時宜，也非常吃力。若順應潮流，嘗試新的生活方式及教養，又不知是不是太冒險，也不確定方向對不對，萬一不對，會不會造成無法挽回的遺憾？

教養子女的目的之一，無非是希望子女能生活在現代社會，成為適應良好且能創新的人。但是，什麼才是「現代人」和「現代社會」呢？人人都想做「好父母」，教出「好子女」，有個「好家庭」，但是在現代社會裡，這些「好」的標準是改變了，改變的方向又是如何？有哪些策略可以幫助現代的父母邁向現代的家庭教育？

本章將介紹現代化的意義、現代化的家庭，及管教的意義與策略。

5.1 現代化的意義

相對於「現代」，「傳統」是以往人們所習慣且遵行的規則。傳統的社會受限於交通、資訊、科技等等不發達，固然保存了一些很好的社會風氣和人際互動的規則，卻也因比較封閉而有時過於偏執，因此在社會前進的過程中，產生一些弊病。上個世紀，科學蓬勃發展，人們相信人是理性動物，科學的影響擴及生活各層面，包括人類的行為研究。

在此潮流下，人們努力的找尋有效的教養規則，也產生了許多「教養專家」。教養行為存在每個親子關係中，一般人觀念中的「傳統教養」往往訴諸自己的成長經驗，也就是「我的父母如何教養我」，而當我成為父母，「我如何教養我的孩子」則多半依循傳統，而後修正，朝向自己認為的「現代教養」移動。

其實傳統和現代不是絕對的，「現代化」曾是熱門議題，這幾年「後現代」思潮蓬勃，這些「風向」都會影響教養觀念和方式。

5.1-1 現代化的意義

心理學家楊國樞（1978）在所著《現代社會的心理適應》裡，對「現

代化」有很清楚的解析：

「……所謂現代化，是指十五世紀以後才漸趨明顯的一種生活方式的轉變歷程，其變遷的幅度幾乎是全面性的，涉及了人類在政治、經濟、法律、教育、宗教、藝術及娛樂等各方面的活動。在現代化較快的西歐國家中，因之而起的社會與個人的變遷是比較自動自發的，其現代的特性是從傳統中逐漸蛻變而來，一如蝌蚪變成青蛙，或毛蟲化為蝴蝶，較少滯礙與痛苦；這種蛻變的累積效果，雖然造成了新的型態，但其轉變歷程的本身，卻是漸進而連續的，因而傳統與現代並無對立的情形存在。但對我國的社會與人民而言，現代化所代表的則是一種外來的壓力，所呈現的是一種相當不同於華人傳統的生活型態；由於這種明顯的對比，對於大多數華人而言，現代化所意味的往往是『捨棄自己，遷就他人』。因此，在很多華人的心目中，現代化的變遷實在是一種自我否定的歷程，其中充滿了屈辱、痛苦及抗拒的經驗。」（p.17）

現代化的目的是為了謀更多人類的幸福，我們應對現代化有基本的認識。

5.1-2　現代化的層次

以層次的差異而言，現代化至少包括了基本取向、價值目標及實際現象等三級變項。基本取向就是指最底層的原則；價值目標則是指方向。楊氏所主張的基本取向包括：

1. 人本取向

強調人及其生命的本然價值，最重視人的潛能、意願及幸福。

2. 個人取向

強調個人比社會更為真實而重要，社會的功能在增進眾多個人的幸福；重視個人的尊嚴，忠於自己的感受，擔負自己的責任，追求自我的實現。

3. 理性取向

強調理解或理智在處理知識、道德、宗教及日常問題上的有效功用；認為人是理性的動物，要能善用思想、遵循理智，人的生活便會合理而少

錯誤；瞭解與知識是極為重要的，而盲目與無知則一無是處。

4. 樂觀取向

相信個人與人類前途是光明的，個人的缺點與社會的弊病都可經由主動的改革而克服，因此一切操之在我；無論個人或社會，進步是正常的軌跡，退步則是反常現象，退步表示某方面遭遇了有待克服的困難。

基本取向是現代化的基調，也是現代化動力的泉源。由基本取向衍生出許多價值目標，是現代化的努力方向，楊氏認為最重要的價值目標有四：

1. 自由

在思想、行為及生活上，免於不合理的限制與壓抑；掙脫迷信愚昧與不當習俗的束縛，不受權威的無理待遇。

2. 平等

在不妨害他人的原則下，人人有追求福利與自我實現的同等機會。

3. 幸福

人人自行決定其幸福的內涵與人生的意義，其他的個人或團體不能越俎代庖；透過個人與社會的努力，儘量增高大家的幸福感。

4. 進步

個人與社會經常求發展，求變遷，而不故步自封、呆滯僵固；進步滋生希望，希望又推動進步，人們的種種潛能乃得以高度展現，人的生活層面乃從而充分開拓。

在這些價值目標之後，個人與社會會產生一些實際的現象，如表5-1。

表5-1　現代化的三層次

A.基本取向	B.價值目標
1.人本取向 2.個人取向 3.理性取向 4.樂觀取向	1.自由 2.平等 3.幸福 4.進步

| C.實際現象 ||
社會現象	個人現象
1.政治民主化	1.喜歡新的經驗與方法
2.政治法治化	2.忠於自己的意見感受
3.經濟工業化	3.願意尊重異己的意見
4.經濟都市化	4.慎重考慮別人的尊嚴
5.經濟均富化	5.能改進自己與環境
6.社會福利化	6.信賴自己所處的環境
7.社會變動化	7.比較強調努力與成就
8.宗教世俗化	8.報酬應依貢獻分配
9.教育普遍化	9.重視同輩的人際關係
10.知識科學化	10.比較強調現在與未來
11.信息傳播化	11.對重要論題持有己見
12.人口控制化	12.注意世界遠方的事務
	13.坦率活潑與積極健談

5.1-3 現代化生活的特性與心理適應

由前述可知，現代化並不等於西化，也不是「革命」，而是一種「革新」，是一種發展趨勢，就如兒童必須成長，經由青少年階段，而至成人，蛻變難免有其挑戰性，但由於它是必然的、必須的，如果人們能瞭解這種轉變的現象，就比較能調整配合，而減少失調的痛苦。

父母也是人，所以現代父母本身即應具備現代人的條件；而家庭是個小社會，現代家庭也應具備現代社會的雛形。現代父母配合現代家庭，才能產生現代化的家庭教育。說來好像很簡單，事實上，我們的社會裡，現代父母仍有許多困難──包括本身的和環境的，簡單的說，他們必須是「傳統的子女」和「現代的父母」。

現代化必須是全面性的，否則總有一些人在夾縫間，成了犧牲品，造成了一些社會問題與家庭問題。而凡是增進家庭中每個人的幸福的，才是現代化的；凡是妨害家庭成員的幸福的，就是不現代化的。

楊國樞也曾提出「新孝道和新慈道」的看法（附錄二），給為人子女和父母的人一個方向，好似在車水馬龍的路上有了一些交通規則。曾幾何

時，後現代思潮出現，在家庭和教養上帶來另外的挑戰。

5.1-4　後現代思潮對家庭的影響

後現代主義不是一套清晰的學說或真理假設，而是一種心境、意態，以不信任理性為特色的世界觀（McCallum, 2003）。例如：按照標籤（labeling）理論，童年被貼上的標籤會跟著一輩子，因此學校和家庭教育專家不可給孩子懲罰、評論、測驗、分等級、分組別。又如主張過度的容忍，讓愈來愈多人都認為，所有觀點都值得同樣的尊重，不應該批評不同的文化，或質疑別人的道德抉擇。

許多關心教育的人或許不知社會「變成這樣」跟後現代思潮有關，當我們在「現代主義」建構的理性、有秩序的社會中成長，看到後現代的「解構」，難免擔心：我們要怎麼教養孩子？有人很悲觀，也很茫然，但也有人在洪流下看到契機。

後現代的父母傾向不再用過去權威的方式管教兒女，在「平等」關係下，父母如何傳遞價值？毛樂祈（2015）認為，後現代環境至少提供兩個契機：勇於破除生命的假象而真正成長，可能對信仰有更整全的認識和實踐。

5.2　管教的意義

管教二字經常引起誤解，它的字面意思是「管束教導」，但有時人們說：「看我好好管教你！」使人覺得管教是為了訓練或控制孩子的行為所施的「處罰」。

5.2-1　管教的基本概念

首先說明管教的幾個觀念：

1. 管教是教導子女，使其行為合乎父母或老師所認定的社會要求。

2. 管教是幫助子女學習控制衝動，使其學到生活及工作上所需的與人相處的技巧。

3. 有效的管教必須是正面的、合理的、適度的。

4. 所用的管教方式與策略必須符合子女的年齡和發展階段。

5. 有效的管教必須是父母對子女的需要和問題有充分的瞭解。

管教之所以常被當成處罰或懲戒的同義字，主要是因為父母管教子女，通常是因為子女行為不佳，需要糾正，使他變好。但是子女行為有問題，原因很多，例如：

1. 身體不舒服，較難控制情緒。

2. 不知怎麼做才是對的行為。

3. 覺得父母不注意他、不愛他，想得到父母的注意。

4. 覺得自己無論如何都達不到父母要求的行為標準，索性自暴自棄。

而也有一些情況是父母本身的問題，例如：

1. 是否父母的期望太高，超出子女的年齡和能力？

2. 是否父母的指示常是反面的，強調子女「不該如何」，卻忘了教他「該如何」？

3. 父母在執行規範時，是否持之有恆，而非朝令夕改？

因此在管教子女時，不妨先提醒自己：

1. 子女行為不佳一定有其原因。

2. 不要期望子女行為像大人一樣。

3. 如果子女因缺乏自信心而行為不佳，要鼓勵他。

4. 以積極的態度和正增強管教子女。

5. 就事論事，改其行為，而不攻擊人格。

至於管教的方法，大致可分為積極的和消極的兩種。前者較有建設性，後者則多破壞性（見表5-2）。

表5-2　管教的方法

積極的方法	消極的方法
1.教導基本道理	1.打耳光
2.把問題講清楚	2.打屁股
3.要子女去房裡冷靜一下	3.引發他的罪惡感
4.稱讚子女的好行為	4.說他做錯事時很醜
5.暫時剝奪一項權利	5.關在黑暗處
6.說明其他可替代的行為	6.踢他
7.罰坐牆角	7.大喊大叫
8.告訴子女錯在何處並讓他好好想想	
9.指定他做額外的差事	

5.2-2　管教的基要原則

　　每個家庭都應有自己的管教原則，沒有任何人可以設計出一套放諸四海皆準的管教經典，對於甲家庭很適合的原則，用在乙家庭可能會製造出更多問題。因為人格特質、家庭背景、價值觀、社經地位、家庭目標、子女的人數及出生序，以及其他許多因素，在在都影響家庭教育的哲學和方法，也產生不同的管教態度。每個家庭多少都是在嘗試中學習，以下是幾個可供參考的建議：

1. 試著去瞭解孩子的感受和動機

　　父母通常以為子女不乖是故意跟父母過不去，很容易被激怒，然而憤怒通常並不能解決問題，反而使原來的問題更複雜。唯有試著瞭解，才能看清問題的原因，從而解決問題。

　　要瞭解孩子的感受和動機，父母首先要能傾聽子女的口語及非口語表達，父母願意聽，子女才會願意讓父母瞭解他的感覺和想法。其次，父母不妨把子女的不良行為當作汽車引擎出了毛病，修理汽車的人總不能對著有問題的引擎大吼大叫，或踢它、打它，他必須冷靜的檢查，發現毛病所在，才能動手修理。人對汽車都能有此耐心，何況對孩子呢！

2. 父母一起討論並設立管教的規則

　　父母有必要坐下來好好談談，而不是各自用自己的想法去管教子女。

父母共同決定如何及何時行使權威、規定、允許和處罰。對子女的行為有所限制和規定是必要的，對子女有益的，但是這些限制和規定要清楚，並要讓孩子明白，他才能有所遵循。規定要合理而實際，而且一旦有了規定，就要嚴格執行，起初孩子會故意犯規，試探父母是否只是說說而已，父母應有心理準備，態度要和氣而堅決，讓孩子很清楚父母愛他，這些規定和限制是為了幫助他，而且父母說到做到，不管他如何抗議，規定都不會更改。如此讓孩子學到合宜的行為準則，日後受用無窮。因此聖經上也說：「教導孩童，使他走當行的道，就是到老他也不偏離。」

父母寧可少設規定而嚴格執行，所以設限制和規定時一定要很慎重，否則出爾反爾，子女無所適從，形成「反管教」，不但失去對父母的尊敬，而且也學不到正當的行為。建議父母在設立規定時，可先考慮這幾點：（Maultsby, 1979）

(1) 這個規定是否有事實根據，而非設不可？

(2) 這個規定是否可保護孩子，使他免受某種傷害？

(3) 這個規定是否有助於孩子達到某種重要的目標？

(4) 這個規定是否使孩子避免與他人起衝突？

(5) 這個規定是否使他習慣性的避免負面的情緒？

例如：父母規定孩子吃飯時不可講話，本是預防他不小心嗆到，但實行非常困難，應該改為規定他把口中食物吞嚥下去再講，就實際多了。

又如，父母規定孩子要等車子走過了才能過馬路，不如改為「看到沒車時才過馬路」，否則如果沒有車子經過，孩子就不能過馬路了。

3. 有效而清晰的雙方溝通有助於家庭互動

溝通包括了表情、聲調、姿態、手勢等等，父母若能敏銳的感受，從孩子的種種表現可以察覺他的內心情緒。建設性的溝通是表達，而破壞性的溝通就是批評了。溝通要主動，讓孩子感受到父母的誠意。對於孩子的意見，父母應給予回饋，一方面可以使問題澄清，另方面孩子會覺得受重視。

溝通是有層次性的，從表面的到內心的溝通，大致可分為：(1)寒喧、應酬、客套；(2)報告、轉述、閒話；(3)陳述意見、看法、判斷、決

定；(4)分享感受與情緒；(5)開放坦誠的高潮溝通。

除了言語和行動，我們對家人通常忘了一項很重要而有效的溝通方法，那就是寫紙條或寫信函。在許多家庭裡，各有各的活動，往往不容易坐下來好好談；即使面對面，有時時間不夠長，氣氛不對，場合不對，都不一定能有談的機會；有的話不容易開口，幾番吞吞吐吐，就打消了溝通的原意。凡此種種，都限制了溝通，對於稍大的子女，父母不妨試著偶爾以紙筆溝通，即不受時間的限制，也可以清楚的將意念整理一下再寫，受信者可以反覆閱讀，仔細體會寫者的用心，印象更深刻。

4. 子女需要有機會學習作決定和負責任

如果孩子有機會自己作決定，並承擔後果，他就能學著為自己的行為負責任。當然，父母必須視孩子的年齡而決定那些事可以讓他自己作主，父母可以從旁提供經驗、知識和意見，但是一旦說好了讓他作主，父母就不可以干涉他的決定，要尊重他。我國的父母很喜歡告訴子女：「聽我的，準沒錯。」養成很多孩子缺乏主見，盲目服從，長大後就業或成家，都很怕擔責任，事前推託責任，事後推卸責任；更由於缺乏作決定的經驗，不太會判斷、推理，作決定時常常犯錯，又不知如何反敗為勝，十分可憐。

因此管教子女，最終目的不是在教子女「聽話」，尤其父母不能保證自己絕對不錯犯錯，即使是自己的子女，他也是個獨立的個體，就如愛默生曾說：「不要要求別人像你，你知道，上帝也知道，一個你就足夠了。」

少幫助子女，往往是對他最大的幫助。每個人都須為自己的生命負責，旁人不能替他活，縱使父母願意，也盡全力讓孩子無災無難，對孩子來說算不算「活過」？內心是否真正滿足？還是父母從替子女擔當中滿足了自己？

因此管教子女的目的，應是讓孩子逐漸的自我約束，敬天愛人，而能不依賴父母。

5.3　管教的策略

最近幾年內，有幾種管教策略對為人父母者有很大的影響：

1. 行為改變技巧（Behavior Modification Techniques）。
2. 民主的策略（Democratic Child Training Strategies）。
3. 人本方法（Humanistic Approach）。
4. 溝通分析（Transactional Analysis）。
5. 父母效能訓練（Parent Effectiveness Training）。

5.3-1　管教策略的共同目標

上述策略可說是應用行為科學的代表，沒有任何一種策略可以保證其結果一定是對的，是好的。但它們有一些共同的目標，使互相之間可見異曲同工之妙。

1. 減少父母的權力

這些管教策略大多是兒童本位，以子女的需要為主要的考慮，其實父母的權力不見得會阻礙親子的交流，但是不當的權力的使用方法，例如責打或羞辱孩子，會造成孩子的焦慮，因此這些策略在教育父母如何用新的方法去行使其權力，而達管教的目的。

2. 改善孩子的自我控制

在父母放鬆一些權力的同時，孩子也為自己的行為多負些責任，父母少花時間去監視或控制子女的行為，而把心力著重在建立良好和諧的家庭氣氛，使每個家庭成員的情緒需要能得到滿足，也讓孩子在心平氣和中培養出自我控制的能力。

3. 強調關愛與照顧

鼓勵父母以朋友或諮商者的角色，並以瞭解和幫助子女的態度，傾聽子女的問題，而非教訓子女，或索性自己去替子女解決問題。父母是愛的泉源，出發點是愛，管教是手段，不是目的。

4. 瞭解子女的行為

這些策略都教父母學著去發覺造成子女行為的原因，而且瞭解成長和

發展的原則，因為在不同的發展階段，有不同的問題，孩子的需要也隨之改變。

每一種策略均有其偏重，有些是治療性的，也就是已經發現有問題，把問題當成病症來治療或矯正；有些策略是屬於預防性的，重點在預防或解決親子間的衝突。父母學習這些策略，重要的是把握其精神，運用自己的思考。技巧或策略的學習只是「輔助」父母將自己的理念，有效的傳達給子女，它們不是萬靈丹。

5.3-2 行為改變技術

行為改變技術是匯集不同的學習理論所得到的原理原則，其中最受古典制約論與操作性制約論導向兩大主流的影響，前者最有名的是巴夫洛夫（Ivan Pavlov, 1849-1936）的實驗，他發現一個本來不能引起反應的中性刺激（制約刺激），與能引起反應的刺激（非制約刺激），多次配對出現之後，中性刺激也能單獨引起反應（搖鈴餵狗，狗流口水；而後搖鈴不餵狗，狗仍流口水）。後經多人的實驗研究，成為行為改變之重要原理。

而操作性制約論導向的行為改變技術則是根據史金納（B. F. Skinner, 1904-1990）的理論而來，他將行為分為反應行為（respondent behavior）和操作行為（operant behavior）。前者是由刺激引發的，如看到食物就流口水；後者則是個體為了滿足其生理或心理需求，而採取一連串的行為，這些行為是受了後果的增強而建立的。如能控制環境因素，即可預測某一行為出現的可能性。因此可以操作增強物來影響並改變行為。

行為改變技術有幾個基本原理：

1. 每個人的行為都受到其行為所帶來的後果（consequence）的影響，所有的行為都是學來的。

2. 後果對行為有增強作用。愉快的後果使行為得到增強作用，不愉快的後果則對行為有消弱作用。

所謂的增強作用（reinforcement），是說孩子表現某一行為之後，若得到報酬或其他愉快的經驗，他就會繼續表現這個行為，而且有加強的趨勢。而消弱作用（extinction），是指孩子做了某一行為之後，得不到報

酬，反而受到忽視或其他不愉快之經驗，此一行為就會減少或不再做了。

3. 行為通常有前因與後果，前因就是外來的刺激，例如孩子跟父母上街，看到店裡的玩具，這個刺激就產生行為，他就會吵著要父母買給他，如果他一試得逞，就是吵的行為被增強了，下次他很可能會重施故技；如果吵的行為未能如願，父母根本不理他，甚至懲罰他，這種後果就會使行為消弱。

4. 當我們想培養孩子去做某種行為時，可以在他的行為之後安排一種增強物，使那種行為或習慣容易建立起來。

5. 行為的後果若不當，教養子女時會收到反效果。父母往往不經意的增強子女不好的行為，或者疏忽子女的良好表現，而使好行為受到消弱。例如：父母常認為好行為是本分，就像身體好時就不注意保養，生了病才呵護備至，因此覺得不受父母重視的孩子就以行為問題來引父母的關心。

6. 增強最好是立即的，也就是說，期望的行為發生之後，立即予以增強；必須延遲時，在增強時要提醒他當時的行為。增強物是要孩子珍惜且喜歡的。

7. 複雜的行為可分為幾個步驟來養成：

(1) 行為塑造法（shaping）：將一項行為細分為許多細小的動作，逐步增強，以達成行為的終點。

(2) 刺激的逐步褪除（fading）：為協助孩子某項行為的發生，父母可用一些引發的刺激，然後漸漸減少，最後由孩子自己完成整個行為反應。

事實上，大部分父母每天都在運用增強原理，教養子女，以培養其好的行為，並糾正不好的行為，只是增強的方式往往不見得正確，得到反效果。要改變行為，若只看行為本身，而不明其前因後果，通常很難根本解決那個行為問題。這種增強方法也常被孩子用在父母身上，父母好言相勸，子女不聽，就消弱了父母的苦口婆心，相反的父母若以打罵方式，子女服從了，往往增強了父母的「棒下出孝子」的觀念。

5.3-3 民主的兒童訓練策略

　　崔克斯（Rudolph Dreikurs, 1897-1972）在1950年出版了《為人父母的挑戰》（*The Challenge of Parenthood*），並於1963年與同事共同出版《鼓勵孩子學習》（*Encouraging Children to Learn*），提出做父母的一套策略。主要原則有以下六項：

1. 行為都是有原因或目的的，不是無由來的（見表5-3和5-4）。
2. 必須從社會環境中去瞭解行為。
3. 由不良行為的目的，可以說明其行動。
4. 欲瞭解孩子的行為，大人必須瞭解他對那事件的解釋。
5. 歸屬於某個社會團體是每一個人的基本需要。
6. 每個人都有一個人生計畫，以引導其行為，即使這個計畫的決定是基於錯誤的假設。

表5-3　不適應行為的目的

孩子錯誤的信念	孩子的目的	父母的感受與反應	孩子對父母之糾正意圖的反應	父母可選擇的反應
只有我受到注意或受人服侍時，我才有歸屬感	引起注意	感受：厭煩 反應：傾向於提醒、哄騙	暫時中止不適應行為，隨後故態復萌，或表現其他干擾行為	盡可能漠視它，注意那些孩子不在意的正向行為 避免過度代勞 瞭解提醒、處罰、獎賞、哄騙與代勞都是過度的注意
只有我在處於控制、主管的地位或我證明沒有人可以管我的情況下，我才有歸屬感	爭取權力	感受：生氣；激怒；感覺好像自己的權威遭到威脅 反應：傾向於孩子爭或投降	主動或被動攻擊 不適應行為加強，或者表現「反叛式的順從」	從衝突情況中退出，向孩子說明他的協助與合作，以幫助孩子知道如何有效地運用權力 瞭解爭執或屈服只會提高孩子對權力的渴求

孩子錯誤的信念	孩子的目的	父母的感受與反應	孩子對父母之糾正意圖的反應	父母可選擇的反應
當我覺得受到傷害時，只有反擊，我才有歸屬感 我不可能被人愛	報復洩憤	感受：深深地受到傷害 反應：傾向於報復	加強不適應行為或選擇其他「武器」，以尋求更進一步的報復	避免有受到傷害的感受 避免處罰或報復 建立信任的關係；讓孩子明白她或他是父母深愛的寶貝
只有在說服別人相信我一無所能，我才有歸屬感 我是無能的，我也是無助的	表現無能為力，自暴自棄	感受：絕望、無助、放棄 反應：傾向於認同孩子是一無所能的	被動的反應，或無反應 沒有任何進步	停止所有的評語 鼓勵任何一個正向的努力，即使只是小小的努力；注重他的優點，千萬不要可憐他，也不要放棄

表5-4　正向行為的目的

孩子的信念	目的	行為	如何鼓勵正向行為
靠貢獻一己之力，我將有所歸屬	關注 參與 貢獻	協助行為，志願效勞	讓孩子知道他有哪些貢獻以及你如何感激
我能夠決定自己的行為，並為之負責	權力、自主權，為自己的行為負責	自我訓練 自己事，自己做 富於創造性	鼓勵孩子所作的決定 讓孩子自己體驗正向與負向的行為結果 表達對孩子的信心
我願意合作	公平 公正	以德報怨，漠視自己的評語	讓孩子明白你對他的合作興趣之欣賞
我能夠退出衝突情境	退出衝突情境 拒絕爭執 接納他人的意見	漠視別人的挑釁 從權力競爭中退出 決定自己的行為	指出他更成熟的努力與進步

　　在一個民主的社會，孩子也有民主的意識，不再願意盲目的任憑父母管教，獎勵和懲罰這種地位不平等的策略也不太管用了，往往造成孩子為了獎賞而去做一件事，或為了怕被懲罰而不敢做某事，不見得學會為自己的行為負責（參考表5-5）。

表5-5　讚美與鼓勵的差異

讚美		
隱含的特性	傳給孩子的訊息	可能的結果
1.注重外在控制	「只有當你達到我期望的表現，你才是有價值的。」「你不能也不應該被信任。」	孩子從順服的能力中學習評量自己的價值；或孩子反叛（視各種形式的合作為讓步）
2.注重外在評量	「為了成為有價值的人，你必須取悅我。」「討好，否則只有走投無路。」	孩子以他能取悅別人的程度評量自我價值孩子變得害怕別人不贊成他
3.只有在做得好或有成果之下，才受到獎賞	「為了成為有價值的人，你必須達到我的標準。」	孩子發展出一些不合實際的標準，並以自己距離完美境界的遠近來評估自我價值孩子變成懼怕失敗
4.注意自我評量與個人所得	「你是最好的，因此，你必須保持領先才有價值。」	孩子變成競爭性太強，以犧牲別人來獲得優勢；只有站在頂端才覺得有價值
鼓勵		
隱含的特性	傳給孩子的訊息	可能的結果
1.注意孩子有效地處理生活事務的能力	「我相信你能夠負起責任並且獨立自主。」	孩子得到接納不完美的勇氣以及嘗試錯誤的意願；同時也充滿自信，願意為自己的行為負責
2.注重內在評量	「你自己的感受與你自己的努力才是最重要的。」	孩子學會評量自己的進步情況，並且能夠替自己作決定
3.指出他的努力與進步	「你不必達到完美境界。努力與進步才是重要的。」	孩子學會接納自己或別人的努力，並培養出工作的恆心
4.注重天賦的能力、貢獻與感恩	「你的貢獻使我們做得更好，很感謝你所做的一切。」	孩子學會運用天賦才能與後天努力的結果，獻給大家而不只是據為己有；並對自己的成功與別人的成功都感到高興

　　民主的管教方法根基於「平等」的原則與相互的「尊重」，每個人都有他的價值與尊嚴，即使是孩子，也必須得到應有的尊重，並在社會限制

下，有自我抉擇的權利。民主的父母要能包容孩子的各種選擇。

　　教導孩子邏輯的因果關係，也就是利用自然的獎懲。你做了一件事，就會產生一個結果，這結果就是那件事的代價，例如：你去摸熱的爐子，就會燙到手，因此痛就是摸熱爐子的自然結果，如果一個孩子被爐子燙痛過，以後就會對熱爐子特別小心。「一朝被蛇咬，十年怕草繩」就是這個道理。

　　自然因果有時太危險，不宜嘗試，或時間相隔太久，效果不顯，必須以其他的經驗替代，孩子通常能舉一反三。這種替代方法的基本原則就是，內在的刺激比外在的壓力更易產生所要求的行為，例如以合理的行為後果代替處罰，表示對孩子的接納與信任（參見表5-6）。

5.3-4　人本的策略

　　吉諾特（Haim Ginott, 1922-1973）的書《父母與子女之間》（*Between Parent and Child*）闡明父母與子女之間的溝通非常重要，他認為子女之所以有問題行為，不是因為父母的態度或人格有問題，而是因為父母缺乏經驗及知識；因此他建議父母要懂得傾聽，並得到子女的注意，以避免衝突。吉諾特提醒父母要試著瞭解子女溝通時的「隱藏意思」（hidden meanings），也就是言外之意，同時也要讓孩子知道父母的感受。

表5-6　處罰與合理的行為後果之主要差異

處罰		
特點	傳給孩子的潛在訊息	可能的後果
1.強調個人權威的力量	「照我的話去做，因為這是我所說的話。」	反叛 謀求報復 缺乏自我約束力 唯唯諾諾 缺乏責任感
2.很少與行動有關 　武斷獨裁	「我做給你看！」 「你應該得到你想要的！」	怨恨的心態 謀求報復 害怕 迷惑 反叛

處罰		
特點	傳給孩子的潛在訊息	可能的後果
3.意含道德判斷	「你真是差勁！」 「你不夠格！」	受到傷害的感受 罪惡感 謀求報復
4.強調過去的表現	「你永遠學不會！」 「我簡直無法指望你！」	感到不被接納 感到自己無法作任何好的決定
5.感受一些外在或內在的不尊重、暴力威脅或失去愛的壓力	「你最好中規中矩！」 「沒有一個孩子會像你那樣做！」	害怕 反叛 罪惡感 謀求報復
6.要求百依百順	「你的喜好並不重要！」 「你不可能作下聰明的決定！」	反叛 反抗式的順從
合理的行為後果		
特點	傳給孩子的潛在訊息	可能的後果
1.強調社會規矩的現實狀況	「我相信你能夠學會尊重別人的權利。」	合作 自尊尊人 自我約束 可信賴的
2.與違規行為之間具有合理的關聯 講道理的	「我相信你能夠作一個願意負責的決定。」	從經驗中學習
3.將別人視為有尊嚴的人 將行為與行為者分開	「你是一個有價值的人。」	感覺自己是完完全全被接納的，即使所做的事不被接納
4.關心現在及未來的表現	「你能夠為自己決定一切。」	自我評估、自我引導
5.交談中，傳達了尊重與美善的意念	「我不喜歡你所做的事，但是我仍舊愛你。」	對父母的愛與支持深具安全感
6.提供選擇	「你能夠自行決定。」	自己負責任的決定 增加機智

吉諾特的人本策略重點如下：

1. 與子女溝通的基礎是建立在尊重和技巧上。父母不要攻擊或批評孩子的人格，而是針對其行為。管教要對事不對人，這也等於在教孩子以

適當的方法表達情緒。

2. 讚美和獎賞不宜過度。讚賞孩子時，要針對其行為，而不是人格。例如說他一件事做得很好，不是他實在了不起。

3. 在對付衝突和壓力時，吉諾特建議：

(1) 有些孩子的行為會惹大人生氣。

(2) 大人有權生氣，而不必有罪惡感或羞愧感。

(3) 大人應表達其感受，但不攻擊孩子的人格。

4. 威脅是在向孩子挑戰，使他重複不好的行為；賄賂則是懷疑孩子改變的能力；譏諷使孩子覺得自己差勁，因此拒絕聽，這些都是親子互動時應避免的。

5. 若父母跟子女溝通時能蹲下或坐下，使孩子不覺得父母高高在上，有壓迫感，溝通的效果會更好。

6. 孩子可以學著為自己的行為負責任，讓他有選擇的機會，例如問他：「你今天要穿藍裙或是紅裙？」而非問他：「你今天要穿什麼？」

7. 以孩子能理解的合理限制管教子女，不是光告訴他什麼不可以做，也要告訴他什麼可以做。

8. 體罰比口語溝通的效果差，而且有傷害性，體罰時孩子不一定知道問題在那裡，只是看到父母在洩怒。

吉諾特的觀點廣為大眾所接受，他的書也是暢銷書，對當時的父母影響很大。他最常為人引用的名言即是：

在批評中長大的孩子，學會譴責；

在敵對中長大的孩子，常懷敵意；

在嘲笑中長大的孩子，畏首畏尾；

在羞辱中長大的孩子，總覺有罪；

在忍耐中長大的孩子，富有耐心；

在鼓勵中長大的孩子，滿懷信心；

在讚美中長大的孩子，懂得感激；

在正直中長大的孩子，有正義感；

在安全中長大的孩子，有信賴感；

在讚許中長大的孩子，懂得自愛；

在接納和友誼中長大的孩子，尋得了世界的愛。

5.3-5 父母效能訓練

高頓（Thomas Gordon, 1918-2002）的《父母效能訓練》（*Parent Effectiveness Training*）是根據他為了教父母如何有效的教養子女而提供的訓練課程而寫出來的。他的方法是針對父母的溝通技巧和解決親子間的衝突的方法，在美國形成熱潮。

父母效能訓練（P. E. T.）的技巧有二核心，一是主動的傾聽（active listening），可以幫助父母成為子女的好聽眾，而更瞭解孩子；另一是共同參與的解決問題（no-lose problem solving），可以減少家庭中的衝突，而協助問題的解決。

高頓認為很多時候，父母覺得孩子的行為有問題，但是孩子卻不認為自己有問題，在這種情況下，父母應使用「我」的訊息（I-message）讓孩子知道父母的感受。

高頓的基本方法和吉諾特的方法很接近，都主張與子女談話，但是高頓的策略比較特別的是承認孩子的行為對父母的行為有影響，而且教孩子如何認清父母的權利和需要；更重要的，他提供給父母一些方法，能以一種更平等的方式對待孩子，而不過度使用權力而傷了孩子的自我概念。在孩子的安全沒有問題時，這些方法相當管用。一般受過P. E. T.課程的父母都認為得到很大的幫助。

高頓認為當父母和子女之間有衝突時，完全順從任何一方都不是圓滿的解決方法，為了要雙方互相瞭解對方的需要，以便妥協，高頓列舉六個步驟：

1. 認清並說明衝突。

2. 找出可供選擇的解決方法。

3. 評定這些解決方法。

4. 決定對雙方都最好的方法。

5. 實施此方法。

6. 評價此方法的結果。

讓孩子也參與作決定的過程，他會更願意合作，也增加他解決問題的判斷能力，對親子雙方的心理都不會有傷害，也可以使父母少使用權力，同時鼓勵孩子自主的行為。

在P. E. T.訓練課程誰出的最初八年裡，只有訓練班而沒有課本，因為高頓認為如果父母只買書而不參加訓練班，效果必不佳，不料書出版後，一時洛陽紙貴，很多父母仍從閱讀中獲益良多。

5.3-6　溝通分析

溝通分析（Transactional Analysis，或譯交流分析）是一種心理治療的理論，起初是由一位精神病醫師（Eric Berne, 1910-1970）提出，起初是用來瞭解人際關係的，一直到最近幾年才被用來改善親子關係。原來的理論中有許多專有名詞，必須仔細的研讀，才能瞭解內容，但後來Thomas Harris（1910-1995）以其觀念出版了《人際溝通分析》（*I'm OK, you're OK.*, 1969）等書，讓一般人能瞭解並運用。

溝通分析（T. A.）的理論提供一套方法，讓人們分析自己與他人的交互作用，以改善溝通。根據TA理論，人有三個人格的自我狀態，人格狀態是辨別真假，處理訊息的依據，而且會一再重現。同時，人格狀態憑著直覺決定行為、價值觀、感情的鑑別和訊息的蒐集，「成人」（adult）、「兒童」（child）、「父母」（parent）是TA理論中三種主要的人格狀態。

一個人可以在任何時候，分別表現出這三種人格狀態，可以根據所觀察到和聽到的行為特質來判斷是何種人格狀態。三種狀態是分開的（如圖5-1），可以不同的行為，如表情、動作、聲音，和其他的表達來辨別。

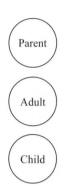

圖5-1　人格的三種自我狀態

　　兒童狀態記錄著人類的生物需求和基本的情感,使一個人產生對自己的認識,這些自我認識來自實際生活經驗,它也記錄了人的生活中,尤其是嬰兒期的所有顯著的情感事件;它是不加修飾、自發性的,在意的只是內在的需要和渴望,也包括一個人在快樂或痛苦的情境中的反應。

　　當成人狀態受挫時,兒童狀態就會迅速出現,而表現出無知與幼稚,如果挫折太大,會使這種無知幼稚的表現以輕視、驚嚇、生氣或悲傷的方式表露出來。

　　成人狀態的主要作用是將刺激轉變成訊息,然後根據過去的經驗,分析後歸入檔案,它就如一部分析資料的電腦,處理三種狀態的資料,而後得到結論。成人狀態在早期較脆弱而短暫,很容易被「父母」的要求,或「兒童」的恐懼遮蓋,但是大多數人在成熟過程中,雖然受阻,他的「成人」仍會繼續發展,而且愈來愈有效率。

　　父母狀態記錄一個人從父母那兒聽來,或在生活中看到的一切教訓、規矩和法則,告訴他何事該做,何事不該做,以及禮節、傳統、價值等。「父母」的紀錄可以教導一個人為人處世的社會規範,由於是來自父母的,不合適的部分可以批評和控制,有益的部分則保留。

　　TA將刺激的需要具體化,稱為「輕撫」(stroke),透過輕撫在施與受的交互作用,使孩子認識自己,也瞭解其他的人。而一個人對自己和對他人的感覺,稱為生活的基本態度,在人際溝通中有四種基本態度:

1. 我好—你也好：最健康的生活態度。

2. 我不好—你好：沮喪的生活態度。

3. 我好—你不好：挑剔的生活態度。

4. 我不好—你也不好：破碎的生活態度。

交流則是二個人輕撫的交換，每個交流都包含刺激和反應。當一個人和別人溝通時，他使用不同的人格狀態，不同狀態的運用會產生不同的結果，交流方式有三種基本的規則：

1. 互補交流（complementary transaction）

即刺激和反應在P-A-C圖中成平行線時，交流會繼續下去。互補交流可以是任一狀態之間的溝通，例如：P-P交流（批評別人）、A-A交流（解決問題）、C-C交流（遊戲），或P-C交流（教訓）等等，如圖5-2。

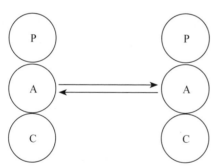

例如：「現在幾點了？」
　　　「剛剛好八點。」

圖5-2　互補交流

2. 交叉交流（crossed transaction）

即刺激和反應在P-A-C圖中成交叉線時，溝通中會引起爭吵，如圖5-3。

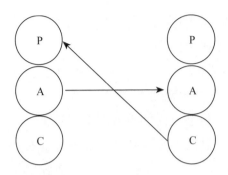

圖5-3　交叉交流

3. 雙重交流

　　表面上呈現某一種交流，卻又隱含另一種訊息，目的是要誘使對方表露對隱藏訊息的反應。如圖5-4。

　　交流分析的理論運用在親子關係中，可以改善溝通，最有效的溝通是平行溝通，如果父母多站在「成人」的狀態，孩子就逐漸培養出明理的生活態度；如果父母老是以權威的「父母」狀態，迫使孩子停留在「兒童狀態」，會延遲了孩子成熟的時機。

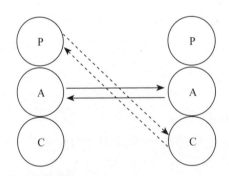

圖5-4　雙重交流

　　Wahlroos出版了《家庭溝通》（*Family Communication: A Guide to Emotional Health*，鄭慧玲譯，1981）即是運用TA的原理，他認為溝通是改進家庭關係的祕訣，因此他提出促進家人和諧的二十個原則和十個祕訣。列於表5-7。

表5-7　家庭溝通

溝通的原則	溝通的秘訣
1.非語言的溝通（行動）往往比語言的溝通更有力	1.自助助人
2.重要的就強調，不重要的就忽略	2.抉擇的自由
3.盡可能表達好的而確實的溝通	3.安全感
4.溝通時要清楚、具體	4.滿足需要的延宕
5.言詞要切實際、合理	5.評估情緒真實面的能力
6.以言語表達來驗證你的每一個假設	6.深切持久的情緒關係
7.承認每件事都可以有多方面的看法	7.從經驗中學習
8.承認家人對你觀察入微	8.積極熱衷於生活
9.不要使好言的討論變成惡意的爭吵	9.接受他人
10.坦誠面對自己的感受，有意義的問題就提出	10.信心
11.不要用不當的溝通技巧，如吵架	
12.溝通造成的效果比本意重要	
13.接受一切感覺並試著去瞭解	
14.委婉、體貼而有禮的尊重對方及其感受	
15.不要說教或訓話，最好用發問的方式	
16.不要找藉口	
17.不要嘮叨、叫罵、發牢騷	
18.得幽默時且幽默，當嚴肅時要嚴肅	
19.學會傾聽	
20.不要玩惡意的遊戲	

　　以上的種種策略若靈活運用，都可以是「有效」的管教策略，但需要注意的是，出發點不是想要掌控或操縱兒女，而是以欣賞和接納的態度，幫助他們成為尊重自己、珍惜他人的人。

第2篇

各發展階段中之家庭教育

你的孩子並不是你的。

他們是「生命」的子女，產生於生命對它自己的渴慕。

他們經你而生，卻不是從你而來，

雖然他們與你同在，卻不屬於你。

你可以給他們你的愛，卻非你的思想。

因為他們有他們自己的思想。

你可以供他們的身體以安居之所，卻不可錮範他們的靈魂，因為他們的靈魂居住的明日之屋，甚至在你的夢中，你亦無法探訪。

你可以奮力以求與他們相像，但不要設法使他們肖似你，因為生命不能回溯，也不滯戀昨日。

—— Kahlil Gibran, *The Prophet*

第六章

嬰兒與幼兒時期

　　一個家庭從建立開始，約有20年的時間，生活的主要重心就是生孩子、養孩子、教孩子。在這段期間，子女經歷的生命中的前五個心理社會發展階段，獲得信任、活潑主動、進取、勤勉、自我認同的基本需要（見第四章）。

　　孩子（尤其是第一個孩子）的發展過程使得家庭經歷了不同的階段，父母在此發展與改變中，面臨許多挑戰，並得到許多經驗，而達到個人的成長與成熟。

　　萬事起頭難，父母既無經驗，又乏準備，難免手忙腳亂，而嬰兒初臨世間，依賴性最強，又是最敏感的階段，父母若過於無知，會對孩子造成很大的傷害，影響往後的教養，也使父母對於本身的親職能力失去信心和興趣。正如周育如（2015）所說，唯有主要照顧者具備嬰幼兒發展的知識，在實際互動中學習觀察自己孩子的特質需求，根據孩子的狀況給予敏銳和適切的回應，這樣的照顧品質才能有效支撐孩子成長的需要。

　　為了使孩子能有好的開始，認識嬰兒和幼兒時期孩子和家庭的發展需要，將是本章的重點，希望在孩子最需要、最依賴父母的時候，父母能滿足他，使他藉著父母的照顧，得到充分的愛與安全感，往後才不會試圖補償而引起許多問題行為。

　　本章介紹孩子從出生到6歲前，分為兩階段，前段是0到1歲半，稱為嬰兒期（infancy），後段則為1歲半到6歲，稱為幼兒期（toddler & young childhood），分別討論其發展和家庭的發展任務。

6.1　初為人父母

6.1-1　新手爸媽

　　曾有研究者（Le Master, 1957）針對46對中產家庭的夫婦做過一個調查，大多數承認他們在初為人父母時，面臨一些生活上的危機，母親們的困難在於：睡眠不足、擔心容貌改變、達不到理家的標準、容易疲倦、與外界接觸減少，以及不能去上班賺錢。父親們的反應也差不多，尤其反應

太太對性生活的興趣較冷淡。

也有研究者（Dyer, 1963）認為這些危機的嚴重性並不是那麼絕對，要根據當時的情況，例如：

1. 孩子誕生時婚姻和家庭結構的情況（是否三代同堂？是否已婚？）

2. 夫妻對於婚姻和親職準備的程度（有沒有機會去上過課或有其他學習管道？）

3. 生育後婚姻關係調適的程度（夫妻更親密體貼或焦頭爛額？）

4. 其他因素，如結婚時的年齡、生育時結婚的年數、是否為計畫中的懷孕、孩子是否為期待中的性別等等。代耳也發現，如果婚姻情況良好，大部分的夫婦在經過幾個月的手忙腳亂後，都能使生活恢復正常。

「替嬰兒拍照片」大概最能說明成人對於為人父母的角色的心情。有研究報告（Titus, 1976）指出，父母替第一個孩子拍的照片遠比其他的孩子拍的照片多，這有助於角色轉變的心理調整，表示他們對於「升級」為父母有一種承諾（commitment），至於以下的孩子，一方面由於新鮮感減低，一方面也沒太多時間，所以拍照的次數就顯著的少了。

6.1-2　產前保養及胎教

孕婦的年齡，一般說來，18歲以下或30歲以上，比較容易有一些問題，例如：胎兒的體重不足、循環和呼吸困難、腦部受損、身體或身心障礙等等。臺灣2014年平均女性結婚年齡為31歲，以至於生產年齡皆偏高，年紀越大的產婦可能是體內荷爾蒙改變的關係，較易流產或生下畸形兒。

孕婦的營養與健康，對胎兒的發育和成長有很大的影響。營養最明顯的就是影響孕婦的體重和胎兒的體重，初生嬰兒若體重不足，常會造成死亡、腦及中樞神經系統受損，導致身心障礙。

孕婦的飲食非常重要，應與醫生商議，因著個人體質的差異均衡而適宜的飲食，過量或不足都需調整。另一方面藥物與化學物質對胎兒發育皆有影響，懷孕期間服用藥物務必要先經過醫師的指示。孕婦如酗酒或抽菸，酒精和尼古丁也會造成胎兒成長障礙或中毒引起畸形的問題。至於孕

期如吸食迷幻藥、大麻、海洛英等毒品，皆可能造成死胎或各類身心障礙。無論如何，唯有母親有健康的身心，才是對孩子是最好的胎教。

6.2 嬰兒期的發展

關於嬰兒期，有兩種主要的觀點，一是佛洛依德的心理分析學說，認為早期的經驗可以決定日後的發展；一是發展學說，認為嬰兒是可以調適的個體，能夠產生行為並對環境的刺激有所反應，早期經驗固然重要，但不是決定性的。

6.2-1 嬰兒期的重要性

從心理分析說的觀點來看，人格在嬰幼兒時期即已形成，日後很難改變，因此有些研究就根據這種學說去探討「最好的」育嬰或育兒方法，盡可能去滿足嬰幼兒各方面的不同需要，唯恐錯過了嬰幼兒的需要，會造成孩子無法彌補的心理障礙。例如：許多專家紛紛討論由母親哺乳及餵牛乳的利弊、大小便的訓練、是否允許寶寶吸吮手指等等問題。

而從發展學說的觀點來說，嬰幼兒並不完全受環境控制，他有自主的能力，不好的事情若非一再發生，不會對他造成終生的影響。例如：孩子被大狗嚇了一跳，以後父母一見到大狗，就緊張的警告他，才會使他害怕大狗。嬰幼兒並非毫無選擇的吸收四周的經驗，他本身也是經驗的製造者，他的行為也影響父母對他的反應，從互動中他學會控制父母的行為。例如：他肚子餓了，他知道哭聲會引起大人注意，就會來餵他吃東西；而身體不舒服時，他會以另一種哭聲來指示大人；他也知道大人喜歡逗他玩，發出咕嚕聲時，大人也會興奮的跟他說個不停。

有些兒童發展學家研究兒童的先天氣質，從行為科學的立場，對一群嬰幼兒做長期的追蹤觀察研究後，他們發現：嬰幼兒的人格發展，固然與其生理和智能有關，但也受他本身的氣質與環境交互作用的影響，他們並證實，氣質是一種天生的行為方式，是與生俱來的個別差異（徐澄清，

1985）。氣質不同的孩子需要不同的照顧，因此父母應針對孩子個別的氣質而施以教養。

評估氣質的九個項目是：

1. 活動量
2. 規律性
3. 趨避性（對新事物的接受或退縮的態度）
4. 適應性
5. 反應強度
6. 反應閾（引起某種反應所需的刺激量）
7. 情緒本質（一天清醒時間中所表現之快樂、友善、和悅，與不快樂、不友善、不和悅之間的比例）
8. 注意力分散度
9. 堅持度（克服外來的阻礙而持續做某事）

如果父母用心觀察，從孩子出生時，就會顯露出其特殊的氣質，也就是他的行為方式。瞭解他，才能接納他；接納他，才能欣賞他；而欣賞孩子的特質則是管教成功的第一步。

6.2-2　嬰兒的發展任務

以艾瑞克森的發展階段劃分，從出生到1歲半是嬰兒期，這個階段的發展改變很大，例如：體重和身高的增加、生理結構和功能的改變、身體比例的改變、體能技巧的發展（說話、走路）。在心理方面，要學習信任人，也要學習稍微獨立。

每個孩子發育的過程都是循序漸進的，每個人都須經過相同的成長階段，但是各人的速度不同。

嬰兒期的發育主要是靠內在的自然成熟，當然，先天的遺傳與後天的營養，會影響發育的時間。發育的快慢與智力沒有很大的關係，父母不必在孩子成熟度尚不夠時，心急地加以訓練，以免因太多挫折而造成反效果。

6.2-3　育嬰時期家庭的發展任務

根據家庭發展階段（Duvall, 1977），育嬰時期的家庭的發展任務有：

1. 調整居住的安排，以配合嬰兒的生活

即使沒有嬰兒的房間，也會儘量布置一張嬰兒床。孩子稍大後，要有一些可以讓孩子安全玩耍的設備，以促進孩子各方面的發育。

2. 支付家庭的生活費用

照顧嬰兒的安排，是有第一個孩子後的夫妻經濟方面最需要考量的問題。應學會量入為出，以實用為主。

3. 修改夫妻雙方的責任和義務

有了孩子後，必須花很多時間精力去照顧孩子，先生必須調整自己的習慣，分擔一些家務，才能維持家庭和諧。因此重新調整雙方的責任和義務是很必要的。

4. 重建雙方均滿意的性關係

在懷孕期間和生產後，夫妻為生活的忙亂，往往疲於奔命，性關係漸趨冷淡。在情緒和生理上，應留意雙方的需要和期望，重建良好的性關係。

5. 改進對養育兒的溝通

夫妻二人來自不同的家庭，會有許多不同的看法，而孩子是二人共有的，因此需要多交換意見，討論出雙方均同意的觀點。但也不必把養育孩子當作唯一的興趣，而是藉著孩子，擴大溝通的內容。

6. 重建與親戚關係

對一般家庭而言，有了孩子後，夫妻在家族中的地位更被認定，而新生命誕生，家族的輩分關係也會牽動，親戚間的關係建立與往來也是小家庭的重要活動，有助於親情的滋長。

7. 適應社區生活

目前臨時托嬰或托兒（babysitting）尚不普遍，若家中有嬰兒，夫妻除非找家人幫忙關照，否則很難有一同參加活動的機會。隨著孩子漸長，

家庭也應逐漸適應社區生活，參與鄰里活動，其社交機會、福利、安全和風氣對家庭都有很大的影響。

8. 計畫以後的生育

在第一個孩子成長時，夫妻生活漸恢復正常，有些會開始計劃以後的生育。至於要間隔多久，除考慮到精力與經濟問題，也要顧慮手足相處。又如產下身心障礙的孩子，父母會一面擔心再遇到同樣問題，一面又希望再有正常的孩子，造成心理矛盾。

9. 調整家庭生活哲學

有了孩子，大部分的父母都會改變價值觀，原先認為重要的東西或事情，已被孩子所取代，父母角色衝突克服後，也更體悟家庭和人生的精神意義。

6.3　嬰兒期的教養重點

嬰兒期的教養重點可分為四個方面：身體的適應、學習自制行為、建立基本的信任感、認識自我。

6.3-1　身體的適應

嬰兒期的特質在於：(1)許多方面必須適應子宮外的環境；(2)適應之後重新開始發展和成長的過程。胎兒的發展自受精開始，到了生產時中斷，由生產而來的改變相當大，必須有一番適應，嬰兒才能安然的生存下來，這些適應包括：開始呼吸、體溫的穩定、開始某些器官的功能。（Hurlock, 1980）

嬰兒適應困難的原因有很多，例如：(1)分娩時對產婦使用過多的麻醉藥物；(2)母親懷孕時的年齡及身體狀況；(3)懷孕期的長短，早產或足月；(4)嬰兒誕生時的體重；(5)先天的疾病或殘障、畸形；(6)是否為多胎。

適應困難的嬰兒難免使父母對他過度保護、焦慮、過分關心，造成日後親子雙方情緒上的問題。有時醫生會建議讓身體適應有困難的嬰兒多在

醫院待一段時間，等到他的呼吸或其他器官的功能較正常後才回家。

6.3-2　發展自制的行為

1歲半以前的自制行為主要的包括吃、睡、和基本的動作技巧。

吸吮的反射動作是嬰兒最早發展的能力之一。父母首先要面臨的問題就是餵母乳還是餵牛乳。吃是家庭教育最基本的，它不只是一種生理需求，也是心理需求，嬰兒肚子餓了，發出訊息，成人來滿足他，並在餵食的過程中，瞭解孩子的特質，建立親密的親情。

除了吃以外，嬰兒最主要的活動就是睡。睡眠習慣各人不同，時間長短不一。剛出生的那幾個月的睡眠通常只被吃奶打斷，這種吃吃睡睡的生活大約到三個月後，醒的時間才比較長，到1歲半時，睡眠時間大約減至每天10到14個小時，大部分嬰兒在上午和下午各需小睡一次。

1歲半以後，有些孩子會抗拒睡覺，一方面由於他接近反抗期，一方面也許是害怕黑暗或孤單，有的孩子即使睏得不得了，還捨不得睡，所以會鬧覺，父母應該耐心與孩子一起建立睡覺的習慣，例如唱催眠歌，或說睡前故事，或陪他一下，雙方才能有足夠的休息。

至於基本動作技能的發展，根據發展的自然律，由頭到腳（cephalo-caudal）以及由軀幹到末端（proximodistal）。嬰兒的動作技巧分為兩類：(1)用手的；(2)用腿的。前者如自我餵食、自己穿脫衣物、自己的整潔（使用毛巾、梳頭髮）、玩耍（拿蠟筆、開關盒子、扔東西、翻書）；後者包括走、爬、跑、攀等等。

6.3-3　建立基本的信任感和認識自我

艾瑞克森認為嬰兒期最主要的心理社會發展任務就是建立基本的信任感，而嬰兒的信任感最主要來自他與母親的關係，尤其在餵奶的時候，對嬰兒是視覺和觸覺的滿足。規律的餵奶方式和習慣也使嬰兒能感受到環境的某些可預測性和前後一致性（predictability and consistency），培養他的安全感。

隨著生理和動作的發展，嬰兒學著玩，也在玩耍中發現自己可以「控

制」某些動作，而某些動作可以「操縱」其他物體，例如他發現他居然可以自己伸出手，手可以打到鈴鼓，鈴鼓會發出聲音，他會不厭其煩，一試再試，確信他只要伸手打鈴鼓，鈴鼓就有聲音，他開始經驗並探索周圍的環境，並與之產生互動。此時他也逐漸發覺「自己」和其他物體或人，是分別獨立的個體，例如母親或保母離開一下，嬰兒會感到焦慮，大約六、七個月大時，他以為別人走開（離開他的視線）就是永久消失了，然而有幾次經驗後，這種心情會修正，他知道此人或此物會再回來，慢慢就安心了，這也會逐漸發展出信任感。

嬰兒在社會發展方面，最為眾所皆知的例子是「銘印」（imprinting），例如小鴨子剛剛破殼而出時，一旦認定了跟隨對象，就不易改變。由此也有發展學者提出「關鍵期」的說法，強調早期經驗在各方面（尤其是社會行為）的學習是非常重要的。

教養有不同的觀念，例如有人認為孩子哭了就要抱他，讓他有安全感，也有人認為父母不要被孩子「控制」，以養成規律的生活。到底如何才是對的，至今無定論。重點是每個孩子天生氣質不同，父母本身應多觀察自己的孩子，接納他的氣質，適時呼應其需求。

6.4　幼兒期的發展及教養重點

幼兒期大約是1歲半到6歲，這段時期的幼兒須經歷兩個心理社會發展階段，一是從1歲半到3歲，建立活潑主動感（sense of autonomy），一是從3歲到6歲，建立進取感（sense of initiative）。這段時期家庭所面臨的挑戰就是孩子逐漸長大，他在家庭裡的角色也隨著改變，對於孩子的行為和一般人格特質的發展，父母必須調整適應。

在生命循環週期中，幼兒時期最受重視，許多發展理論和研究，都認為這段時期的經驗，對一個人一生的行為、態度及價值觀，都有不可磨滅的影響。

在孩子入小學之前，他已具備了許多的能力，其中最基本的運動、溝通和互動的技能，在嬰兒時期已經學習了，但是幼兒時期的學習能力也

很強。在幼兒期，孩子的字彙大大的增加，語言成為社會化和自我表達的工具，孩子不僅從模仿和觀察別人中學習說話，而且也漸能瞭解別人的立場，而不是停留於自己的內在世界。

心理學家（Havighurst, 1970）列出幼兒的發展任務如下：

1. 學習性別差異。
2. 形成社會和身體的真實的簡單概念。
3. 學習與父母、兄弟姊妹和其他人建立感情。
4. 學習說話。
5. 學習分辨是非，發展良知。

由於幼兒時期的發展很快，前期和後期的發展重點不同，因此以下將分兩個階段來探討。

6.4-1　1歲半到3歲幼兒的發展及教養重點

1歲半到3歲通稱為學步兒（toddler）其發展主要可分五個方面來談：

1. 發展活潑主動。
2. 發展自我認知。
3. 達成身體的控制。
4. 發展溝通技巧。
5. 學習表達及控制情緒。

一、發展活潑主動

這個時期的幼兒的天性就是不斷的發現（discovery）：發現他自己，發現他的家庭及每個家人，發現與別人溝通的能力，而且開始發現門外是一個寬廣的世界。最令父母感到麻煩的是，學步兒的行為在在都想證明自己是與父母不同的獨立個體。

使父母感到驚奇而惶恐的，不只是孩子在發展過程中的改變，更是這些改變的快速與密集。在孩子發展其主動感的過程中，他會表現得很堅持而頑固，而且很不一致，使父母感到迷惑，他有時很依賴，有時又很獨

立，顯然就是試著在爭取主動的地位，不必老是聽別人的，受別人（尤其是父母）的控制。這段時期也是孩子開始瞭解父母對他的行為有控制力量，因為父母開始在建立一些行為準則，而且要求、期待孩子能達到這些行為標準。

許多學步兒在這段期間，性格會改變，由一個笑咪咪的、友善的、隨和的小孩變成固執的、愛發牢騷的小壞蛋，頑皮、拒絕合作、不太服從父母的吩咐，而且很喜歡說「不」。這些改變令父母十分頭痛，就會試著用各種方式去控制孩子的行為，但是這些行為看來好像「不好」，其實是孩子健康的心理發展所不能缺少的。

主動感的發展也與一些生理發展相配合，包括學習走路、自己餵食、控制大小便等等。此外還有一些發展任務是由父母教給他的，例如：自己穿脫衣物、不黏母親、跟別人一起玩，以及做一些動作等等。

二、發展自我認識

此階段的發展最重要的是：為適應家庭外的人和事奠定基礎。發展自我認識的過程包括兩個因素：(1)與母親分離的能力；(2)探索環境的機會。（Hurlock, 1980）

這段期間，父親的參與有助於學步兒與母親分離，此時孩子逐漸在身體上較獨立，父親也較「英雄有用武之地」，他可以帶孩子去散步、去動物園。他與父親的關係若良好，一方面可不致過分依賴母親，另方面對心理及社會發展均很重要。父子／父女關係有時需母親的協助，一旦父親與子女建立了互信，子女再學習信任他人就容易多了。

從嬰兒時期的只會爬行，到學步兒時期開始走路，對孩子來說雖只是跨出一小步，對其整個人生來說卻是邁出一大步，從此他的活動空間擴大了，可以探索的事物就更多了。皮亞傑（Piaget, 1967）認為孩子是世界上最自然的科學家，以其好奇心去發現並驗證環境中的事物。成人也許已不記得那些小事情對他曾是多麼重大的欣喜，例如在玩球的時候，踢球、拍球、扔球，任何球的動靜就能給幼兒許多的興奮；又如鍋子與鍋蓋敲擊會發出聲響，愈用力，聲音就愈大，他又發現他居然可以用自己的力氣來

「控制」敲擊的音量，也會很興奮，樂此不疲，雖然大人聽起來覺得很刺耳。

就算父母很體諒孩子的發展需要，願意忍受這段吵鬧和混亂的時期，最大的顧慮是安全，因此往往明知探索是孩子所需要的，而且是必然的，仍不能讓他自由的去探索。事實上，「限制」或「監視」可能不是最好的辦法，在3歲以前，改善周遭環境中不安全的地方，以「預防重於禁止」的措施，提供給孩子一個安全的環境。「教導孩子培養安全意識」，實在是保障孩子安全的必要方法。跟其他方面的教育一樣，安全意識需要時間、需要持續、需要耐心、需要累積，但努力的代價就是孩子的平安與幸福！

三、達成身體的控制

學步兒時期的生理發展主要的是透過遊戲，遊戲活動可以促進大肌肉和小肌肉的發展，大肌肉的發展是由走到跑、跳、攀爬、單腳跳，小肌肉的發展則使幼兒能翻書頁、玩小積木和組合玩具、握筆、畫圖，到了3、4歲，孩子更喜歡這種操作技巧，如拿剪刀剪東西、手指畫、串珠遊戲、木工等等。

大小便的訓練大約在2歲到2歲半之間開始，這不是容易的事，但父母從孩子的行動上可以得到一些暗示，當他想大小便時，表情總有些不同，有時是在吃過東西後，由於腸胃蠕動，比較會想大小便。有警覺的父母若仔細觀察，就會注意到，而能把握正確的時機為幼兒準備好便盆，慢慢的培養他大小便的良好習慣。剛開始有些學步兒可能會顯得不太合作，有時可能是因為父母訓練的方法不太一致，使他無所適從；有時則是因為當他做對了，缺乏父母的鼓勵。有些孩子明明知道應該如何，但往往貪玩而使得大小便訓練的效果不佳，有時父母會很憤怒，反而引起他的罪惡感。

四、發展溝通技巧

學步兒時期，父母即應開始注意孩子的社會發展，根據父母本身的人生哲學和文化背景，教以待人處世的行為、價值觀和態度。父母從每天的

生活裡，告訴孩子什麼是對的，什麼是錯的，然後希望他遵行。在這教導的過程中，讓幼兒他學著做家事，是很實際的辦法。例如：收拾自己的玩具、把書報堆起來等等簡單的事，不但減輕父母的瑣碎工作，更重要的是會使他有責任感，也感覺自己是家庭的一分子，他的自尊會提高，雖然有時他的幫忙不一定省時或省事。有了這種歸屬感和參與感，有助其發展溝通技巧。

社會化過程中最主要的工具是語言，溝通技巧的發展建立在學步兒對語言的有效使用。在嬰兒時期，他專心聽人講話，有時自己也試著發出一些聲音。學步兒期溝通技巧的發展包括：建立語彙；練習發音，將字串成句子。

此階段明顯的自我中心也是父母所面臨的挑戰，皮亞傑認為這個年紀的孩子將自己視為宇宙的中心，談話時也多以「我」、「我的」為主，父母會發現：要跟他溝通真不容易，幼兒只想自己，對父母沒有同理心，不能瞭解父母的立場及看法，有時跟他講理或爭論並沒有用，當他不肯接受父母的解釋時，父母須強制規定，也許可以使他容易瞭解父母的要求。

有效的溝通技巧的發展是很重要的，因為孩子需要瞭解別人的期望，才會學到合宜的行為，才會被人接納。父母要能傾聽，不要不耐煩，如果孩子沒聽懂，可以重複或用不同的說法，說到他懂了為止。

在以前，父母並不很鼓勵孩子表達意見，因此花了好些功夫教會了孩子說話和走路，又開始要求他少開口，別亂跑。不表達的孩子通常被認為是「乖」，「聽話的孩子」通常也被當作「好孩子」。聽人家說話固然很重要，但是如果他沒機會說，父母怎麼知道他到底聽懂了沒有，或是有沒有聽錯。會表達的孩子可以減少「有口難言」的痛苦，反而容易相處。

五、學習表達及控制情緒

學步兒的情緒通常比較單純而明顯，事實上，來得急去得快，常在父母還來不及處理，或才想出對付他的辦法時，他已經「事過境遷」了，使得父母自討沒趣。

憤怒是幼兒較普遍的情緒，而且是以負面的行為表現，如抗拒、不合

作、發脾氣哭鬧等。懼怕也是幼兒常有的情緒，他怕幻想中的魔鬼、怕黑暗、怕痛、怕惡夢，尤其想像力的發展更是幼兒懼怕的主因。害怕的來源有些是從成人或兄姊來的，還有電視節目、故事書、鬼怪圖片等等。而嫉妒主要則是因害怕失去父母的愛，表現的方式有時較明顯，有攻擊性。

如何讓學步兒能學習以合理的方式表達他的情緒，是父母的一大難題，通常父母知道孩子在生氣、害怕或嫉妒時，總會設法阻止，有的父母會跟他解釋、講道理，希望他明白為什麼不可以。而往往對一個正在生氣、害怕或嫉妒的學步兒來說，是不太管用的，父母在此時，不得已就以處罰或威脅來對付，結果更糟糕，他可能因壓抑而更生氣或害怕。

藉著嘗試錯誤，有些父母發現一些比較有效的方法，例如：引開孩子的注意力，將他抱在懷裡，或對他的攻擊行為不予理會。父母對他的情緒表達的反應會影響他的主動感，如果父母的反應使孩子覺得表達情緒是錯的，他可能會感到羞愧、懷疑。其實情緒本身是健康的，表達情緒也是應該而且必須的，只是表達的方式有待學習、改善。

父母的榜樣也是最主要的「身教」，是學步兒最主要的模仿對象，如果父母缺乏自省自覺，言教與身教不一致，會使他迷惑混淆。

6.4-2　3歲到5歲幼兒的發展及教養重點

在前一階段，學步兒培養了主動感之後，他知道自己可以學會很多事物，就順利進入進取的階段。他開始知道自己在家中的角色，以及其他家人之間的關係，如果他表現出進取的態度，而家人不斷的給予懲罰或責備，他會產生愧疚、罪惡感，不再對環境和生活感到很大的興趣和好奇，因此家人對他的影響很大。

3歲到5歲幼兒階段的發展主要是：

1. 發現個人的能力。
2. 學習建立常規，對個人行動負責。
3. 學習區分不同的社會角色，好好與他人相處。

一、發現個人能力

　　為了建立進取的態度，幼兒需要發現自己的生理、心理及社會能力的極限，而主要的工具就是他那似乎用不完的精力，他在生理上和心理上都很好動，但是不管他在做什麼，無非是在探索和發現這個世界；對幼兒來說，這個多采多姿的花花世界是需要實際切身經驗，才能認識，而為了更多認識，他必須做些事情和不斷的問問題，即使有時惹得大人很不耐煩。

　　這個階段的道德觀的發展與智力發展有關，幼兒對於事物的判斷常是二分法，不是全對，就是全錯，皮亞傑稱此為「對立的道德觀」（morality by constraint），行為的規則來自自動的反應，而非成熟的理性。此時的幼兒有很豐富的想像力和幻想力，當他在判斷一件事為什麼會發生，或是一件事應該怎麼做時，他通常是憑直覺，而非靠推理。他們對事物的反應全憑當時的感覺，當他內心有衝突時，他可能會有罪惡感。他們很在乎自己是對是錯，也嚴於自責。父母最重要的是幫助孩子瞭解，凡人都會犯錯，而且人可以在錯誤中學習。

　　發現個人的能力表示幼兒需要從經驗中瞭解，並接受自己的極限，從失敗中、從目標無法達成中、從社會規範的條件中，知道人並不能為所欲為。父母的角色就是從言談中、從行動中，讓孩子明白什麼是對的，什麼是錯的。如果父母能教子女明瞭這些限制和範圍，就較容易建立行為規範，子女也會有成就感，逐步的認識自己的能力和潛力，而能充分發揮。

二、建立常規，對個人行動負責

　　在家庭中要建立的常規不外乎穿脫衣服、進食、收拾玩具、刷牙洗臉、收拾床舖等。父母可以把這些工作交給幼兒，雖然一開始他做得不好，但父母應鼓勵他自動自發，也就是建立常規，不必每件事都催他、督促他或命令他，他就會去做。有些事可能起初幼兒會覺得新奇、好玩，但幾次後就變成苦差事。有時父母會嘮叨不停，幾乎每天都得為孩子的不負責任而起紛爭，往往造成孩子的罪惡感。

　　學習做家務是培養責任感最有效的方法，工作可使孩子發現自己的特

長和能力，並發展其自信心。孩子遲早必須知道，在這個世界上，各人都得盡自己的本分方能立足生存，如果他能在貢獻中得到滿足，父母就是盡責的父母了。

三、學習社會角色和與他人相處

家庭是幼兒學習與人交往的實驗室，在與家人互動的經驗中，孩子學著付出和接受，父母也讓子女看到了夫妻相處的情形，如何互相對待，如何共同面對問題、解決問題。與兄弟姊妹的相處也讓他學著揣摩自己的角色和地位，尤其父母常在無意中以「你是哥哥，應該讓弟弟」或「你是妹妹，應該聽姊姊的話」，甚至比較孩子之間的差異，來表達他們對孩子的不同期望和要求。

通常長子或長女所承受的責任最重，父母對他的要求和期望也最多。而次子或次女較容易因比不上老大而自卑，有一種「反正哥哥什麼都比我強，我無論如何也趕不上他」的心態。最小的孩子最容易得到憐愛，而獨生子女可能兼具老大和老么的特質。雖然這些排行的特質不是絕對的，但是由於父母的教養態度不同，每個人的性格多多少少都會受到排行的影響。

在兄弟姊妹之間，孩子也學習性別角色，尤其是不同性別的手足，更使孩子容易從相處中體會「男女有別」，這些觀念對他將來在學校或社會上，都有很大的影響，在家中學會尊重姊妹的男孩子，長大後比較會尊重女性；而在家中享有特殊待遇的男孩子，長大後很可能會有大男人主義。

孩子在遊戲中，會顯示他的社會角色的觀念，尤其是在玩扮家家酒的時候，孩子們扮演的角色，正是他們觀察得來的，是一般社會或家庭的翻版。他們還是讓媽媽在廚房煮飯，爸爸出去上班；讓男生扮醫生，女生扮護士；男生保護或欺負女生，女生就以弱者的姿態出現。有很多孩子對社會角色的印象更是來自電視節目。

6.5 幼兒的家庭

6.5-1 幼兒的家庭發展任務

家有幼兒，家庭生活與前一時期大不相同，其發展任務有： (Duvall, 1977)

1. 為擴充中的家庭提供合適的空間和設備

幼兒是好動的，比嬰兒需要更多的活動空間和遊戲設備，父母和孩子也都需要隱私，如果能力許可，應該讓每個人都有一點自己的空間。隨著孩子活動的增加，若家中無法提供充分的空間和設備，應該盡可能利用附近的資源，如公園、運動場、兒童遊樂區等等。

2. 為幼兒負擔預期中及意料外的花費

預期中的花費包括食物、衣物、玩具、保育費等等，意料之外的花費包括醫藥費以及其他臨時之需。幼兒的意外事件是無法避免的，而父母對於本身的病痛比較不在乎，孩子一生病卻為了安全起見，總會去讓醫生檢查一下才放心。此外，上幼兒園後也會有額外的開銷，如果母親因家有幼兒而不去上班，家庭經濟主要靠先生來維持，要能收支平衡也不是容易的。

3. 家人分擔責任

要培養「家是大家共同擁有的」的共識，讓全家人都能參與，因此要分配工作。父親的角色在此時期更重要，而通常父親最常參與的育兒工作是逗孩子、帶孩子出去玩或散步，也就是說，父親經常扮演孩子的「大玩偶」的角色。事實上，目前家務事已因電器的普遍使用而減輕很多，只要明智而妥善的使用，可以節省很多時間精力。重要的是家人對於責任的感覺，是否對自己和其他人的角色感到滿意而愉快。

4. 維持良好的夫妻性關係，計劃下一個孩子

夫妻有時會因孩子的事而爭執，而且婚姻生活漸趨平淡，最好能每天仍保留一點夫妻獨處深談的時間。如果此時只有一個孩子，夫妻倆可以稍稍透透氣，比較舒緩的欣賞孩子的活潑和快速的成長，不像先前那麼忙

亂。但是通常夫妻此時會計劃生第二個孩子，夫妻獨處的時間就有限了，加上育兒的勞累，需要雙方多體諒，否則夫妻關係會降到很低點。

5. 在家中建立並維持有效的溝通

幼兒會講話後，全家人有更多可共同分享的事，以增進互相的瞭解和欣賞。此時孩子最是童言無忌，而語言能力和學習有很密切的關係，因此父母應該多與孩子談話。尤其在老二加入後，有時父母注意力轉移到小寶寶身上，老大會有一些情緒適應問題，父母可以在尚未生老二之前就讓老大知道他即將有一個弟弟或妹妹，會減輕他感受的威脅和滋生的敵意，讓孩子知道，即使有了弟妹，他仍是父母心目中最特別的，免得孩子以尿床、吸吮手指、愛哭鬧來引起父母生氣而注意他。也可以兒童圖書來幫助孩子瞭解小寶寶的加入，對他和對全家的生活會有什麼影響。

6. 與親朋好友維持良好關係

一方面可以擴大孩子的生活圈，另方面父母也可以有寬廣的心胸。與祖父母或親戚的來往，可以使父母的角色得到平衡，因為孩子有各種需要，父母很難扮演「千面人」，比較嚴格的父母若有慈祥的祖父母或諒解的叔伯姑姨，孩子可以得到不同的款待，不至於受父母的影響太多，而能得到自然的平衡。家庭的親友不論在實質上或精神上都是「靠山」，孩子也可以在成人的言談中，知道以前的一些事情和父母小時候的事情，使他對家族和父母產生更深的認識和更多的認同。

7. 運用社區資源

瞭解社區裡有哪些服務事項，並充分利用；多認識鄰人，互相交換知識。通常核心家庭，尤其是雙生涯家庭，很容易將自己孤立起來，但是隨著孩子逐漸長大，進入幼兒園，或是和鄰居小朋友結伴玩耍，會把家庭的觸角向外延伸，而成人之間的交往也是透過孩子的關係，例如王太太在社區裡的身分往往是「小玲的媽媽」；而家庭之間的往來也常是以孩子為主，「孩子的鄰居」比「鄰居的孩子」更能貼切的顯出這種關係。遠親不如近鄰，與其嚮往昔日大家族共居的溫馨與熱鬧，不如在鄰里間培養出社區的共識，守望相助，和睦同居，方為美善。

8. 面對困境，重建生活哲學

生活中總會有一些問題，最好能有家人一起面對，更能培養共患難的感情。此階段的家庭面臨八個困境：

(1) 自由／秩序和效率；

(2) 個人潛能的自由發揮／穩定的目標期望；

(3) 個人的自我表現／養育子女；

(4) 工作成就／愛——生育功能；

(5) 彈性的訓練／嚴格的養育子女；

(6) 對孩子高度的希望／實際的期望；

(7) 對家庭的忠誠／對社區的忠誠；

(8) 廣泛而隨緣的交往／限制而深入的交往。

每一種困境都有其價值和代價，往往是「魚與熊掌不可兼得」，但是總得在兩個極端之間找到一個中點，這些中點的綜合就是這個家庭的生活哲學。而在此調適過程中，有的人過於固執不通，把中點當成「終點」，就會造成危機，導致家庭解體。

在這段時期，父母本身的發展任務重要的有三：

(1) 滿足個人需要；

(2) 幫助子女滿足其身心需要；

(3) 維持婚姻關係。

6.5-2 瞭解並滿足父母需要

在養兒育女的過程中，父母不但須照顧子女的成長，本身也須成長，也有種種的需要，有時此二者有衝突，不易協調。成人，不分男女，都有一些共同的需要，如：(1)隱私；(2)維持並發展社交；(3)發展興趣；(4)作為社區的一分子，與其他成人認同。

成人需要有隱私（privacy）經常被忽視，婚姻關係及家人密切的相處，使得成人很不容易有一段屬於自己的時間，或一個屬於自己的空間。尤其是家庭主婦，若家中有幼兒，她幾乎所有的精力都用在料理家務及相夫教子上面。倘若是單親，面對的負荷更是多重的，不但要身兼雙親的職

責，更要賺錢養家。即使是一般家庭，成人也是大部分的時間都花在維持夫妻、親子、親友的關係方面。

不管多麼困難，每個人仍是需要有獨處的機會，使他可以恢復精力，減輕情緒上的負擔，不必一直都在應付外來的要求。體認隱私的重要，成人必須設法為自己保留一點時間，而不必為此覺得自私，而有罪惡感，以長遠來看，這仍是為全家人的利益打算。

至於社交生活，也就是要敦親睦鄰，看似容易，但以今天的社會情況來說，家庭的流動較以前頻繁，許多人不願意投注感情和時間去灌溉短暫的友誼，加上家中若有兩三個孩子，一般家庭恐怕無法常在家中招待親朋好友。而有了幼兒，在外應酬交往也減少了，頂多只能邀三兩好友小聚一下，或偶爾在外談談天。在臺灣，臨時保母不易找，而大人聚會並不適合帶著小孩，因為幼兒會覺得無聊而吵鬧，父母也無法盡興，難怪有些夫妻在有了孩子後，彷彿與世隔絕了。

找尋自己的興趣、培養嗜好也很重要，例如有些人利用閒暇去上成人教育班，學些技藝；也有人去醫院或慈善機構當義工，或者參加宗教團體的活動。這些都可以幫助父母擴大眼界和胸襟，只要不是過度的投入，廢寢忘食，不顧家庭，應該都是有益的。

為人父母不但是責任，也是承諾（commitment），與孩子相處，如果真正用心去瞭解孩子，父母心理上會有顯著的成長。為了孩子，父母會調整自己的生活方式，以配合孩子的作息；而為了孩子的安全，父母又得特別注重並關心社區的交通安全、風氣、環境衛生，也就是說，父母必須把關懷照顧的層面，擴及社區，才能滿足自己的心理社會發展的活力需要。

男人和女人也有一些不同的需要。女人生了孩子後，心理上面臨了很大的困境，因為養育子女的主要責任仍在母親肩上，幾乎耗盡了她所有的心力和時間，但是如果女人以為當了賢妻良母就是生命的全部的話，是很冒險的想法，她可能自己就不再積極成長，因此許多母親在子女稍大後，嚴重的適應問題緊隨而至，如果她年輕時完全放棄自己的興趣和專長，此時就容易心態不平衡，而沮喪、抑鬱。

至於男人，特別是中產階級的男士，扮演傳統的人夫人父的角色，最

主要的責任就是維持家庭經濟來源的穩定，因此事業的成功對男人來說很重要，不但家人生活有保障，自己也才會被社會肯定。所以這段期間，父親通常花較多時間在工作上，而孩子逐漸長大，比嬰兒期更需要父親的陪伴，如何在事業、社會、家庭責任之間達到平衡，還要為自己留段時間，實在也不是容易的。

6.5-3　瞭解並滿足孩子需要

幼兒時期的兩個主要心理社會發展──活潑主動和進取，需要父母的瞭解及配合，才能順利通過。嬰兒期的孩子比較依賴父母，父母也開始習慣「被依賴」，有求必應，使得孩子產生信任感。一旦到了幼兒期，孩子凡事想自己來，他不再希望父母干涉太多，什麼事都想自己試試，父母會覺得他在找麻煩，有時會有「不被信任」的感覺，父母需要一番心理調適，才能開始滿足幼兒的發展需要。

幼兒不再喜歡被當成小娃娃，他喜歡做個大孩子，他心中渴望長大、獨立，所以「只要我長大」真是能唱出他的心聲。即使在父母眼中，他實在還很小，有時還很會撒嬌，有時又一副自以為是的樣子，不要你理他。父母還是要讓他順著發展，不能為了滿足自己「被需要」的感覺，而捨不得讓孩子長大。

當孩子開始會講話，能以語言溝通，父母須改變自己的教養方法，幼兒會嘗試練習以語言來表達心中的反抗、不悅，或是贊成，父母也以講理的方式來與孩子討論。但是要注意幼兒在聽的能力和說的能力之間有段距離，有時他聽懂了，但詞不達意，父母以為他聽不懂；有時他只是學大人說話，不一定瞭解話中的意思。父母若觀察到有這種情形，不要以為孩子欺騙或不守信，而要設法與幼兒澄清問題，他的語言能力就會加強，對其認知、社會等方面的發展都有很大的幫助。

如果幼兒順利的發展了活潑主動感和進取感，就會自然地準備進入下一個階段──發展勤勉感。如果幼兒期的主動和進取受阻，上了小學可能會明顯的看出他的畏縮與消極。

6.5-4　維持婚姻關係

有些研究針對「婚姻滿意程度」，討論子女對於婚姻關係的影響，大部分的結果都是呈「U」字形的，也就是說，從第一個孩子誕生，婚姻滿意程度會逐漸下降，子女慢慢長大後，夫妻才開始又在對方身上投注較多的注意力和關懷，婚姻滿意度再度上升。

角色壓力（role strain）（Rollins and Cannon, 1974）可以解釋這種現象。角色壓力大，婚姻滿意程度就減低，但子女長大後，父母的角色壓力降低了，婚姻滿意程度又會提高。

至於角色壓力，以其一般性的廣義解釋，角色壓力的產生有三個因素：（Burr, 1973）

1. 角色衝突（role conflict）：當一個人同時兼具數種角色時，會使得某個社會角色的要求，與另一個社會角色的要求相衝突。

2. 角色矛盾（role incompatibility）：當某個社會角色的要求與另一角色衝突時，就產生角色矛盾。

3. 最高的角色活動（maximum role activity）：要求在每個社會角色都有最好的表現。

此三個因素結合起來就產生角色壓力。當一對夫婦有了孩子，他們同時也是父母的角色，若是時間精力受限，就會有角色衝突。通常是以孩子優先，卻又對配偶的角色感到虧欠，就是角色矛盾。但是無論如何，兩種角色都很重要，所以都要盡力而為，就是要發揮最大的作用。

但是子女對婚姻也有積極的價值，這些研究只是在提醒夫婦們，養育子女本來就是很耗費心神的事，夫妻感情變淡是必然的，但是當子女漸漸不那麼依賴父母時，夫妻之間的互相依戀又會上升。因此夫妻應避免對自己或對方有太高的角色期望，以免造成衝突、矛盾和壓力。夫妻在尚未有孩子之前，應建立穩固的感情基礎，以便能安度這段角色壓力很大的時期。

維繫夫妻感情有實際可行的方法，就是偶爾設法安排一個週末，把孩子交給可信賴的人（如自己的長輩、手足等）照顧，二人獨處一段時間，

最好是離開家，重享新婚的甜蜜，暫時排開壓力，有助於彼此更多瞭解與體諒。

6.6　托育機構與家庭

6.6-1　誰能取代母親

究竟嬰兒時期的不同照顧安排與親子依戀（attachment）間有何關聯？依據Bowlby提出的依戀發展階段而言（Belsky and Cassidy, 1992；Waters, Kondo-Ikemura, Posada, and Richters, 1991），在孩子30個月大時（2歲半前），即已完成了四個依戀發展的階段，而親子依戀品質則維繫於彼此長期互動的基礎上。艾瑞克森心理社會發展論的觀點也說明，人格的發展是終其一生的歷程，每一個階段皆有獨特的發展任務，0至3歲階段是幼兒發展對他人信任與建立自我概念的時期，父母是孩子重要的社會代理人（蘇建文，1996）。由此可知，0至3歲的嬰幼兒期照顧方式和親子依戀關係間的關聯性。

此外，依據以色列集體農場（kibbutz）的研究，睡在嬰兒之家的嬰兒較之回到家中睡覺的嬰兒，出現較高比例的親子不安全依戀（Sagi, van IJzendoorn, Avizer, Donnell, and Mayseless, 1994），似乎說明將嬰幼兒交給父母以外他人的全日托育方式與親子間的不安全依戀關係有關聯。以臺灣的托育現況來說，雖不像以色列採用集體托育方式來照顧年幼子女，但是將子女托給非同住的親人或保母，卻是日益普遍的現象。

在華人傳統的家庭觀點中，認為血緣親情是天生的，所謂「母子連心」，視子女為父母的財產，以為親子關係並不需要特別經營（林文瑛、王震武，1995）。周雅容（1996）的研究也發現，許多鄉村地區的阿嬤替都會區工作的兒媳們負起照顧孫兒的重擔，認為子女縱使幼時不帶在身邊，長大一樣會回到父母的身邊。此觀念的形成多半是在以往大家庭的生活型態中，即使阿嬤帶孫，父母也總能在每天的家人互動中培養親子關係。

　　然而將這樣的育兒行為放在現代小家庭的生活模式下，情況就大為不同。現代小家庭多半因為父母親就業的因素，搬離以往同住的親族而自組小家庭。由於未同住的緣故，年輕父母或因為考量接送的問題、或因為工作上的需求，選擇使用全日托育（即24小時托育）者並不在少數。因此阿嬤帶孫的實際狀態是空間距離拉遠了親人間的互動，也疏離了親子間親密的關係。比起以往以父母親為孩子的主要照顧者來說，現今親子相處時間顯得極為有限，特別是全日托育的幼兒。如此一來，真的會如同以色列集體農場的研究一樣，增加親子間不安全依戀的比例嗎？

　　涂妙如（2003）以懷孕末期的孕婦與產婦為研究對象，發現家庭對新生兒的托育選擇以親人托育占最高比例，但是如果可以不考慮現實因素的話，家庭理想中的托育選擇依然是母親。

6.6-2　托嬰中心

　　王麗容（1994）比較先進國家（包括歐洲的瑞典、芬蘭、英國、西德、法國、義大利、匈牙利以及美國）的嬰幼兒照顧措施時，發現自1990年以來，3歲之前的嬰幼兒照顧政策，逐漸發展為產假、親職假和兒童照顧服務相互整合的措施。

　　馮燕（1996）綜合臺灣社會現況、托育服務體系以及家庭照顧功能與需求，歸納出托育服務發展的幾項目標，包括：以兒童與家庭為中心、提高托育品質、優先照顧弱勢家庭與有特殊需求的兒童、同時推展婦女福利支持就業母親等等。

　　家庭結構改變，育兒功能呈現窘狀，托嬰中心成了另一種取代，一方面可避免前述的難題，二方面好的托嬰中心通常會僱用護理或學過兒童發展及保育的專業人員，如果態度夠敬業的話，父母比較能信賴他們。然而這方面的研究至今仍眾說紛紜，到底這種「集體式」的育嬰方式，對嬰兒有什麼影響？其利弊各如何？而如何才能取其利去其弊？目前的說法大致有以下幾點：

　　1. 機構式育嬰不一定對母親和嬰兒之間的依附性不利，重要的是育嬰中心是否提供一個豐富的環境，並懂得遊戲的意義與技巧，有足夠的保

育人員可以和嬰幼兒玩。只要嬰幼兒能得到充分的照顧和遊戲，不管是在家庭，或是在育嬰中心，他仍能信任人、有安全感。（Macrae and Herbert-Jackson, 1976）

2. 機構式育嬰也有可能促進嬰兒的智力發展。研究結論之一就是豐富的學習環境，不管是不是在家庭裡，對嬰兒的智力都有幫助。（Fowler, 1972）

3. 也有研究發現，在育嬰中心長大的孩子較不與大人合作，攻擊性和自衛性較強，而且比較調皮，尤其是在托嬰中心習慣了集體式的照料，養成「老油條」的態度。

無論如何，嬰兒時期發展中所受的影響並不一定立即在孩子的行為上顯現，往往要經過很多年，在某些特殊情況下才會顯露，因此這方面的研究很複雜，而且很困難，目前只能說，原則上不管由誰來負責育嬰工作，均需滿足嬰兒的基本心理及生理的需求。

「新生兒學」（neonatology）的興起，使得嬰兒的研究成為專門學問，在近代精密的科學研究方法下，針對嬰兒做了許多實驗後，發現嬰兒已有相當發達的知覺能力，不應忽略其「可教性」。但是矯枉過正對孩子又是一項嚴重的傷害，過度強調零歲教育，而忽略了嬰兒也是有尊嚴、有意志的個體，只是將它當「可訓練」（trainable）的動物，那就不是教育的本意了。

6.6-3　幼兒園與家庭

好的幼兒園能深切瞭解學前教育的責任重大，對幼兒的身心健康有很大的影響，通常較注意幼兒的情緒發展，能針對幼兒的個別需要予以滿足，對許多幼兒來說，幼兒園就像是「替代家庭」（surrogate family），老師和爸媽共同養育他、教育他，甚至有時候，老師要以其客觀的專業態度，幫助父母瞭解幼兒的心態，減少親子間的摩擦。細心的老師也會發現幼兒某些方面的發展遲緩或受阻，進而建議尋求專家或醫師的治療或矯正。甚至有時候，家庭遭遇困難或發生紛爭，老師也成為父母求助的對象。

好的幼兒園應該是與社區密切相關而配合的，而不是與周遭生活環境脫節的。父母的意見和參與是必要的，因為孩子終究與父母的關係比與老師的關係長久，不管老師多麼用心和能幹，幼兒的教養仍應與父母的期望相距不遠，否則徒增親子的隔閡，對孩子反而是傷害。即使父母很忙或較被動，老師也應製造機會，鼓勵家長來幼兒園裡看看孩子在做些什麼。

「如果把學前教育比作一條船，幼兒是乘客，大人就是船員了。船員若能同心協力把船穩住，乘客就少受罪；船員若互相推托責任或爭權奪利，船就岌岌可危，乘客就沒保障了。為了讓家長、幼兒、幼師都能平安地航行，享受航程，『相互瞭解及溝通』是最根本的方法。」（黃迺毓，1987）

好的幼兒園不應該像學校，而應像家庭，人數不宜太多，以每個幼兒都認識園裡的每個老師，而每個老師也都知道園裡每個幼兒為宜，不要讓孩子感到太拘束或太不被重視。

此外，在人數密度太高的環境裡，人與人之間的距離太近，易生摩擦。幼兒固然需要團體生活，但是人數太多，就有太多的等待、輪流、分享，使幼兒易急躁，在強欺弱、大欺小的環境裡，容易養成過度的自我保護，形成攻擊性。而且人多聲雜，幼兒很難有機會靜靜的思考，把情緒穩定下來，把想法整理一下，也沒有隱私，容易造成心情浮動，不能專心，對學習能力和效果影響很大。

對一些嬰兒和幼兒來說，托嬰中心或幼兒園類似家庭，機構不能取代家庭功能，或消極的彌補家庭功能，而是必須積極的增進家庭功能，幫助父母更認識孩子，更用心的疼愛孩子。

第七章

學齡兒童時期

　　6歲到12歲是學齡兒童時期，也就是上小學的階段。在心理社會發展上是勤勉／自卑的階段，尤其是孩子上了小學後，與外界接觸的機會更多了，除了父母和老師以外，他也受許多其他人的影響。父母對待他的態度又進入另一個層次，由生理需要的照顧，逐漸轉為心理需要的協助，前段時期有效的教養方法，此時也不一定適用。

7.1　學齡兒童的發展

　　在學齡時期，最主要的就是功課和社會技能的學習，在發展上正是發展勤勉感（sense of industry）的階段。所謂的勤勉感，就是對工作和工具的操縱有正面的態度，而健康的工作態度，就是學著把所知的應用到工作上，並滿意地完成此工作。

　　這個階段的心理社會發展與前一時期大不相同，在發展進取感時，主要的發展目標是對世界感到好奇和發現自己的能力。在兒童期，好奇發展成探索環境，並學會每個人都會的技能和目標。

　　學齡兒童的發展任務主要是：（Havighurst, 1970）

1. 學習一般遊戲比賽所需要的身體技能。
2. 建立對自己是「成長中的有機體」的完整態度。
3. 學習與同年齡同伴相處。
4. 學習合宜的性別角色。
5. 發展讀、寫、算的基本技能。
6. 發展日常生活所需的概念。
7. 發展良知、道德觀和價值尺度。
8. 達到個人的獨立。
9. 發展對社會團體和機構的態度。

將這些發展任務歸納起來，可分三方面來討論：

1. 發展新的個性。
2. 與同伴建立關係。
3. 改進原有的技能，學習新的技能。

7.1-1　發展新的個性

　　學齡兒童的勤勉表現在他對工作的認真，以及他為了完成一件事或做出一件東西的全神貫注。孩子會做的事愈多，就愈認識自己的獨特性和潛能，就不再覺得自己是成人世界裡無用的小傢伙。他一方面羨慕成人會做許多事，心中敬佩，也很希望得到成人的認可，能像成人一樣，但是另一方面，他也會看到成人有成人的辛苦和限制，在這種矛盾中，他也學著以不同的觀點來看事情。

　　因此學齡兒童是忙碌的科學家，更是實行家，他對於「事情應該怎麼做」很有興趣，也在意別人認為有意義、有價值的事。他還是很喜歡玩具，不只是在於擁有，而是當他利用玩具玩一個遊戲，或做出一件東西來時，很有成就感，使他感到滿足。玩具對學齡兒童而言，包括各種可以玩，可以讓他「做」出新東西來的物品、材料，從茶杯墊到畫具，包羅萬象，而讓他變不出花樣的玩具就不吸引他。孩子的樂觀與自信來自許許多多這一類的小成就，看似微不足道，日積月累卻能使他對自己的能力更欣賞。

　　創造力的培養非常重要，此時孩子像是一塊肥沃的苗圃，只要有種子灑上去，就會萌芽茁壯，在創造力發展的初期，如果環境允許他享受創造思考的樂趣，他會肯定並欣賞自己的創造才能；如果受到太多壓抑和摧殘，他的思路和動機也會受阻。在創造力的培養方面，父母的態度對孩子的影響是很大的，如果能朝著以下幾個方向，對孩子會很有幫助：

　　1. 允許想像：發呆未必是壞事，有了想像的空間，思考能力才能發揮，並不是忙個不停才表示勤快。

　　2. 不必太計較考試成績：成績好可能表示比較符合老師的標準，但是學習才是最重要的。

　　3. 不怕失敗：成功帶來滿足，失敗得到經驗，都是成長所需，不必追求，但也不必逃避失敗。

　　4. 過程重於結果：如果父母將成果看得太重，孩子往往會為達目的，不擇手段，而無視於過程中的學習。

5. 養成獨立性：獨立思考是創造的要素，凡事訴諸權威，盲目附和，則不易發揮創造力。

6. 多觀察：孩子有敏銳的察顏觀色的能力，父母不必太苦口婆心，而應讓孩子有機會觀察、判斷。

7. 突破性別角色的刻板印象：現代社會中，兩性的界限已淡化，太多的固有模式會限制孩子的自信及期望。

8. 鼓勵孩子表達情感：表達的方式很多，不屬於自己內心真實感覺的表達方式實在沒必要，不要強迫表達。

9. 不必有問必答：有時告訴孩子：「讓我想想看……」也是很好的身教，表示並非所有的問題都有立即的答案。

10.容許非常軌的行為：有時以「錯誤」的方法做事，會有意外的發現。

勤勉感的發展也包括人際關係，孩子與他人相處時，更顯出他個性的發展，在與其他兒童相處時，他的能力、優點、弱點，都從同伴的回饋及評價中得到訊息，他會暗地裡與人較量，不但羨慕別人強過他，也會想要贏過別人。

但是在比較和競爭中，他也會害怕，怕自己不如別人，他在意別人是否能接納他，這種心理是健康的，能夠從別人的意見及反應裡認識自己，可以使學齡兒童瞭解到自我的價值。

縱使學齡兒童對成人感到敬佩或崇拜，他們有自己的「次文化」（subculture），是成人無法進入的，尤其到了兒童期的後段，兒童幾乎排斥成人和拒絕成人為他設立的行為標準，雖然他仍是很希望得到成人的認可。在同儕團體中，他拒絕成人的權威，有時甚至會取笑或作弄成人。但是，不管他多麼頑皮，他對某些特殊的職業的成人十分崇拜，如體育明星、電視電影明星、歌星等等，都可能成為他心目中的偶像。

這並不表示他討厭家庭或父母，家庭仍是安全感的主要來源，他知道誰是一家之主，但也時常想挑釁，他常常會說：「你每次都叫我！」「你什麼事都要我做！」其實，他是在家裡「試驗」，如果他感到自己被愛和接納，他就更能面對外面的挑戰和失敗。

7.1-2　與同伴建立關係

兒童時期同儕團體的五個功能：（Williams and Stith, 1980）

1. 同伴（companionship）

兒童時期的遊戲大約是三、四個人的小團體，同學和鄰居是最普遍的對象。同儕團體使兒童學習許多社會技能，如妥協、施與受、分享小祕密，交換蒐集品（如公仔、貼紙、郵票、錢幣、書卡、石頭等）。

2. 試驗行為的基準（testing ground for behavior）

同儕團體提供兒童各種機會去嘗試成人禁止的事，也提供機會讓兒童從成人設定的標準中尋求獨立，因此他會學到行為的兩種獨特的型態：一種是成人所接受的，另一種是其他小朋友所接受的。新的行為標準產生時會需要一些調適，例如父母喜歡乖巧聽話的孩子，而同伴卻排斥他。

3. 傳播知識（transmitting knowledge）

學齡兒童往往比較相信同伴的話，同伴經常交換各種訊息，互相影響很大。有些父母和老師深知其重要性，設法鼓勵孩子結交益友，或是在班上設「小老師」，讓同學互相指導功課。

4. 教導規則和合乎邏輯的後果（teaching rules and logical consequences）

為了遵守遊戲規則，孩子必須學著按照別人所共同接受的行為型態，規則中嚴格規定什麼可以做，什麼不可以做，想參加這個遊戲，就必須遵守，否則同伴就不接納他，如果犯規，自然也會受到同伴的指責和懲罰（如果不跟他玩）。兒童在同伴中互相教導服從團體的價值觀，培養合作的能力。

5. 性別角色的認同（sex-role identification）

雖然如今提倡男女平等，兒童仍以性別來分黨結群，可能的原因是，成人對男孩與女孩仍有不同的角色期待，而且同伴之間對不同性別的要求也不同，例如男孩比較重視體能活動，也不願意女孩加入。

7.1-3　改進現有技能與學習新的技能

由於體力和耐力的增加，學齡兒童可以玩比較複雜的遊戲。兒童時期

的大肌肉和小肌肉都發展得更成熟，心智能力也大有改變。在嬰幼兒及幼兒時期，孩子對環境即充滿了好奇，這是學習的初步，也是兒童智力發展的基礎。

由運動和玩遊戲所需的技能，可看出學齡兒童體能發展的程度。如果一般同伴會做的，如騎單車、跳繩、打球等等，而某個孩子不會做，他較容易成為孤單的分子；也就是說，兒童的體育表現往往影響他在團體中的地位，左右了他的群性發展，因此過分肥胖笨拙，或體弱多病的兒童有時顯得比較孤僻。（Williams and Stith, 1980）

先前的自我中心仍然存在，但比較不強烈，例如當他想搶一個球，他會想到這樣做可能會失去一個朋友，也許他會試著用其他比較「文明」的方法，說服對方，以得到這個球。

根據皮亞傑（1967）的理論，學齡時期的認知發展正好是具體運作期（period of concrete operations），孩子上了小學，漸漸學著運用一些原則或關係去處理事物，他們有內化（internalize）的能力，學習加法、減法、分類、排次序、運用邏輯的規則做結論。具體運作期的孩子可以瞭解，同一個事物可以有不同的屬性，例如：一塊積木可以既是紅色的，又是圓柱形的，又是長的，也是木頭的。

認知發展在學齡時期尚有兩方面：即保留概念（conservation）和可逆性（reversibility）。保留概念是指：兒童瞭解即使經過重新安排或改變形狀，物體仍保留同樣的性質。皮亞傑用的一個實例是，把兩塊一樣大小的黏土放在一起，把其中一塊壓扁，如果兒童已有保留概念，他會知道兩塊黏土的分量仍是一樣的，只是形狀改變了。

可逆性是指：有些事可以用相反的順序完成，結果仍一樣；例如水的三態：固態、液態、氣態，水冷凍成冰，加熱又會變回液態，再加熱就成蒸汽，蒸汽冷卻仍為水。使兒童瞭解許多事是可逆的。

但是學齡期的孩子受到認知能力的限制，他對這個世界有許多自訂的假設，心中有了假設後，他會找證據來支持自己的假設，而往往忽略與假設不符合的證據。例如他有時會發現父母也有犯錯的時候，對父母就信心全失；同樣的，他如果知道自己某件事的看法或做法是對的，就自以為他

所有的事都對，這是很典型的「以偏概全」。

　　兒童的體能、心智、社會技能的發展並不是均衡的，孩子的個別差異很大，加上發展率的間斷，使得某些方面的發展一路領先，而其他方面則遠遠落後，例如：有的孩子閱讀能力很好，但是體能不太比得上別人；有的孩子體能發展很好，一學就會，但是功課卻很吃力。有時孩子表現不太理想，並不是他不夠努力，或是老師教得不好，請勿要求他十全十美，以免造成太大的挫折感。

　　此時期的兒童是自己最嚴厲的批評者，對於自己的失敗或差勁的表現很苛刻，他往往給自己不實際的行為標準和過高的期望，而達不到就自覺不如人。

　　其實這個階段的孩子由於過去經驗不多，往往低估自己的能力，但是在成長過程中，他學著與成人和同伴有更好的關係，以一種新的面目出現，令人刮目相看。他學到了許多新的技能，使他能應付學校裡的挑戰和環境，他已有一種正確的態度，就是「值得一試的事就應該做好」，在兒童期快結束時，他應該已準備進入下一個心理社會發展的階段。

7.2　學齡兒童的家庭

　　學齡兒童時期家庭的發展任務包括：（Duvall, 1977）

　　1. 提供孩子的活動和父母的隱私

　　學齡兒童所需的活動空間比前階段更大，而父母在時間及空間的分配上仍應考慮為自己保留隱私。

　　2. 保持財務平衡

　　家庭開銷仍繼續增加，有些母親在此時試著重回就業市場，保持財務平衡更為重要。

　　3. 同心協力完成家事

　　家務事非常瑣碎，必須分工，父母與孩子同心協力去完成，才不會對某一個人形成太大的負荷。最重要的意義還是在於從處理日常事務中，家人增進彼此的瞭解和體諒，在成長過程中藉彼此協助增進情感。

4. 繼續滿足配偶的需求

經過許多年的相處，雙方已更知相憐相惜，在日常生活、性生活或精神生活方面都應繼續滿足對方的需要。

5. 有效運用家庭溝通技巧

利用各種溝通方式，讓家人瞭解彼此的想法，減少誤會及隔閡。孩子放學後，會帶回來許多學校發生的消息，父母可以從中瞭解他在學校適應的情形，父母也可以談工作上的問題和樂趣，使全家人融和在彼此的生活中，也體諒對方的困難。樂於傾聽與良好溝通是最重要的愛的存款方式。

6. 在家族中保與親戚保持關係

除了平時的聯絡互助之外，婚喪喜慶及年節，不妨維持一些合理的禮節和習俗，會使家庭成員更有向心力。事實上，尊重和善待配偶的親戚，是愛的具體表現，也讓孩子偶爾到親戚家過夜，讓他經驗不同的家庭的生活習慣，另方面也可以學習獨立。

7. 家庭生活與家庭外生活連結

父母隨著孩子的需要，關心學校及社區發生的事情，有問題時，與老師或鄰居交換意見。將家庭生活與家庭以外的生活連結，所有這些付出，看似家庭在為社區或學校做些什麼，其實父母在參與這些事情時，本身也更成熟、更健康。

8. 家庭生活哲學的再試驗

孩子漸長大，有他自己的看法和一些外人的看法，常成為家庭的挑戰，使父母感到迷惑，很多父母在這矛盾的過程中，也修正自己某些觀念，使思想更具彈性，原則更明顯。

7.2-1　父母面對學齡期孩子的因應

學齡時期的孩子的生活重心，看似由家庭轉移至學校，但是主要的安全感或穩定感仍是來自家庭。一般說來，兒童心目中父親是最偉大的，母親是最能幹的。大約9歲開始，父母逐漸失去他們在孩子心中的崇高地位，孩子發現父母也會犯錯，也有一些弱點，會感到失望，有時親子關係會起摩擦，孩子不太能接受父母的不完美。這段時期父母也有不同的任

務，主要是滿足孩子的發展需要，以及修改個人的認同和生活目標。

　　在滿足孩子的需要方面，由於學齡兒童受到同伴的影響極多，在競爭的社會環境裡，體能、心智、社會方面的發展都大有進步。體能的發展雖然沒有心智或社會發展那麼多，但對孩子的自我認識及自我肯定很有影響。心智的發展使他可以有更好的溝通能力，和解決問題的能力。邏輯思考能力使他能做結論，有自己的信念、看法和價值判斷，雖然不一定正確。

　　父母應該學著「讓他去」，孩子在學校有很多朋友和同學，除了上課之外，還有各種課外活動，忙碌得很。大部分父母都贊成孩子加入同伴的活動中，因為這是成熟、獨立、受歡迎的人所必經的過程，但是父母也相對地付出更多的心力，因為「讓他去」並不表示不管他，而是犧牲自己的時間，以遷就孩子忙碌而不固定的時間。此外，還要允許孩子偶爾在外過夜，信任他離開家的能力及需要，而與同學或親友生活一小段時間。通常這種「小別」有助於孩子長大，也讓他更能珍惜自己的家庭。

　　艾瑞克森認為學齡兒童常會懷疑自己的能力，顯得自卑，孩子的同儕團體是個小社會，同伴們不會對他特別仁慈或諒解，在團體裡每個人都可能有機會被嘲笑。此時父母宜多注意孩子的優點及特長，而不要強調他的失敗和弱點，要讓他覺得他是個有價值的人。父母也要在孩子聽見時，向別人提起他的優點，讓他有表現機會。這個年齡的孩子，我們無法要求他真的很懂事，要他瞭解別人的感受和心情，但是父母本身的表現會使他學著成熟的想法和行為。

　　看著孩子快速的長大，成人會更感覺時間的飛逝，尤其在孩子身上要花費不少時間，就更顯得自己的時間受到限制，更不夠用，時間造成的心理壓力也就更明顯了。男人通常希望在工作上開始投入更多，更有表現，建立事業上的地位；而女人如未就業則因婚姻及家庭責任，往往會對自己生活不滿意，怕自己與社會脫節，有時由於自卑而不願與社會接觸。

　　婚姻也面臨危機，尤其夫妻若缺乏溝通與親密感，加上生活瑣事的干擾，會產生厭倦感。此外，多重角色的壓力也使人感到疲憊；有些成人也須照顧年老父母，退休、健康、養老等問題很需要兒女去關心和協助，這

是為人子女的角色，也讓人感覺上下夾擊，蠟燭兩頭燒；在工作上，差不多過了試驗期，正是準備要衝刺的時候，往往職位也較高，使命更重，責任更多。

在育兒、婚姻、事業、奉養父母各方面，其中任何一方面遇到問題，都可能造成整個家庭的危機，所謂的危機（crisis）就是指未預料的逆境，擾亂了平日生活的常規及習慣的適應方式，而需要以新的適應方式來應付危機的情況。

家庭危機的嚴重性通常決定於幾個因素：(1)問題困難的程度；(2)是否有資源可求助；(3)家人的態度；(4)性格、能力、人際關係。

其實危機和一個家庭的健康是一種良性循環或惡性循環的關係。通常我們遇到危機時，第一個反應是震驚，而後是慌亂，接著會感到憤恨不平，產生許多衝突，克服了衝突就開始轉變，轉變之後就是適應。如果這個過程能安然度過，這個家庭就會增加適應能力，會成長，這就是良性循環。

其實家庭危機是一個最好的機會教育，學齡期的兒童並不是全然無知的，可以視情況，讓孩子瞭解家庭發生了什麼事，也讓他一面看著父母以何種態度、何種方法，解決問題。

7.3 家庭對兒童上小學適應情形之影響

學齡兒童的家庭最重要的工作之一，就是幫助孩子適應學校生活，不僅是在功課方面，也在人際關係方面。

孩子剛上小學，邁入一個與幼兒期截然不同的生活方式，他的生活方式改變主要的包括：

1. 活動領域擴大

小學生活提供了許多新的經驗，有的孩子興奮、好奇、到處探索；有的兒童卻茫然無緒、無所適從。

2. 接觸人、事的增加

進了小學，與同學和老師相處，人際關係趨於複雜化，面對大團體生

活，兒童必須重新調整自己的行為和態度，才得以與大家和諧相處。

3. 遊戲與工作的分化

幼兒的生活就是遊戲，他在遊戲中學習，也在學習中遊戲。到了小學，有固定的上課時間，每天還有學習的作業，和以往的遊戲生活大不相同。兒童必須學著去適應學校正規的課程，和生活上應遵守的常規，這可能是入學適應中的最大挑戰。

4. 期望與要求的提高

入了小學，無論父母或社會對孩子都會有更高的期望與要求，父母和老師逐漸要求他學習獨立自主，自己處理生活周遭的事物，並為自己的行為負責，不再處處依賴他人。

面臨這種種生活上的改變，孩子會感到有些壓力，如果父母或老師不瞭解他的困境，反而嚴格要求，孩子受到太多挫折又無力應付，便容易在許多方面產生不良適應的情形，如：

1. 情緒發展

有些孩子剛入學時，會有分離的焦慮，害怕離開父母，此時若未能予以適當的引導，加上課業及常規處處難以達到老師的期望，重重的挫折與壓力，將導致其焦慮不安、自暴自棄。此外，也有部分兒童因在家中受到父母的嬌寵，凡事不如其意，便大發雷霆，在學校便容易和同學發生衝突，好強、好勝、愛發脾氣、不知控制自己的情緒。

2. 社會關係

兒童自2、3歲起，即喜歡結伴玩耍，這種群體生活的經驗，將影響其日後社會關係的發展。有些孩子一進入新的團體，很容易和大家打成一片，有些孩子卻陌生、害羞、畏縮、不知如何融入團體中。甚至有些孩子因常侵犯他人、攻擊他人，而致人緣很差，遭同學排斥與拒絕。

3. 學習態度

兒童的能力和興趣有個別差異，有些父母過度計較子女的各項表現，造成很大的壓力，甚至產生反感。再加上學校和老師，也以「競爭才有進步」為名，經常舉行各種測驗和比賽，重視彼此成績之比較，使兒童終日忐忑不安，根本無法安心學習。而那些老是嘗受失敗的經驗的兒童，可能

因此喪失自信心，降低抱負水準，再也提不起成就動機與學習興趣。

4. 學習生活

低年級的兒童本來自理能力就較弱，注意力也較不易集中，若上小學之前未能給予適當的指導，進入小學後，很可能面臨許多學習生活上的困擾，例如：不會自己過馬路上學、不會自己整理書包、聽不懂老師交待的事、上課不能專心、不喜歡做作業等等。這些困擾若短期內無法克服，勢必影響孩子的學習。

一般的父母對孩子的學業成績非常重視，因此孩子在學校若因適應不良而導致功課落後，是多數父母所不願見到的。然而適應不良絕對不是孩子自願的，父母必須負大部分責任，一方面在上小學之前給孩子良好的準備，不是讓他先學些小學的教材，而是讓他學習獨立、培養信心和學習興趣，盡可能先防患於未然；另一方面，如果孩子上了小學，發生一點適應不良的情況，父母不必驚慌，要找出原因，而找出原因並不等於歸究責任，重要的是尋求補救的方法。

等到孩子適應了小學生活，父母就可以安心的欣賞和享受孩子的學習過程，同時也偶爾與老師保持聯繫。

7.4 學齡兒童的家庭所關心的議題

孩子上小學，雖有老師分擔了一部分教育工作，但是有些事情屬於學校的職責之外，仍需父母多費心，以免成了「三不管地帶」，重要議題包括：課後托育安排、才藝學習、兒少保護等。

7.4-1 課後托育安排

大部分的雙薪家庭，對於孩子下午放學後到父母下班回家前，中間這段時間如何安排，感到十分為難。因此兒童參與課後托育，包括國小課後照顧班、校外安親課輔班、校外補習班或才藝班便應運而生。

課後托育安排雖是一段「過渡」，主要是為了配合父母的回家時間，有點像是換場時間，在孩子的生活中卻是重要「橋段」，在學校生活和家

庭生活之間，發揮連接的功能。除了作功課，也安排休閒性的學習，讓父母覺得沒有浪費時間而更安心。但是課後托育的時間不宜安排正式的上課剝奪了孩子在自主學習上的寶貴時間，有時也影響他在學校上課的專注，畢竟，學齡孩子很需要休息和玩樂。

有些父母不小心就「失焦」了，為了多些課後的學習，甚至安排一個以上的安親場所，讓孩子在這段空檔時間繼續疲於奔命，看似充實，其實只是被塞滿行程，學習效果有限，也可能對學習產生抗拒和厭倦，得不償失。

課後托育安排往往也成了單薪家庭的選擇之一，雖然家裡有人，但是其他人都在安親班「拼命」，我的孩子怎能不加班呢？這是一個令人擔憂的現象，似乎課後托育雖能安親，卻是讓孩子更有家歸不得。

雖然教育主管單位早就注意到這些現象，卻只能以些微的管理、評鑑等形式來改善，可是這些都只是補救之道，不能真正取代家庭給孩子的安全感和鬆弛精神的功能。比較理想的解決之道在於彈性調整上下班時間，讓父母之一能早些回家，事實上有許多工作並不一定需要「朝八晚五」，不妨以「效率」為要，縮短工作時間，一樣可以完成工作。在客觀條件尚不能如此配合時，吳明燁（1987）提出一些具體建議供父母參考：

1. 父母必須充分意識、並瞭解年幼孩子自處時可能發生的種種問題與危機，儘量做好預防措施。

2. 時時與學校或課後托育機構教師保持密切聯繫，以充分掌握孩子情緒或行為的變化。

3. 做好各項具體的保護措施，例如列舉各種求援的電話號碼，準備簡單的醫藥箱等。

4. 教導孩子求援的方法，培養應變能力。

7.4-2　才藝學習

近年來，由於生活水準的提高，一般的家庭比以前的家庭，更有餘力提供各種不同的學習與訓練的機會，各式各樣的才藝班也就因應而生。一

般父母認為學齡前幼兒還小，可學可不學，而青少年時期功課太多、升學壓力大，不適合花太多時間學習才藝，因此小學階段的孩子最被「寄予厚望」。父母希望孩子學習才藝的原因很多，主要的有：

1. 肯定藝術的價值：確信某些才藝對孩子的藝術修養有幫助，希望及早給予陶冶。

2. 基於補償心理：父母本身對某項才藝有興趣，但因年幼時沒有機會或缺乏學習環境，所以願意讓孩子得到他沒得到的，並不期望孩子成為專家。

3. 為孩子安排課餘時間：視學習才藝為課外活動。

4. 為了陶冶孩子的性情：培養孩子的耐性、專心或鍛鍊體魄。

5. 「人家有，我也要有」的盲從心理：覺得不參加就跟不上潮流。

6. 潛意識裡虛榮心作祟：以為孩子上才藝班就高人一等。

7. 純粹是抱著「試試看」的態度：孩子若喜歡，就讓他繼續學，不喜歡就算了。

8. 認定孩子某方面確有超過別人的天賦：甚至盼望孩子以此為終生職業。

9. 有害的補償心理：強迫孩子去達成自己未竟的心願。

這些原因通常不是單一存在的，一般情形都是混合心態，有的明顯，有的不自知。基於這些原因，才藝班的設立也產生了一些可喜和可憂的現象。可喜的現象包括：

1. 一般人肯定了才藝的價值，造成風氣，才藝不再被視為雕蟲小技。

2. 許多有天賦的孩子及早被發現，得以適時接受培養。

3. 學習才藝不再是某種階層的特權，使得藝術全民化。

可憂的現象則是：

1. 超過適度的安排，使孩子負擔加重。有些孩子的「節目緊湊」到令人咋舌的地步，每天放學後還得趕場，看似充實，卻什麼都學不好。

2. 有些父母操之過急，渴望立即見到效果，忽略了學習過程。家長的要求使得才藝班老師不得不使出渾身解數，過分強調和要求技巧的訓

練。

3. 孩子倘若接觸某項才藝的經驗不愉快，使得興趣消失殆盡，造成日後千方百計逃避，反而連欣賞的胃口都破壞了。

能看清一件事的利與弊，就比較可能去其弊而取其利。學習才藝不是好或不好的問題，最重要的仍是父母的態度和方法，所謂「強加於人，好事變壞」，最好是讓孩子有個學習才藝的環境，可以讓他在廣泛的接觸經驗與摸索過程中，逐漸地發現自己的興趣與潛能。父母和老師應留意觀察，予以鼓勵讚賞，在能力、時間，以及師資許可的範圍內，繼續培養他的特殊才華。

學習才藝對孩子來說，最重要的是藉著學習的活動，多瞭解自己，知道自己的特長與不足，減少「懷才不遇」的遺憾。而良好的學習經驗有助於人格的發展，能讓孩子從不同方面去接觸生活、表達情緒，並培養對人生的體驗，以及對自然的珍惜。讓孩子先喜歡學、高興學，才能學得好。

7.4-3　兒少保護

近年來歹徒在校園傷害兒童的事件時有所聞，造成全民的驚恐。

每過一段時間，兒少保護問題就會因為社會事件而一再引起社會大眾注目，但當新聞熱度過後，相關檢討就束之高閣，問題也就一再發生。

臺灣自2003年5月28日頒布「兒童及少年福利與權益保障法」，針對兒童及少年的療癒、托育、教養諮詢、教育方式、生活及醫療補助、受暴虐處理及安置、親職問題協處、建立有效的通報及追蹤、訪視、關鍵服務，並針對妨害兒童身心發展的行為，明定清楚的標準，再給予違法者明確的罰則。條文也對兒童及少年救助機構、課後安親班及其他才藝及補習班界定明確規範。爾後依時空及社會現況更替，歷經多次修正，兒少保護政策，在「兒童及少年福利與權益保障法」頒布實施後，已經進入先進國的里程碑。

但是，從上述多項兒童受傷害的案例中顯示，兒少保護的相關法令無論如何修正，都無法趕上現代家庭的異變。事實上，同期整體的刑案受

害人數逐年下降，但兒童及少年的受害者卻大幅上升，若再進一步分析被害的案件類型，無論兒童或少年，都是以「強制性交」為最大宗，尤其為女性被害人；而根據2007年內政部的統計資料，兒少犯罪的加害人，高達84.4%乃有關係的熟人所為，甚至有血緣關係的父兄亦不在少數（內政部警政署，2009），更顯得兒少保護問題，特別是在家庭中的問題十分嚴重。

第八章

青少年時期

　　青少年時期指的是13歲到成年之前，事實上目前10歲就已進入青春前期。可是，到底幾歲算是成年呢？在美國，一般認為當一個孩子可以離家獨立生活，即是成人；在我國，很多已有能立獨立生活的人仍與父母住在一起，甚至結了婚也不一定離開父母，因此「離家獨立」並不能代表青少年時期結束，而進入成年時期。

　　一般來講，13歲到16歲，國中階段，是「少年期」；16歲到18歲，高中階段，是「青年前期」；18歲到結婚以前，上大學階段或開始就業階段，是「青年後期」；而法定的成年則是18歲。

　　現今社會有部分子女雖已超過18歲，未婚並仍與父母同住，甚或生活所需完全依賴父母，形成另一種社會現象。因此本章內容包括有青少年或未離家之成年子女的家庭。

　　按艾瑞克森的說法，青少年時期的社會發展是自我認同／角色混亂，如果發展順利，就形成忠誠，而進入成年時期。成年時期的心理危機則是親密／孤立，若發展順利，就得到友誼、關懷、愛。

　　本章就將青少年期的特性及其家庭作一概略的介紹。

8.1　青少年時期的特性

　　在以往，青少年時期的發展並不受到重視，通常在青春期以前算是孩子，青春期開始就算是大人了。如今由於心理學的發展，我們才瞭解到，青少年時期是介於兒童和成人之間的「風暴期」，這段期間，青少年在生理及心理方面都有劇烈的變化。青少年的特性大致為：

1. 生理和心理變化非常快速

　　青少年期是人生的蛻變期，生理方面包括：身材比例的改變，身高體重增加，性器官發育成熟；心理方面包括：自己老覺得不夠好、情緒化、價值觀轉變、自我中心。

2. 解除父母對個人之管教

　　青少年嘗試以不同的方法來認識自己，而在家庭裡，他在父母眼中的形象和地位已固定，因此他會逐漸要求解除來自父母的管教，向外尋求社

會和人格的發展。

　　3. 充滿了試驗、理想主義、衝突和不確定

　　父母和同伴對青少年的期望並不實際，他們希望青少年對未來有明確的方向和目標，使得他對自己的能力有一種太理想化的夢想，而致夢想幻滅或失望。

8.1-1　青少年的發展任務

　　青少年的發展任務包括：（Havighurst, 1970）

1. 與同性和異性的同輩朋友有更成熟的關係。
2. 達到男性或女性的社會角色。
3. 接受自己的身材，有效使用身體。
4. 情緒獨立，脫離父母和其他成人。
5. 確知經濟有依靠。
6. 選擇和準備職業。
7. 準備將來成家。
8. 發展公民所需的智能和概念。
9. 願意並達成負責的社會行為。
10. 獲得一套價值觀及引導行為的倫理系統。

8.1-2　發展認同感

　　青少年階段在心理社會發展上最重要的是自我認同的形成，而且人生的方向也有許多不同的選擇。青少年會逐漸瞭解，雖然「我」在不同的場合或不同的時間裡，有不同的面目，但是這些面目是相關聯的，交錯成整個的個人，例如他是一個學生、班上的風紀股長、童子軍、朋友、家中的長子、哥哥等等。

　　從他過去的經驗裡，他對自己有了基本的認識，而從這些基本認識裡，他會想到自己將來要成為什麼樣的人，在這個認同的過程中，同儕團體和崇拜的偶像的影響很大。在同伴之間，他看到自己和別人有什麼相同或不同，在哪些方面比別人強，哪些方面不如別人。從崇拜的偶像中，他

仰慕甚至仿效運動明星、歌星、影星等等，家裡的人對他並沒有很大的吸引力，他覺得家人都太庸俗，他甚至想從家人中獨立出來，建立一個超越的自己。

如果他這段自我的追尋過程困難重重，無法克服，就會產生角色混淆，他無法把各種角色綜合起來，成為整體的自我，而是一些分散的、互相之間沒有關聯的角色。

這段期間的角色認同是日後人格發展的基礎，但並不是說他的角色已經固定，日後他仍會藉著其他新的角色，調整自我認同。

8.1-3　適應青春期

性成熟的發展是青少年時期最重要的現象，一般稱之為青春期，可分為三個階段：

1. 前青春期，或稱尚未成熟的階段：此時第二性徵的特徵開始發展，但生育功能仍未成長。

2. 青春期，或稱成熟中階段：第二性徵的特徵繼續發展，但尚未完成，此時開始產生生殖細胞。

3. 後青春期，或稱成熟的階段：此時第二性徵發展完全，且性器官表現出成熟的功能。

青少年時期的發展，受到內分泌影響很大，此時期將近開始的時候，腦下腺分泌兩種激素：一是生長激素，影響個體身材成長的大小；另一種是性腺激素，刺激性腺的活動。青少年初期性腺的生長和發展，使個體在生理、心理和行為上發生顯著的改變。女性生殖系統的卵巢產生卵細胞，子宮、輸卵管及陰道均趨發展，並且週期性的月經也開始；男性生殖系統的睪丸產生精子，攝護腺、精囊和輸精管均趨發展，並開始有排精現象。

男女兩性的第二性徵的出現包括陰毛、腋下毛、體毛、喉頭骨等的生長、聲音的改變、男性肩膀及女性臀部的增寬，以及女性的胸部乳房的發育等，此時男女兩性的身體外型有了更顯著的差別。

青春期性成熟的發展，男孩比女孩需較長的時間。女孩成熟約需三年的時間，而男孩約需二至四年的時間，且較不規律，同性別之間的個別差

異很大。這些在身體和生理各方面所表現出來的急速生長和重大變化，會帶給青少年身體上的不適、精神上的不安、心理上的困惑，及適應上的困難。青少年應對這個時期的發展有充分的準備，預知身體和生理改變的情形，並明白這些改變的意義，就會比較少受到心理上或情緒上的影響。

在初期由於身體和體重迅速成長，有時在行動上不能協調，顯得笨拙，過一陣子動作才能成熟。由於外表的變化大，青少年對自己的身材和外貌比較敏感，對高矮胖瘦也比以前在意，對自己的一些小缺點，如疤或痣，有時過分關心，但是這些都是正常的現象，不必擔心他小題大作。

8.1-4 獨立

青少年的獨立通常顯示在幾個方面：與同儕團體的關係更密切；與家人在一起的生活愈來愈少；選擇自己的朋友，不像兒童時期還會徵求父母的同意和看法；如果父母批評他的朋友或阻止他選擇自己的朋友，就會起衝突。

其實一開始，孩子也許不會分辨好朋友和壞朋友，但是有了一些吃虧受害的經驗後，他漸漸學會選擇。有時青少年太迫切要證明自己是獨立的，會有不太理性的怪異行為表現，譬如奇裝異服、說髒話或粗俗俚語、不正常的飲食習慣、飆車等等，以表示他抗拒權威；愈引起成人的反感，他就愈感到自己長大了，不再受成人控制。

目前社會裡，青少年為了表現獨立而走向極端的現象包括：吸食強力膠、婚前性行為、離家出走、早婚等。

1. 吸食強力膠

青少年吸食強力膠，一方面是受成人的影響，以為吸膠可以忘卻煩惱，得到精神的解脫；一方面受同伴的影響，表示自己不落人後，也滿足好奇心。吸膠的人數還不算太普遍，然而抽菸或喝酒的青少年人數卻在增加，年齡也逐漸降低，在青少年時期一旦開始吸膠或抽菸、喝酒，通常會延續到成年以後。

2. 婚前性行為

婚前性行為也是青少年盲目的追求獨立，想證明自己已經成年，有的

孩子則以此來表示對父母的憎恨和報復。雖然很難蒐集到正確的數據，但青少年的婚前性行為似乎比以前增多，色情傳播媒體的氾濫，使年輕人對男女關係有了錯誤的觀念，加上自制力不夠，易生衝動，有些似是而非的價值觀，輕易的取代了傳統的價值觀念，例如「只要二人真心相愛，婚前可以發生性關係」、「只要雙方願意，而且不傷害其他人，性關係都是合乎道德的」、「人不應該為了滿足性需要而結婚」等等。

性教育在我國仍相當缺乏，青少年的資訊來源多半是坊間的書刊或網路，觀念不正確是必然的。性教育應該不只教導一般的性知識，也應引導青少年判斷是非，做明智的選擇和決定。

性教育最主要的核心價值觀還是來自家庭，父母如何看待以及他們對孩子的期望，但是一般父母不知如何教導，因自己也是靠自己摸索的，在資訊氾濫的現今社會，若父母不幫助孩子，孩子就可能被暴露在「以後會後悔」的衝動行為中。

3. 離家出走

青少年離家出走的原因很多，根據研究（Adams and Munro, 1979），主要的原因有：(1)家庭環境不好；(2)父母的管教問題；(3)在學校裡的表現不佳；(4)父母的支持太少；(5)覺得被父母排斥或嚴厲控制；(6)反抗父母或權威人物；(7)為了要獲得某種社會角色和行為；(8)家庭壓力；(9)沒人管。

家庭缺乏溫暖是孩子不願回家的主因，有的青少年離家出走後又回家，家人覺得羞恥而不接納他，甚至處罰他，使他再度出走，就更容易受到不良分子的利用，誤入歧途而無法自拔。

4. 早婚

早婚的青少年通常也是對家庭無法忍受，想逃避現況，以為結了婚就可以過新生活。可是往往由於婚前憧憬太高，婚後面對現實生活便會失望，加上年紀太輕，個性尚不穩定，又有現實生活的壓力，容易導致離婚；而且早婚者往往必須輟學，學業未完成，就不易找到合適的工作，走投無路時，方才體會獨立不是簡單的事。

8.1-5　採納新的行為規則和價值觀

青少年受同伴的影響比受家庭的影響大，最明顯的就是他們的衣著打扮、音樂的喜惡、言談中的俚語等等，常令成人非常看不順眼，嗤之以鼻。事實上，同儕團體的組成分子會改變，青少年也會在其中調整自己的社會角色，大部分十幾歲的人都怕被同伴視為異類，他很在乎自己是否受歡迎，他的行為也會跟著團體的行為規則而改變，在同儕團體中，他往往「隨波逐流」，成人不必太引以為怪。

青少年對異性的興趣增加，有的孩子開始約會，造成親子間的衝突，父母尤其是擔心女兒交男朋友，對兒子交女朋友倒不特別在意，甚至有些「兒子已長大」的自得，這種雙重標準相當普遍。其實約會有其正面價值，使青少年對異性的好奇得到滿足，也為將來擇偶增加經驗。

初開的情竇是非常珍貴的，這種純潔而羞澀的感情是一種自然的本能，「喜歡」並不等於「愛」，而「愛」也不等於「性」，當孩子對異性開始感到興趣，通常是在喜歡的階段，有時只要多看一眼，或多想一下，就感到很快樂，倒是萬一成人（包括父母和老師）不能以正常的眼光去看他，使他以為自己有問題，就會無所適從。

我們的社會和教育中，「情感教育」和性教育同樣缺乏，造成了許多不幸的婚姻和不幸的家庭，也傷害了更多無辜的下一代。

青少年時期的孩子對事物的邏輯思考也受到其認知發展的影響，皮亞傑認為青少年是到了正式運作期（formal operation），在解決問題時能以邏輯和理性去假設和推論，而做判斷和決定。到了青少年時期，自我中心傾向會減低，思想比以前有彈性，兒童期的二分法到了青少年期漸能接受事情並不都是「非黑即白」，中間有不同層次的灰色，因此價值觀會調整。

8.1-6　探索生涯目標

在農業社會，大部分的男子繼承父親的產業，經營父親的事業，女子則學習持家技能，有了合適對象即由父母作主許配，個人幾乎不必做選

擇。但是現今的年輕人多數必須在成長過程中,一步步瞭解自己適合做什麼,並做好準備,因此輔導子女探索職業目標成為父母的重要職責之一,而且這也是決定子女求學的方向。

個人的職業選擇是一系列相關的發展階段,價值觀、現實環境、心理因素、教育機會以及學業成就,均影響個人職業選擇的過程(Ginsberg, 1972)。根據職業選擇理論,個人的職業選擇有幾個階段:

1. **幻想期**(The Fantasy Period)

11歲以前,孩子相信他能做他想做的事,選擇的要素是需要和衝動。

2. **試驗期**(The Tentative Period)

11歲到17歲,決定選擇的因素是能力和價值觀,只是試驗性的選擇,並未能考慮實際的因素。此時期又可分:

(1) 興趣階段(The Interest Stage):11歲至12歲。

(2) 能力階段(The Capacity Stage):13歲至14歲。

(3) 價值階段(The Value Stage):15歲至16歲。

(4) 過渡階段(The Transition Stage):17歲。

3. **現實期**(The Realistic Period)

18歲至20歲出頭。選擇時,現實的因素(職業需求或教育機會)和個人的因素之間,必須獲得妥協,才能做成決定。此時期又分為:

(1) 試探階段(The Exploration Stage)

(2) 具體化階段(The Crystallization Stage)

4. **專門化期**(The Specification Period)

到了20多歲,應能認定所能從事的職業,並有具體計畫。

在「職業選擇早期決定論」(Roe, 1957)中,說明童年經驗與職業態度的關係,分析童年所處的家庭氣氛,並發展了一個職業群分類表(見表8-1)。

表8-1　羅氏職業群分類表

職業群	說明
1.服務（Service）	輔導、家事等注意別人需要的行業
2.商業活動（Business Contact）	商人等
3.行政（Organization）	經理、公務員等
4.技術（Technology）	工程師、技工等
5.戶外活動（Outdoor）	農夫、礦工等
6.科學（Science）	科學界（數學家、物理學家）
7.文化工作（General Culture）	教育界人士
8.藝術、娛樂（Arts & Entertainment）	藝術家、運動家等

資料來源：楊朝祥編著，生計輔導——終生的輔導歷程。臺北：行政院青輔會，1984。

　　由於家庭氣氛不同，將發展出各種基本的職業態度、興趣和能力，將這些特質與前述八種職業群的特性之間建立一種關係，可以解釋童年經驗與未來職業態度的關係：（Roe, 1957）

　　1. 來自愛、保護和要求的家庭的孩子，日後傾向於選擇與人有關之職業。

　　2. 來自排斥、忽視和不關心的家庭的孩子，日後傾向於選擇與人不產生關係的職業。

　　3. 如果孩子感到被過度保護或要求，基於防衛性，他可能選擇與人不產生關係的職業。

　　4. 有些來自排斥的家庭的孩子，為了補償，也可能選擇與人有關的職業。

　　5. 來自愛但不是關心的家庭的孩子，可能會以其能力，而非個人的需要，而選擇他在人際間的方向。

8.2　青少年的家庭

　　從最大的孩子進入青春期，到最小的孩子滿18歲，意味著這個家庭的「養兒育女」的責任可以卸下了，家庭生活和親子關係需做很大的調整，管教子女的態度和方式，必須因青少年的需求而改變，經常會有親子對立

的緊張情況，由於價值觀和生活型態不同，代溝趨於明顯。

8.2-1 青少年期的家庭發展任務

青少年的家庭的發展任務包括：（Duvall, 1977）

1. 提供滿足不同發展需求所需的設備

青少年的交往圈子比前段時期擴大了許多，他會希望家裡偶爾也能招待朋友，有自己的小天地，可以不必影響到其他家人；也需要有隱私，他會偶爾想孤獨一下。在臺灣，地狹人稠，都市裡的公寓房子如不夠青少年活動，他們只好到戶外或滿街流竄。父母本身也需要安靜的獨處，因此空間的分配是很大的問題。

2. 解決家庭裡有關金錢的問題

空間的擴張和設備的更新，是青少年的家庭所必然面臨的問題，家庭開銷在此時會大幅增加。因此有些父母鼓勵孩子打工，一方面較珍惜金錢來之不易，會學著計畫和分配，另方面也讓孩子從工作中培養敬業、負責的態度；也可以讓孩子瞭解家庭收支的情形，在購買一些東西時，可讓孩子表現意見，不要用控制零用錢來要脅孩子。

3. 分擔家庭生活的責任

青少年對於分擔家務的能力和興趣都改變了，他已長大，偶爾下廚做點自己愛吃的東西、幫忙準備簡單的飯菜、修理小東西等等，都可以使他得到成就感。家務的學習是未來工作態度養成的先備能力，在分配家務責任時，最好也能斟酌孩子的意見，使他能心悅誠服的去履行任務，不至於每天都為了強迫他做家事而傷感情，而權利也應隨著責任的增加而提高，孩子心理上才會覺得平衡。

4. 重視婚姻關係

孩子成為青少年後，夫妻關係雖不像新婚時的濃情蜜意，但是仍需努力灌溉愛情。此時期的孩子性意識開始覺醒，如果父母的婚姻美滿，孩子對愛情會有比較正確的觀念。其實孩子已稍能獨立，夫妻應更能放下部分負擔，好好的把握盛年，珍視夫妻生活與婚姻關係。

5. 跨越溝通差距

青少年有心事時喜歡跟朋友商量是正常的，此時的孩子重視朋友勝過親人，父母不必認為自己不被信任。除了語言之外，溝通方式還有很多，可以從孩子的舉止神情看出來。父母可觀察、傾聽和在其求助時提供建議，建立良好溝通模式。夫妻間的溝通也是孩子學習溝通的主要模仿對象，應謹言慎行，避免不良示範。

6. 與親戚保持聯繫

親戚關係是無法選擇的，通常要維持一定禮貌。因此讓青少年保持與親戚聯繫，也從與親戚的交往中，讓孩子對家族有更多認識，及瞭解人際關係中的包容，畢竟親戚是介於家人與外人中間的關係，雖不像家人這麼親，卻比與一般外人的關係更親一些，是人際關係中很重要的一環。

7. 擴大青少年與父母的眼界

孩子到了青少年期，能瞭解的事物增多，個人的眼界也擴大，父母親見的世面多了，孩子的交往廣了，都能把一些新的觀念帶回家裡。父母也需將這些新的想法容納在自己的想法裡，使自己更具成長的彈性，才能因應現代生活之需。

總之，青少年期親子之間的發展互動關係著重在兩點：一是與孩子維持有效的溝通，一是滿足個人和共同的需要。

8.2-2　青少年對成人或父母的期望

由於青少年本身變化很大，他對成人或父母的看法也會改變，他對父母有不同的要求，最主要的有：

1. 自由

他要確定自己有作決定的能力，例如：交朋友、外出等，但是他還無法為自己的行為負起全部的責任，也不希望過度的自由，而是希望自主權慢慢增加。

2. 傾聽並討論問題

父母要能傾聽孩子的心聲，才能瞭解孩子的心事，不要論斷，要將心比心，試著與孩子溝通。

3. 關注和協助

在青少年需要時，仍要關心他、支持他，並且能適切的表達出來。不要以為青少年尋求獨立就是真的能完全獨立，他還是非常需要大人的建議和指引。

4. 信任

當青少年準備要踏出家庭時，父母會急於將可預見的危險或曾見過的錯誤灌輸給孩子，雖然他們自己也是在錯誤中學習而成長的，但是顧慮到安全，父母很不容易放心的信任孩子會安然度過那些困難，但是如果孩子一直不被信任，就沒有機會成長、成熟。

如果成人因覺得青少年的想法和行為都尚幼稚，無法信任他，就會忍不住提供解決辦法、限制、意見、評語，孩子感到自主權受到干涉，造成代溝。因此代溝的存在並不一定是父母或是孩子的責任，也不一定是不好的現象，它表示孩子的確在長大，重要的是溝上有沒有「橋樑」，兩岸的人能否互相體諒，互相包容。

8.2-3 與青少年溝通

親子關係的品質良莠繫於溝通的成敗。很多父母都納悶：親子之間的衝突是否自然而無可避免？

在過去，孝與順是並行的，父母的看法和做法，即使孩子心中不以為然，也不表現出來，但是現在的青少年，不但「敢」於與父母有不同的想法，更刻意的標新立異，造成問題、衝突、誤解和反抗，使得多數父母束手無措，大歎父母難為。

但從另一方面來看，代溝的存在也有其價值，多少表示年輕人能思考，有自己的想法，也不掩飾或壓抑，反而能使問題較明朗化，較容易去面對並解決。

心理學家佛洛依德認為兩代之間的衝突是必要的，在過程中孩子學會辨別、澄清自己的觀念，所以衝突的發生不必怪罪任何一方，在努力調適的過程中，孩子就是喜歡爭辯、不合作、愛唱反調，這是他的發展需求，應該讓他滿足。

　　青少年的親子之間的尖銳衝突，有些是來自大眾傳播媒體（Weiner, 1977），為了使節目更具戲劇性的吸引效果，常將少數極端的例子當作一般情形，造成觀眾的錯覺。親子間的衝突較常見的內容大致有：

1. 學校：功課、成績、在校行為、對學校的態度。
2. 價值觀／道德觀：對政治的看法、生涯目標、求學目標。
3. 家人關係：對家人的態度。
4. 責任：缺乏責任感而故意不做家事、不寫作業。
5. 交遊行為：服飾、髮型、裝扮、禮貌、擇友、課外活動。

　　臺灣的愛家基金會在2012年初，在全臺灣各縣市，進行「跟父母說話，你覺得如何？」問卷調查，試圖從青少年的角度，瞭解青少年如何看待自己與父母的溝通狀況。調查發現，高達七成的青少年選擇找朋友或同學談心，不過有近四成的青少年其實「想」每天與父母聊天；近三成的孩子渴望父母在兩、三天內能夠詢問他們的近況。結果顯示，青少年時期的孩子其實渴望與父母親近、談心。但在實際生活中，只有三成的孩子每天與父母聊天，甚至有將近兩成五的青少年幾乎不和父母說話。

　　而高達82.3%的青少年認為父母關心的問題與他們關心的不同。青少年認為父母最關心他們的課業（30.2%），其次為身體健康（18.4%）與品行（8.1%）；而孩子最想被在乎的其實是他們的心情（26%）、嗜好休閒生活（15.2%）及錢夠不夠用（11.2%）。這份調查結果顯示僅有26.6%的孩子認為父母瞭解他們正在擔心與煩惱的事，對多數青少年而言，父母並不瞭解他們的憂愁和煩惱。

8.2-4　瞭解並滿足父母需要

　　當最大的孩子到了青少年階段，父母的年紀大約在30、40歲，在這個階段的六、七年當中，夫妻的婚姻關係滿意程度會再次上升。35歲到45歲被形容為deadline decade（Sheehy, 1976），就是說這十年，成人又會面臨另一個認同危機，但與青少年的認同危機不同。他會思考人生的意義、生命的價值和社會制度的運作等等。如果確信他的方向是對的，他就可安然的繼續向前，否則他就須修正、調整。

調查中發現（Sheehy, 1976），女性和男性一樣，到了此時會回頭「卻顧所來徑」，並瞻望來日，但女性約在35歲，而男性則為40歲，所採取的行動也不同。通常女性比男性提前遭遇中年問題，一般母親到了35歲時，可能遇到的情形是：(1)最小的孩子也上學了；(2)最可能對先生不忠實；(3)重新進入就業市場；(4)如已離婚，可能再婚；(5)最可能拋棄家庭；(6)預見生育的結束。這種種的可能，或多或少顯示婦女試著再度平衡她的生活。

而男人面對此危機的時間稍晚，到了40歲，他會發現時間飛逝，可能會更加在事業上用心力。通常母親在養育兒女方面比較花精神，所以此時較能坦然讓孩子尋求獨立；而父親可能反而覺得「時不我予」，他似乎覺得自己與孩子的相處還不夠，瞭解不多，孩子卻要獨立了，心中很不是滋味。

這項調查指出的只是一般情形，但也可看出，養育兒女是父母生活中很重要的一部分，但不是唯一的，父母本身也需要成長，才不會在孩子長大後，自己成了問題。

第九章

成年子女的家庭

　　由於家庭結構變遷及平均壽命延長，成年子女與父母的相處時間也隨之延長，以家庭發展角度來說，親子關係持續進展，隨著年齡增加與家庭生命週期不同，彼此的關係亦出現變化。

9.1　成年時期的發展

　　根據家庭發展理論，成年時期大約可含括18歲到45歲，亦即少年時期以後和中年時期以前，中間這一段期間。從最大的孩子到達成年，直到最小的孩子到達成年，家庭好像是個「發射中心」（launching center），子女陸續離家，直到家庭成為「空巢」（empty nest）。

9.1-1　成年時期的發展任務

　　艾瑞克森認為此時期的前段，年輕人的心理社會發展主要是發展親密感，準備擇偶，與對方建立親密的、互相照顧的關係，以共同建立家庭。此階段的主要發展任務是：（Havighurst, 1970）

1. 選擇配偶。
2. 學習與配偶共同生活。
3. 成家。
4. 生育兒女。
5. 管理家庭。
6. 就業。
7. 履行公民責任。

在這些發展任務的核心，最主要的有兩點：

1. 親密感。
2. 個人的成熟及完全自立。

9.1-2　親密感

　　青少年時期大約結束於高中或高職畢業，進入成年時期就算是成人了，雖然在父母的心目中他還是個孩子，但是社會對他的態度和期許大有

不同，例如：

1. 成年人應該具備工作方面的能力和技術。

2. 成年人應該能選擇配偶，並互許婚嫁，生養兒女，生活以家庭為中心。

3. 成年人應該設定特殊的生涯目標，建立生命的方向感。

4. 成年人應努力適應配偶及成長中的子女的不同需要，建立社會關係。

成年期最困難的是如何選擇一個能共度一生的伴侶，以建立親密關係，共組家庭。在此時期個人的行為模式幾乎已定型，生活也較穩定，對於未來生活的方向也有大致的輪廓，一般人都認為他「應該」準備結婚。但是年輕人必須要認清愛情和激情的不同，從交友開始，再進入擇偶階段，在自我瞭解與瞭解他人中，建立成熟的親密關係。

9.1-3　成熟與自立

成年時期有幾個重要的人生抉擇，如擇偶、就業、決定生活型態。此時他對自己的行為應負大部分的責任，雖然仍是在嘗試階段，在經濟上、生活上、心理上，逐漸嘗試而學習離開父母及家庭而獨立。

年輕人一面解決自己以往對人生的幻想和假設，一面調適，成長過程中他對自己又會有更多的認識。下述四個觀念似乎根深柢固，卻是不正確的：（Gould, 1978）

1. 我們會永遠與父母同住，做他們的孩子。

2. 當我們自己遇到不會做的事時，父母永遠與我們同在，並幫助我們。

3. 人生是簡單而且可以控制的。

4. 世界上沒有真實的死亡和邪惡。

瞭解這四個對人生的不實假設，自我概念就會修正，不但不再奢望依賴父母，而且願意承擔責任，也願意負起婚姻、家庭、工作等各方面所賦予的新角色。反觀我國的成年人，有些父母自己年輕時白手起家，很羨慕別人有父母做靠山，可以少奮鬥一些年，所以自己當了父母，行有餘力，

總希望孩子能得到父母年輕時得不到的。可是也要自我提醒，坐享其成的孩子失去的是體驗人生的機會，而且依賴父母太多時，在心理上永遠無法真正達到「成年」。在發展學上來說，該自立時沒有機會自立，以後就很困難發展自立的能力；而在仍需依賴時過度要求子女自立，也可能對子女造成傷害。

在我們的社會裡，很難為「獨立」下定義，許多人雖然經濟上能自立，心理上卻太依賴父母，有些人雖結了婚，甚至已經為人父母，夫妻吵架時，還要勞動父母出面解決；而父母在很多事情上面，也常會越俎代庖，不但對孩子轉換工作要表示意見，家庭計畫更不能不顧他們的堅持，最嚴重的是干擾到子女的婚姻關係。事實上，提供意見是無可厚非的，但是決定權仍應歸於「已經成年」的子女。

要成為一個有責任感、肯負責任的成人，年輕人有四個主要的發展工作：（Levinson, 1978）

1. 為理想的人生訂一個藍圖，並列於生命結構中重要的地位。
2. 與年紀稍長而人生經驗較多的成人建立師生關係。
3. 建立職業目標。
4. 在婚姻及家庭中建立愛的關係。

心理學家吳靜吉（1984）曾引Levinson的研究，把這四個發展工作形容為「青年的四個大夢」。這四個夢分別為：

1. 尋求人生價值

希望自己將來成為什麼樣的人，生命目標的決定，實現個人潛能。

2. 尋求良師益友

在追求人生價值中，找到能鼓勵、傾聽、分享的良師益友，作為學習的楷模，或是理想的導師。

3. 尋求終生的職業或事業

做好任何一件合情、合理、合法的工作或職業，都是服務人群。找到適合自己的興趣或能力的工作，才能發揮最大的力量。

4. 愛的尋求

有肝膽相照、互相關懷、感覺親密的朋友，同性或異性的都很重要。

　　由此可知，成熟和獨立與生理年齡並無絕對的關係，到了成年，仍須努力尋求這四方面的發展，得到了就能成功的走在人生道上，得不到時可能就路途坎坷。

9.2　成年時期的家庭

　　若子女成家，從核心家庭的角度來看，表示由父母所建立的原生家庭和子女自己的家庭是兩個家庭系統，各自獨立發展。但是實際上華人的家庭觀念裡，兒女永遠是兒女，即使不同住，還是一家人。

　　林如萍（1998）指出，老年父母與成年子女的代間關係不僅是單純靜態和單向的扶養關係，而是包括了情感、互動和相互協助等面向。

9.2-1　成年期的家庭發展任務

　　成年子女階段的家庭就像發射中心，孩子長大成人，有自己的生活，父母與子女必須重新調整關係。此階段的發展任務為：

1. 重新安排設備和資源

　　孩子成年，在家的時間就少了，原本有點擁擠的屋子此時顯得冷清，不管孩子是出外求學、就業、服兵役或結婚，大概也只有假日能待在家裡陪伴父母，家庭像個旅館。而當他們在家時，可能也常占用父母的空間，例如：開父母的車子、占用電話、占用客廳或電視。

2. 支付費用

　　大部分家庭此時期的費用都相當龐大，成年子女要成家、要立業、要求學，都需花不少錢，而他本身的經濟能力不足，尚需由家庭負擔一部分。即使一切順利，一個新的小家庭也得經過一段時間才能有餘力。此時期，親朋好友的子女也有不少剛成年，交際應酬費用也十分驚人。

3. 重新劃分成年與未成年子女的責任

　　成年子女本身就有一些責任必須達成，如果父母仍要求他做到以前做到的，通常會失望。快樂的父母是讓家庭成員自己衡量情況盡責，父母以鼓勵、肯定、欣賞的態度，享受子女甘心樂意的「服家庭之務，造家庭之

福」。

4. 夫妻的身分又回復

在養育小孩的歲月裡，父親和母親的角色占大部分，成年人的父母權力不如傳統，也不比兒童期的父母，如果重心不轉移，仍時時想管教照顧子女，會覺得鞭長莫及，力不從心，因此最好能減輕父母的角色，與配偶再度「我的心裡只有你」，尤其共同奮鬥了二十多年，在生理和心理上都是極親密的，比起新婚時只有兩個人的情形，情意自是不同的。

外遇的情形通常也是人到中年，渴望再一次墜入情網，覺得又有青春活力，如果戀愛的對象是自己的配偶，那就是真幸福，否則就會造成家庭糾紛。

5. 維持家中與對外的溝通

不管幸福與否，關鍵均在於溝通。成年的子女雖獨立，但在創業或婚姻初期，生活中有很多難題要克服，如果能建立良好的溝通，把在外發生的問題，回到家中集思廣益，共謀解決之道。

同時父母也有中老年危機，有孩子總是心理上多一層安全感，有時父母的苦惱，孩子不太能體會，因為他尚未經過那個階段，因此父母不要抱著「你應該自己知道」的心情，而可以談談，彼此的關係更像朋友。

跟其他家庭之間也保持聯繫，因為年齡相近的家庭遭逢的是類似的問題，交換意見可以互相得到幫助。

6. 家庭擴大，孩子自立門戶，也增加新成員

孩子結了婚，這個家庭就多了女婿或媳婦，過些日子他們生了孩子，父母也「升級」為祖父母；此外，他們也會多出許多姻親，短期內，認識的人好像多了好幾倍。

以前的華人對姓氏很重視，總覺得同姓的才是自己人，所以生女兒就覺得她遲早是別人家的人，兒子才是繼承人。當兒子若娶了太太，對媳婦就不容易接納，公婆媳婦關係較難建立；相反的，俗話說「丈母娘看女婿，愈看愈中意」，可能是因為將女婿當外人，盡可能相敬如賓，關係反而好。直到現代，仍有少數老人家，對兒子的孩子和對女兒的孩子，態度不同，很有內外之分。然而現代的家庭，小孩子比較不覺得內外的差別，

甚至可能與外公外婆的往來較密切。

7. 統整人生哲學和忠誠

既然家庭擴大了，原先小家庭的哲學，由於新的成員加入，也帶來他們自己原來的家庭的生活哲學，如果差距太大，又無法溝通，家庭就不和諧。

孩子成立了自己的小家庭，他們必須自己建立一些共同的看法，如果與父母的家庭不同，並不表示他「背棄」父母，他們不可能維持原來的生活哲學，因為家庭是一直在發展中的（developing），就像人在長大，以前穿的衣服雖然很好，但是穿了已經不舒服了，穿久了會影響發育，他需要換合身的衣服，並不表示他厭棄以前的衣服。

孩子的幸福是父母最大的心願，但幸福是主觀的，必須孩子對自己的處境感到滿意，而孩子感到快樂滿足，父母也高興；但是如果反過來，父母要替孩子選擇、決定他的生活方式，則雙方都很累，也成為彼此的負擔。

9.2-2　父母與成年子女的關係

雖然子女長大了，而且獨立了，然而原生家庭仍有其重要性，親子之間的感情和溝通會持續到永久，但是雙方的地位和角色改變了，這種種改變可能會引起衝突、適應的問題和情緒危機。家庭社會學家把這段時期稱為「空巢期」（empty nest phase），父母必須調整自己的心態，否則會造成家庭危機。

到底是父親抑或母親受到這種轉變的影響較大？有些研究認為母親比較有適應困難，因為母親通常以家庭和子女為生活中心，而父親多半以事業為主。但是相反的，也有一些報告指出，母親認為空巢期是好的，不必再養育子女，為子女操心，比較自由，可以為「自己」好好的過日子。很多婦女盼望此時期的到來已經很久了，有的人早已有了計畫，再念書或就業，因此子女紛紛離家後，她較無適應困難。（Targ, 1979）

那些以照顧家庭為自己生活的全部的婦女，在子女離家後，生活失去重心，適應最困難，傳統的觀念使她覺得女人的生活「本來就應該」仰賴

他人。（Bart, 1975）

　　有關男人的適應問題的研究較少，研究報告（Barber, 1980）探討男女的適應差異，發現男人在面臨兒女離家時，感情更脆弱，只是比較不易表達，報告中發現，很多父親認為，好不容易自己可以不必在事業上花太多精神，才開始要享受天倫時，子女居然要離家獨立，這種心情與母親恰恰相反。

　　父母在指導成年子女面對人生問題時，常常力不從心。社會改變又多又快，往往教導和學習雙方必須互換角色，也就是說，子女要「教」父母如何過現代生活，而父母必須願意接受改變，學習「新的」生活方式。父母可能會覺得很困難，因為在調適的過程中，他可能要改變以往數十年的價值觀，有些父母在子女拒絕他的指導時，心中很不痛快，覺得父母的權威不受尊重，怨尤由是而生。（McClelland, 1976）

　　其實，養兒育女的最終目的是讓子女獨立、自主、有效率，成功的父母要能做到讓孩子不依賴父母。因此，從青少年的找尋自我和人生方向，直到成年的自做選擇和決定，總總行為，父母都可以看到這種「放手」的成果，應該感到欣慰。子女在父母的愛與體諒中，自然會尋求他們「自己認為」（不一定是「父母認為」）的比較好、比較適宜的生活方式，父母不必覺得「子孫不肖」就是教養失敗，父母對子女最大的協助和指導就是，接受他為自己所做的安排。

　　最小的孩子離家後，父母的心理社會發展也到了完整／失望的階段，他必須把自己的前半生做一個統整，如果現實與期望和相距太遠，就會失望。對大部分人來說，這時候才能為自己而活，生活的安排以自己為中心，對事物的看法也不再是絕對的是非，而比較能從整體方面來看。對自己不多要求，對自己的性格、優點、缺點，都心裡有數，也就較能接納自己和別人。而且，從子女及孫子女的生活裡，再度看到發展互動的循環，體會到孔子說的：「三十而立，四十而不惑，五十而知天命，六十而耳順，七十從心所欲，不踰矩。」

9.3　人口高齡化對家庭的影響

　　隨著醫療技術的進步，人類的壽命逐漸延長，以高齡人口為主要結構的高齡社會來臨。我國「老人福利法」以65歲為界，聯合國則以65歲以上人口達國全總人口的7%稱為「高齡化社會」，超過14%級以上稱為「高齡社會」，而超過21%則稱為「超高齡社會」。臺灣在1993年即進入「高齡化」社會，因此家家有老人，老人如何「樂活」是全家人必須學習的功課，也是家庭教育關注的焦點。

9.3-1　成功的「老化」

　　首先要澄清一些錯誤的觀點：

　　1. 社會上普遍認為老人是病弱的。然而根據內政部2009年的統計資料顯示，65歲以上老人，生活中起居及工具性活動能力健全者約占87.16%，而臺灣地區老人真正健康不佳，自理日常起居活動有困難者只占16.8%；也就是說，有大多數的老人可自行料理起居，而透過各種互動和再學習的機會，老人也較不容易退化。

　　2. 有人以為老人都是嘮叨、糊塗、固執、不樂於參與新事物。事實上因為教育程度、個性、環境的不同，每位老人都有不同的特質，得以發展優勢。

　　3. 誤認為老人是依賴的。然而根據高淑貴、林如萍（1998）的研究，老年父母與子女間「給予」及「接受」協助，二者存在正相關，代間存在互惠、互賴的關係，所以將老人視為依賴者並不正確。

　　4. 誤以為老人都孤獨寂寞。事實上臺灣因人口稠密、交通方便，老人除了和手足、子孫們互動外，在社區鄰里間仍維持社交接觸，也有人活動頻繁，忙得不可開交。老年人時間充裕，對人生也有更廣闊的看法，如果能將其智慧和力量結合，再次的貢獻於社會，反而是另外的一種人力資源。

　　從另一角度而言，高齡社會是一種成就的顯現，顯示社會經濟的發展、醫藥水準的提高、公共衛生的改善、教育水準的提高，及個人對身心

保健的重視等。子女成年後陸續離家成立自己的家庭，家庭邁入收縮期，「家」的重心又回夫妻身上，當年的「小倆口」現在卻已經成為「老倆口」。年輕時對「家」奉獻心力，盡心之後責任已了，開始調適老年夫妻關係、與成年子女的代間關係、孫子女間的互動關係等，正向面對老化順利適應老年生活，皆是影響成功的老化的關鍵。

所謂成功的老化就是65歲後到離世前，能夠有尊嚴、有價值的老化，並為善終做準備。希望老年生活過得有品質，年輕時就要開始準備老人三寶：

1. 老本：除了經濟無虞，還要有健康的身心，能在此兩方面獨立自主，對自我生活存在控制感，維持自我價值，是成功老化的第一關鍵。當然經濟和健康都必須在年輕時代就開始積存，養成儲蓄與保健的習慣。

2. 老伴：少年夫妻老來伴，多年的相處，琢磨出和諧之道，調整角色與分工，尋找共同興趣，重新規劃下半場的人生；當然面對病苦的相互關照，老伴更是不可少的角色。

3. 老友：維持社會連結，是讓人感到生活豐富的不二法門。參與活動、和朋友情緒支持、發展社群互動等等，這些均可彌補子女離家、退休，甚至於喪偶或單身的空虛與失落。

老化是無可避免的事，人生在最後階段都會有成為「一個人」的機會，正確的觀念和良好的心態，再加上即早準備，會讓老年生活富足多彩。

9.3-2　退休生活與家人關係

退休後家庭成為老年人生活的重心，必須重新學習和適應與家人互動的各種關係：

1. 與配偶的婚姻關係

從工作崗位退休，是面對老年生活最重要的衝擊，從忙碌的工作場域，突然要與配偶時時刻刻相處，許多人都頓失重心。既然和配偶互動更廣泛密集，老年夫妻退休後的時間安排，異常重要。對於婚姻生活會產生一些改變和影響，二人可討論決定一些共同從事的活動及個人的活動；家

務分工模式也需要再協調合作；再度享受兩人世界，互相滿足彼此的親密需求與性需求，也是不容忽視的課題。

2. 與成年子女的代間關係

老年父母與成人子女之間的關係不是單純靜態、單向扶養關係，而是包括了：情感、互動、相互協助等面向（林如萍，1998），代間情感主要是：

(1) 依附之情：成年子女對父母表達的依附與親密；

(2) 照料之情：對父母生活起居的體貼和照顧；

(3) 期望之情：對子女期望倚靠終老。

代間協調彼此角色改變、覺察兩代差異並調整互動方式，有助於提升兩代關係，彼此保持適度的距離與尊重是減少摩擦、增進情感的關鍵。

3. 與手足的友伴關係

對大多數人而言，手足關係可能是家庭關係中維繫最久的，從出生直到一方死亡為止。仔細思量，人的基因一半來自父，另一半來自母，和手足卻是同源來自父母，是多麼的親密。若年輕時與手足培養的深厚情感，雖然在各自成家後可能往來的頻率下降，但在老年時對彼此的重要性又會再度浮現。手足的友伴關係形成老年人的社會網絡，對老年人而言是重要心理與情緒支持的來源。

4. 與孫子女的祖孫關係

為人祖父母代表的意義與價值最重要的是生命的延續。祖孫關係的維繫除了靠血緣關係外，還有情感的支持、人格特質的影響，以及雙方互動互信的結果。祖父母在孫子女的兒童時期提供情感、工具與財務支持，孫子女長大後，祖父母則獲得來自孫子女情感及工具性支持（Langer, 1990）。有些孫子女更覺得祖父母代表了安全和支援，他們的存在就是一最重要的功能。

老人對家庭角色轉變的調適可歸納為積極、正向以及消極、負向的調適，前者包括開放、接納、改變認知及轉移注意力；後者主要是被迫接受及失望放棄（陸洛、陳欣宏，2002）。老年人的家人關係，最重要還是本人與配偶生理、心理和生活方式的再安排，其中代間關係是老年期家人關

係的核心。

9.3-3　代間關係

代間關係（between generations）是指在家族的結構中代內（intra-generational）、代與代之間（inter-generational），以及多代之間（multi-generational）的關係，如父母與子女的關係，以及祖孫三代之間的關係。代間關係的發展是以家庭為中心的親子關係，夫妻組成家庭，進而生養子女後，代間關係即為成人發展中重要的一環，也是老年期家人關係的核心。社會的變遷以及人口結構改變，不同世代關係間的互動亦受關注。

1. 代間情感與互動

華人社會的觀念「百善孝為先」，代表父母和子女的相處，以子女孝順父母為重點，並以父母為主同住奉養，因此養兒防老的觀念持續多年。但現代社會，長大或成家後若仍與父母住在一起，親子互動可能因觀念不同或資源不均，而產生緊張氣氛。

研究（陸洛、陳欣宏，2002）發現，「經濟與健康」兩者是老人在邁入老年後普遍最關心的問題。而老人對其家庭角色正向的看法主要來自其較豐富的經驗、對權威掌控的傳統觀念，以及自覺有幫助子代的能力。至於負向的態度則大都因為身體老化所引起的行動不便，以及對家庭貢獻減少，對家人依賴性增加而產生。也就是老人身體健康則行動自主，經濟無虞則生活方式自主。

在對代間關係的期望方面，老人對子代孝道表現的期望則大致維持傳統的形式，惟對「養兒防老」與居住的安排有其自認適合現代社會狀況的想法，然其健康情形是較顯著的影響因素。華人社會中未婚女兒似乎較容易被視為理所當然的照顧者，而未婚兒子身上則背負著的家族與經濟期望（利翠珊、張妤玥，2010）。現代的老人，大都認為在老年健康階段自己獨立居住自由自在與子女互相關照是較佳的安排，但更衰老或無法獨立生活時，與子女同住或接受安養擇是另一選擇。無論如何，居住愈接近，連繫愈多，代間的互動當然也愈頻繁，互動多代間情感亦愈密切。

2. 代間協助與交換

研究（利翠珊、張妤玥，2010）也發現，成年子女似乎是「陪伴」而非「照顧」老年父母，反而是老年父母提供他們各種協助。另一方面成年子女照顧父母的經驗中，會出現親子權力反轉的現象，而過去親子關係的良好與否，似乎也左右著成年之後的代間照顧關係。所謂代間交換，藉地理環境的接近，能交換勞務、財務協助、相互陪伴、提供情感和忠告（Wellman and Wortley, 1990），代間不是單向，而是「給予」和「接受」均存在的互惠狀況。根據葉光輝（2009）的研究，無論子女提供給父母的交換項目為金錢、家務或是情感，最主要的影響因素是父母本身所對應提供給子女的交換項目頻率。其中，在家務與情感關注等交換行為上，主要依循孝道規範中的「互惠原則」進行交換，亦即當一方提供較多的援助與支持時，另一方會根據人際互動的回報原則，也提供較多的援助與支持。

3. 三明治世代

「三明治世代」這個名詞，說明一群肩負著上有父母或公婆需要奉養，下有小孩需要照顧的中間世代（middle-aged generation）。有長輩需要奉養，又有子女需要撫養，經常要同時滿足兩個不同世代的需求，甚至當資源有限，必須要在兩者之間做選擇，左右為難。經常感受到很大的壓力、責任與疲憊，是本世代的特徵。三明治世代的成年子女和親代父母互動與相處，有以下幾點：

(1) 成年子女轉換與父母互動的關係

從發現自己不再年輕開始，忽然回頭發現自己的爸媽白髮蒼蒼，隨著人的平均壽命延長，成年子女參與親代父母生活的機會也愈來愈多，同時中年時期的子女在各方面的發展，包括事業與家庭，正是需要高度精力投入的時候，親代父母與其成年子女的關係將會轉變。世代間自然的親子接觸與相互幫忙，發展成為彼此的好朋友，相互依附且互惠的成人對成人的平等關係。

(2) 成年子女瞭解與親代父母的差異

親代父母在與成年子女發展「成人─成人」的關係之時，首先要瞭解成年子女已經是一獨立自主的成人，有自己的想法與生活方式，並且體認

到與成年子女間的差異是正常且正當的。整體而言,親代父母與成年子女
之間,本來就會因本身發展的階段以及成長背景的不同,而使得雙方有不
同的處境以及不同的想法。相互瞭解彼此正面臨的發展議題與挑戰,並試
著體諒差異是最好的溝通與相處之道。

(3)成年子女如何與親代父母相處

成年子女忙於事業、婚姻生活及子女教養,代間需要試著瞭解彼此的
處境與想法之外,更應增加好的互動,如主動打電話關心、試著轉換輕鬆
的話題、邀約戶外踏青、登山或健行,轉換一下心情等等。要能體認親代
父母與成年子女之間的關係是互助互惠的,父母有需求時大方的接受成年
子女的協助,在他們有困難時適時提出建議與幫助。也可抱著感恩的心,
在年節大方接受子女的心意,讓子女有機會表達自己的孝心。親代父母能
清楚與適時的表達自身的意見需求,面對子女尋求協助,可以分享自己的
經驗,或好書共讀分享,自然有助於幫助子女調適生活上的難題。

老年親代父母可以保持著一顆樂於溝通與傾聽的心,並避免過多的斥
責與要求,如此將有助於塑造家庭裡快樂與關懷的氣氛。

9.3-4　兩代共同教養與隔代教養

1. 兩代共同教養

在華人傳統的價值觀中「共同教養」是既成的概念,養育子女是母親
的責任,但實際育兒過程則包括父親與家中長輩一同來完成與分擔。現今
雙生涯家庭為主,祖父母是照顧孫子女最佳的人選。祖父母願意承擔責任
一方面是現代老人壽命延長,身體狀況比古時強健,另一方面是樂於延續
和承傳家族概念責無旁貸。

共同教養的優點在於:(1)分擔工作,解決生活壓力,增進生活品
質;(2)教養協助與代間承傳;(3)增進家人關係;(4)增進孫子女安全感與
提供心理與情緒支持。當老人認為自己有能力幫助子女與孫子女時,他們
較能感受到自己在家庭中的重要與責任(陸洛、陳欣宏,2002)。

缺點則為:(1)教養方式不同與角色期待的衝突;(2)祖父母犧牲自己
生活網絡,打亂日常生活,可能影響到健全;(3)溝通不良時將影響親子

祖孫關係；(4)孫子女過度依賴。

2. 隔代教養

「隔代教養」往往在孩子的父母無法擔負照顧責任時，不得已的辦法。廣義的隔代教養是指由祖父母或是家族中其他隔代的親友，提供孫子女輩的教養與照顧。狹義的隔代教養，則是指父母完全無法負擔子女的教養，由祖父母代替父母，承擔孫子女的主要教養與照顧。社會上常將隔代教養歸因於女性就業，事實上如果父母親早出晚歸工作，白天托祖父母照顧，自己仍肩負養育責任，算是共同教養。

另一類則為父母不願養育子女或者無能力養育子女，祖父母只好扛起責任，如：父母故意遺棄孩子、未婚生子、喪偶或離婚後再婚、入獄、藥酒癮者、精神異常者。研究（Burnette, 1997）也發現，美國隔代教養家庭快速增加，主要是因為家庭結構改變、社會健康問題、倫理與文化規範形成，以及管理家庭的照顧政策、人口改變、生命範圍延長、父母不願意或不能照顧與不能養育等影響。

(1) 隔代教養對祖孫雙方的影響

①對祖父母而言，提供祖孫之間密切的相處和互動，也是傳承家族文化與價值觀的契機。然而，隔代教養也會造成年邁祖父母身心上的壓力，甚至經濟上的負擔。

②對孫子女而言，祖父母的照顧能提供更多的關愛，也可以讓孫子女對祖父母的背景與生命有較多的認識。但可能會因為祖孫價值觀的不同，或者語言上的隔閡，產生溝通及學習方面的問題，導致祖孫互動不良，形成孫輩行為問題。

(2) 隔代教養需注意事項

①照顧孫子女之前，先照顧好自己。祖父母提供孫子女的全天候照顧，需要相當多的體力與精神。最好能先考量自己的身心狀況，否則會影響到孫子女的健康照護。

②維持祖父母且適時扮演父母的角色。由於孫子女的父母不在身邊，容易有失落與沮喪等情緒，以祖父母的角色可提供更多的傾聽與關懷。但在管教孫子女時，祖父母也需要適時扮演父母

的角色教養，不可過度溺愛孫子女。

③與學校適當聯繫。祖父母應與學校老師保持聯繫，瞭解孫子女
　在學校的課業以及行為的表現，同時也需留意孫子女交友及適
　應情形。

④樂於終身學習。提供隔代教養的祖父母，更需更新訊息與知
　識，有助於祖孫之間的相處與溝通，如瞭解孫子女的身心發
　展、學習電腦與網路的運用以認識年輕人的文化等，祖孫同時
　學習與進步分享知識，對雙方的生活品質均能提升。

⑤善用相關資源。提供隔代教養的祖父母無子女幫助，往往感覺
　孤立無援。如遭遇到困難，可以尋求鄰近的家庭教育中心、孫
　子女學校的輔導室，甚至是醫院中所成立的支持互助團體等協
　助。

　　隔代教養、父母缺位通常不是家庭的首要選擇，卻具有彌補功能，如
以「學習型家庭」的概念祖孫一同成長，不單可提升祖父母教養能力，亦
可減少隔代教養的負面影響。

第3篇

不同家庭型態中的家庭教育

　　古時候有一位修道士，種了一棵橄欖樹。他禱告說：「神啊，它需要水分，好使它柔嫩的根得吸收而長發，求祢降下滋潤的甘霖來。」神就降雨下來。

　　他又禱告說：「神啊，我的樹需要日光，我求祢給它日光。」於是雲散雨止，神就給它日光。

　　他再禱告說：「神啊，現在它需要霜來堅固它的組織。」看哪，那株幼小的植物上果然罩上一層薄霜。但是到了傍晚，它死了。

　　於是他就去見另一個修道士，告訴他自己的奇異經驗。那修道士回答說：「我也種了一棵小樹。看哪，它現在長得多麼茂盛。我沒有為我的樹操一點心，只要把它交給神。造它的神知道它的需要遠勝過我這樣無知的人。所以我並不向神提出條件、建議、方法。我禱告說：祢把它所需的給它，無論是風、是雨、是霜、是雪、是日光、是什麼……祢既造了它，祢一定知道它，也一定會供給它。」

《荒漠甘泉》

第十章

多元型態家庭的
家庭教育

　　並非所有的家庭都有相同的結構和功能，而家庭結構不同，使得家庭功能也不同，必然影響父母對子女的管教態度。以往一般人習慣將「與一般家庭不同」的家庭視為「問題家庭」，認為它是不正常的、有毛病的、畸形的，而一般人也認在這種家庭成長的孩子在心理上會有某種特質。其實嚴格說來，每一個家庭都有它自己的問題，所謂「家家有本難念的經」，只是有些家庭的挑戰比較特殊，故名之「多元型態家庭」。

　　大部分的人都希望給孩子一個「正常的」家庭，有健康的生長環境，但是難免有一些情況，例如離婚、配偶死亡、不育等等，使家庭的結構和功能必須調整，才能繼續好好發展。在特殊家庭裡成長的孩子，不一定就是「先天不良，後天失調」，重要的是面對問題，瞭解情況，不要忽視問題而使問題惡化。

　　本章將討論現代社會裡較常遇到的多元型態家庭：單親家庭、重組家庭、收養家庭與寄養家庭、家庭暴力、多元文化家庭、遠距生活家庭等。

10.1　單親家庭

　　近年來單親家庭的數目大幅增加，單親家庭的類型包括離婚單親、喪偶單親、未婚單親，和夫妻關係存在但一方卻未發揮實際教養功能之假性單親。而造成單親家庭的因素包括：死亡、離婚、分居、服刑、服兵役、異地工作、未婚生子、單親領養等等（吳秀碧，1986），其中以父母離婚和分居兩種因素所造成的單親家庭最受矚目，以下針對失婚或喪偶的單親來討論。

　　徐良熙及張英陣（1987）在研究臺灣的單親家庭時曾指出：有研究（Weiss, 1979）指出一個非常重要的觀念，即單親家庭的結構基本上缺乏人手（understaffing）的問題。顧名思義，單親家庭因為缺乏一個家長，所以處理家庭內必須做的事，如維持生活、養育子女及料理家務就會顯得特別困難，中外皆同。不同的卻是，臺灣單親家庭的戶長絕大多數都是身兼養家及持家兩職，而在美國，因為社會福利及贍養費的條件比較優厚，大約有半數的家長不在勞動市場謀生。需要自力更生的單親家庭戶長當然

比較辛苦；必須同時養家、育兒、家務，吃力不討好。

中美的單親家庭有一點非常不同的是，前者屬於一種靜態（不變）的狀況（state），而後者偏向動態（變動）的情境（situation）。就婚姻狀況來說，美國的單親戶長（主要是離婚者）有半數在三年內會再婚；也就是說，因家庭結構的重組而大量減輕其負擔。但臺灣的情形則不同，單親再婚顧慮較多，所以問題變成持久性，一直到子女成人為止。

此外，臺灣的單親戶長比較願意為子女犧牲自己的幸福。也就是說，在臺灣，典型的單親家庭是母子相依為命，媽媽始終為生活奔波，子女在其愛心照顧下慢慢長大，也逐漸體會母親的犧牲，故他們會以孝心作回饋。

多瞭解單親家庭所面臨的需求，可以減少孩子及成人受到的傷害。

10.1-1　單親母親

單親母親面臨的主要問題有：(1)經濟困難；(2)角色壓力；(3)被孤立、寂寞。

不管是離婚或喪偶，除非贍養費或撫卹金豐厚，否則單親母親立即會面臨經濟困難，但是通常只要工作態度和能力被肯定，就業仍不成問題。而母親若必須出外工作養家，孩子的照顧就難兼顧，如果孩子年幼，付給保母的費用相當高，經濟壓力就更大了。

當一個人必須同時扮演數個角色，而時間和精力都有限的情況下，就會產生角色壓力，結果分身乏術，什麼角色都扮演不好。對單親女性來說，不但要養家，要理家，在管教子女時更要母兼父職，十分困難，因此單親母親有時會比較傾向權威型的管教態度，怕孩子因為沒有父親會學壞。由於壓力大，她很需要別人的情緒支持。

很多女性單親覺得被社會孤立，且不受到尊重甚至感到被歧視而愈來愈不願參與社交活動，也因此心理更加寂寞。徐良熙與張英陣（1987）的研究也發現單親媽媽常被一些心理上的問題所困擾，這些問題可分為四方面：(1)離婚／喪偶後的適應；(2)安全感；(3)離婚所遭受的歧視；(4)愛與歸屬感。

　　有的單親母親帶著孩子與長輩或親人同住，可以減輕許多壓力，但也延伸出代間關係的問題。

10.1-2　單親父親

　　單親父親主要面臨的問題包括：(1)角色壓力；(2)父子關係改變；(3)生活型態改變。

　　父兼母職是很不容易的，單是三餐與家務的料理就是首要的困難，此外孩子的照顧、接送和工作事業時間安排的矛盾也必須面臨。單親父親往往對孩子比較溫和，與孩子較親近，由於沒有母親作為媒介，父親必須親自照顧孩子的生活，互動良好則孩子比較合作、尊敬父親。此外生活型態的改變也相當大，父親原先參加的社交活動或休閒活動，可能因須照顧家庭而無法參與。同時為了給孩子做榜樣或顧及孩子的感覺，與異姓的交往也格外小心。

　　研究（Orthner, Brown, and Ferguson, 1976）發現一個有趣的現象：在他們的單親家庭研究樣本中，大部分離婚的男性單親都對目前的生活感到較滿意而快樂，他們認為與子女的關係良好，但是鰥居的男性單親則比較適應困難，覺得缺少了配偶的精神支持。相反的，大部分女性單親的反應都是負面的，可能是因為社會對男女的要求不一致，女性單親面臨的壓力較大，在經濟上的能力也較弱。

10.1-3　單親家庭的孩子

　　單親家庭的孩子遭遇的問題視情況而定，影響的因素大致有：(1)家庭成為單親家庭的原因；(2)成為單親家庭時孩子的年齡；(3)是否有其他人的支持；(4)社會對單親家庭的態度。

　　離婚時子女的年齡不同會造成不同的影響，也需不同的適應，這方面的理論有三種：（Kalter and Rembar, 1981）

　　1. 累積影響假設（cumulative effect hypothesis），強調離婚時孩子的年齡愈小，所受的影響愈大。

　　2. 關鍵階段假設（critical stage hypothesis），認為幼小孩子之所以最

容易受到傷害，只因那是他發展的關鍵期。

　　3. 近因假設（recency hypothesis），強調離婚對孩子來說固然悲傷，其實他會在一、二年內很快的適應，並恢復平靜。

　　沈靜（1986）認為多數單親家庭的子女，在生活環境改變下，性格難免受到若干影響：

　　1. 成為父母的訴苦對象，使孩子承受過多壓力。

　　2. 早熟，在同學間受歧視，以致善妒、易怒、缺乏安全感、性格偏激。

　　3. 父母的補償心理或期望過高，使孩子感到惶恐。

　　4. 缺乏對性別角色的認同與學習。

　　5. 父母婚姻不幸，使子女對交友、戀愛、結婚成家，抱持不信任態度，甚至不敢嘗試。

　　傳統社會文化一般將單親家庭視為弱勢家庭，極需社福資源介入，但此一說法也忽視了單親家庭化危機為轉機的優勢，近年來在國內許多研究發現單親家庭結構上的優勢有四：子女獨立與成熟的契機、財務自主性提高、家庭解組後之共患難情感會讓親子關係更親密、子女手足系統關係提升，以彌補失親角色功能。

　　而化此危機為轉機的家長因素有以下：積極樂觀的人格、穩定的情緒、高的財務自主性、原生家庭充分支持、持續的社會參與；子女的因素如下：親近且信任的親子關係、有復原力佳的照顧者、對困境採取正向態度的人格特質、良好的同儕關係。

　　大致說來，不管是什麼原因造成的單親家庭，孩子比較早熟而懂事，但不一定會成為問題孩子，單親父母若能以樂觀積極的態度去面對家庭變故，反而使孩子也學會面對人生不如意的事，培養在困境中自處的人生觀，此外，親師生三方的密切聯繫與合作也更能幫助孩子度過心理難關。

10.1-4　監護權

　　在1920年以前，美國的離婚案件沒有監護權的問題，因為只要是離婚，孩子都歸父親，那時婦女的社會地位很低。但是漸漸的情況改變了，

到後來幾乎監護權都歸母親，如今則似乎有「聯合監護」的趨勢，他們認為這樣對孩子最有利。但又有研究報告指出，聯合監護對孩子的心理造成混淆，因為他必須在兩個不同的家庭之間適應，但是孩子與父親的感情較貼近，同時感覺父母仍都愛他，關心他，使他自尊心加強許多。

美國的法律對於監護權有幾個標準：

1. 監護權是根據孩子最大的益處而授。
2. 若是根據孩子的最大益處，亦可授予父親或母親以外的人。
3. 如果孩子有說理的能力，他自己的意願應該被法庭考慮在內。
4. 即使已授權，但若孩子的利益情況改變，得以調整、修改。
5. 沒有監護權的一方應有探視權，除非他的探視顯然對孩子不利。

在我國「民法」上，對於離婚後子女親權之歸屬並無規定，只對離婚後子女之監護另有規定。根據我國「民法」第1055條規定夫妻離婚者，對於未成年子女權利義務之行使或負擔，依協議由一方或雙方共同任之。未為協議或協議不成者，法院得依夫妻之一方、主管機關、社會福利機構或其他利害關係人之請求或依職權酌定之。

法院為前條裁判時，應依子女之最佳利益，審酌一切情狀，尤應注意下列事項（1055-1）：

一、子女之年齡、性別、人數及健康情形。

二、子女之意願及人格發展之需要。

三、父母之年齡、職業、品行、健康情形、經濟能力及生活狀況。

四、父母保護教養子女之意願及態度。

五、父母子女間或未成年子女與其他共同生活之人間之感情狀況。

六、父母之一方是否有妨礙他方對未成年子女權利義務行使負擔之行為。

七、各族群之傳統習俗、文化及價值觀。

而「民法」第1094條，父母均不能行使、負擔對於未成年子女之權利義務或父母死亡而無遺囑指定監護人，或遺囑指定之監護人拒絕就職時，依下列順序定其監護人：

一、與未成年人同居之祖父母。

二、與未成年人同居之兄姊。

三、不與未成年人同居之祖父母。

第1094-1條，法院選定或改定監護人時，應依受監護人之最佳利益，審酌一切情狀，尤應注意下列事項：

一、受監護人之年齡、性別、意願、健康情形及人格發展需要。

二、監護人之年齡、職業、品行、意願、態度、健康情形、經濟能力、生活狀況及有無犯罪前科紀錄。

三、監護人與受監護人間或受監護人與其他共同生活之人間之情感及利害關係。

四、法人為監護人時，其事業之種類與內容，法人及其代表人與受監護人之利害關係。

10.1-5　未成年生子媽媽

傳統觀念裡視婚前懷孕是不好的行為，為社會所不容，所以發生的情形並不普遍。但是隨著快速工業化、都市化及現代化的社會變遷，男女交往的機會增多，社會風氣也較開放，加上一般人對於情感教育及性教育尚忽視，未婚懷孕的事情愈來愈多。

未婚媽媽人口具隱密性，因此在數據統計上往往有其困難存在。但依資料顯示，國內青少年發生性行為的年齡層正逐年下降，而性知識的缺乏亦導致不小心懷孕的事件層出不窮，因此，未婚媽媽的人口也有逐年增加的趨勢。

10.1-5-1　未成年單親媽媽所面臨的問題

通常未婚媽媽都不是有意懷孕的，而是缺乏避孕常識，因此發現懷孕後，難免驚慌，必須面臨許多嚴重的問題：

1. 如果是在校學生，可能面臨休學，甚至畢不了業的狀況，影響日後的就業機會。

2. 引起家庭不滿，認為是敗壞門風，是羞恥的事，有些父母雖然很憤怒，但仍是會接納未婚懷孕的女兒或媳婦生下來的孩子，但是來自社會

的壓力和歧視的眼光會一直縈繞。

3. 由於未婚媽媽本身的心理尚未成熟，無能力負擔子女的養育及管教問題，往往必須把孩子送給別人領養，造成骨肉分離的遺憾。

4. 未婚懷孕時，即使男方願意負起責任而結婚，常因雙方對婚姻的心理準備不夠，或未考慮雙方個性是否適合，所以婚姻不一定會美滿，導致離婚的也不少。

5. 母親的年紀太輕生育，對身心健康有害，也容易早產或流產，15歲以下的女性容易生下畸形兒。

6. 有些孩子逐漸長大後，對於自己的身分認同有問題，對父母不諒解，也覺得自己的出生並不光榮，也不是被期待的，產生極端反抗的報復行為，破壞親子關係。當然，也有一些人不願自暴自棄，反而更努力以開創自己的前途，不重蹈上一代的覆轍。

10.1-5-2　單身媽媽

有些未婚媽媽的情形是屬於自願的、有意的。通常這種未婚媽媽對婚姻絕望卻嚮往親子之情，要孩子不要丈夫，要家庭不要婚姻。這一類的女性通常年齡比一般的未婚媽媽大，事業有基礎，個性獨立，不容易找到理想對象，也不願受配偶的牽絆，但是又希望有自己的孩子來作伴或愛護，繼承衣鉢，往往是「有意懷孕」，在心理上的準備與十幾歲的少女很不同，是經過衡量利弊得失之後的選擇和決定，是主動的，不是被動的。也就是說，孩子是在先被決定單親的情況下來到這世界，成長過程如何維持平衡的發展，想必也是不容易的。

有的單親媽媽則是同居的結果，在同居的情形日漸普遍的現代，單身媽媽的問題應受到更多的重視。目前為止，到底這種家庭對子女的影響如何，尚無數據可考，但是數目是否會繼續上升？有待深入探討研究。

10.1-5-3　非婚生子之法律地位

非婚生子女，指非由婚姻關係而生之子女。關於非婚生子女之地位，因時代、國家、宗教、道德、習慣之不同而有所異（林菊枝，1980）。初時，為保護一夫一妻之婚姻家庭制度，對非婚生子女加以虐待，自二十世

紀以來，為防止社會因私生子之遺棄及犯罪而受不利，及從人道主義的立場，各國逐漸由歧視之待遇，趨向保護之途。而法律也在不抵觸婚姻家庭之保護下，尋求非婚生子女地位之改善。

非婚生子女與生母的關係，視為婚生子女，與生母之其他婚生子女享有同一權利義務。但與其生父，則除有自然之血統聯繫外，法律上並不發生親屬關係，即不成法律上之父子關係，不能稱父姓，也不享有扶養請求權及繼承權。我國的民法為了保護非婚生子女，使其能與生父發生法律上之親子關係，設有二途徑：

1.　「民法」第1065條「非婚生子女經生父認領者，視為婚生子女。其經生父撫育者，視為認領。」非婚生子女與其生母之關係，視為婚生子女，無須認領。

2.　「民法」第1064條「非婚生子女，其生父與生母結婚者，視為婚生子女。」

「民法」第1067條，有事實足認其為非婚生子女之生父者，非婚生子女或其生母或其他法定代理人，得向生父提起認領之訴。

前項認領之訴，於生父死亡後，得向生父之繼承人為之。生父無繼承人者，得向社會福利主管機關為之。

「民法」第1066條「非婚生子女或其生母，對於生父之認領，得否認之。」

「民法」第1070條「生父認領非婚生子女後，不得撤銷其認領。但有事實足認其非生父者，不在此限。」

10.2　重組家庭

隨著單親家庭的增加，重組家庭（reconstituted family，或稱繼親家庭〔step family〕）也會不斷增加，因此繼父母的角色開始受到重視。重組家庭有好幾種情況，通常是單親家庭的戶長再婚，再婚的對象可能是單身未婚，也可能是單親，若是後者，一個新的家庭裡可能會有「你的孩子，我的孩子，我們的孩子」，在管教上更需特殊的技巧。

通常重組家庭遭遇的問題大致有：

1. 必須將不同的家庭生活及角色型態、方式、標準等融和：例如：原先是獨生子女，重組後多出了兄弟姊妹，有些方面必須共用、分享；本來單親父親允許做的事，繼母認為不妥；原先的生活習慣因必須配合新的家人而不得不改變等等。

2. 時間、精力、物質、財務、情愛等的分配原則：如何分配才算公平？誰有決定權？

3. 在新家庭中建立向心力及歸屬感：那種「一家人」的感覺需要時間去培養和灌溉。

在美國，曾經估計半數的再婚經驗都是在離婚後三年內發生（Cherlin, 1981），有研究則發現半數的離婚者五年內會再婚（Duncan and Hoffman, 1985）。

10.2-1　重組家庭的發展任務

除了一般家庭的發展任務之外，重組家庭另有其特殊的發展任務，以下列舉六項重組家庭的發展任務：（Goetting, 1982）

1. 情緒：建立彼此的互信和承諾。

2. 心靈：從單身到已婚，身分再度調整，放棄自由自在的生活，而過婚姻生活。

3. 社會：與朋友建立關係。

4. 親職：建立繼父母的角色。

5. 經濟：合理的運用及分配金錢。

6. 法律：在法律上要清楚各人的責任、權利和義務。

10.2-2　重組家庭的家庭教育

若是安排得妥當，使重組家庭能發揮一般正常家庭的功能，每個人都能從中滿足發展需求，那麼，重組家庭對孩子不見得不好，甚至讓孩子學著以更廣闊的心胸，接納別人，關愛別人。

重組家庭在管教子女方面較有可能遭遇的問題，大致可歸納為以下幾

方面：

1. 孩子原本在單親的情況下，與父親或與母親已建立親密的互賴關係，如今有「外人」加入，心理上需要適應新的親子關係。

2. 在許多小說、故事、戲劇中，常把繼父或繼母描述成陰險惡毒的角色，形成刻板印象，使得孩子在尚未有機會瞭解繼父母之前，就有了抗拒心理。因此現實生活裡若有一些稀鬆平常的摩擦，很容易被誇張、擴大、扭曲，使得問題惡化，不可收拾。

3. 旁人不正確的同情心，不合理的袒護孩子，使得繼父母即使想正正當當的管教孩子，都動輒得咎，也使得孩子不懂事、不明理。

4. 繼父母本身要理智，不必因急著要被孩子接受，而過度付出，也不要急於取代孩子的生父母的地位，否則會欲速則不達，而灰心失望，以致落個「作假」的罪名。

通常繼父所遭遇的困難比繼母少，研究（Duberman, 1973）顯示，孩子對繼父較容易接納，可能是因為單親母親再婚後，可以卸下權威的面具，全心做個母親，孩子感覺到與母親的關係比以前好，親子間的緊張壓力解除，對繼父就易生好感，而且繼父會保護他們，家庭經濟可能也得以改善，彼此關係較像朋友，因此孩子較不排斥繼父。

要讓孩子明白，離婚不一定是表示父母有問題，往往只是個性不合，離婚後再婚則表示父親或母親願意在創痛之後，再給自己和孩子一個機會，有個完整的家庭，重獲幸福。有時候孩子在父母離婚後，很盼望父母能破鏡重圓，但是父親或母親一旦再婚，這個盼望就幻滅了，所以會把繼父母當做破壞他原來家庭幸福的人。父母親在離婚前後及再婚前後，應該多注意孩子這種心理變化，即使他年紀小，不能瞭解大人之間的恩恩怨怨，但是讓他知道大人們都很注重他的感受，是很重要的，可以減少很多問題行為。

最重要的是重組家庭的婚姻是否美滿，如果美滿，就能克服前次婚姻留下的陰影，或是治癒喪偶的創傷。美滿的婚姻首先要看雙方對重組家庭的誠意，若決心要它成功，就不會對對方期望太高、要求太多，導致過分的挑剔和不滿。其次要看前次婚姻處理的情形，尤其如果是離婚，雙方是

否均能明理的接受事實，且互相不再干擾，對孩子仍關心，卻不破壞新家庭建立的感情。

10.3　收養家庭與寄養家庭

收養孩子的原因大致有以下幾種：

1. 夫婦至少有一方不能生育。
2. 結婚多年膝下猶空，民間迷信收養孩子會「招弟妹」。
3. 晚婚，不願冒高齡產婦之危險。
4. 夫婦只生一個孩子，再收養孩子來作伴。
5. 出於愛心，收養破碎家庭或父母因變故而死亡的遺孤。
6. 養大了好幫忙做家務，但這是以前農村需要人力較常見的情形，目前已少見了。

而寄養家庭寄養的孩子來自不同狀況家庭，包括：

1. 家庭發生重大變故，致無法正常生活於其家庭。
2. 遭受其他迫害，非立即安置難以有效保護。
3. 少年法庭責付主管機關。
4. 少年法庭裁定應交付感化教育。
5. 不適宜在家庭內教養之兒童、棄嬰或無依兒童。
6. 未受適當養育或照顧。
7. 有立即接受診治必要但未就醫。
8. 遭遺棄、虐待、押賣以及被強迫從事不正當工作。

通常寄養時間從一、兩個月到五、六年不等，待輔導原生家庭功能恢復適合孩子成長，或孩子成長到具備獨立生活能力，到就可以離開寄養家庭返回原生家庭或自立。

10.3-1　收養家庭的家庭教育

收養家庭跟重組家庭一樣，有一些必須克服的問題：

1. 如果孩子的個性與養父母不合，他往往忽視其實生父母與親生子

女之間也難免有摩擦，而將溝通不良歸咎於其收養而非親生關係，使得自然現象變成問題。

2. 文藝作品或大眾傳播媒介塑造的養父母形象，也經常醜化了養父母，過分強調生育之情，而忽視養育之恩，孩子一旦對養父母不滿，就想去找生父母。

3. 旁人對養父母有雙重標準，例如：責打親生的子女是管教，而責打養子女就是虐待；善待親生子女是慈愛，而善待養子女就是有企圖。使得養父母不容易以平常心來對待孩子。

養子女在以往的刻板印象裡大多是可憐兮兮的，而養父母則是兇狠無理的角色。但是如今人們因不同的原因而收養子女，通常也是經過許多考慮之後主動的選擇，這種有計畫的，出於愛心的收養通常不致造成問題。同樣的，社會應以鼓勵和支持的態度來對待收養家庭。

10.3-2　法律上之收養

「民法」第1072條「收養他人之子女為子女時，其收養者為養父或養母，被收養者為養子或養女。」

「民法」第1079條「收養應以書面為之，並向法院聲請認可。收養有無效、得撤銷之原因或違反其他法律規定者，法院應不予認可。」

「民法」第1073「收養者之年齡，應長於被收養者二十歲以上。但夫妻共同收養時，夫妻之一方長於被收養者二十歲以上，而他方僅長於被收養者十六歲以上，亦得收養。夫妻之一方收養他方之子女時，應長於被收養者十六歲以上。」

「民法」第1074條「夫妻收養子女時，應共同為之。但有下列各款情形之一者，得單獨收養：一、夫妻之一方收養他方之子女。二、夫妻之一方不能為意思表示或生死不明已逾三年。」

「民法」第1075條「除夫妻共同收養外，一人不得同時為二人之養子女。」

「民法」第1076條「夫妻之一方被收養時，應得他方之同意。但他方不能為意思表示或生死不明已逾三年者，不在此限。」

「民法」第1081條「養父母、養子女之一方，有下列各款情形之一者，法院得依他方、主管機關或利害關係人之請求，宣告終止其收養關係：

一、對於他方為虐待或重大侮辱。

二、遺棄他方。

三、因故意犯罪，受二年有期徒刑以上之刑之裁判確定而未受緩刑宣告。

四、有其他重大事由難以維持收養關係。

養子女為未成年人者，法院宣告終止收養關係時，應依養子女最佳利益為之。」

「民法」第1083條「養子女及收養效力所及之直系血親卑親屬，自收養關係終止時起，回復其本姓，並回復其與本生父母及其親屬間之權利義務。但第三人已取得之權利，不受影響。」

10.3-3　寄養家庭的家庭教育

寄養家庭型式有三，即傳統經法律規定安排的寄養、特殊孩子治療導向的寄養與親戚的寄養等。一般印象中常以為是富裕家庭行有餘力才願意幫忙照顧，其實有願意照顧寄養孩子的家庭，不一定是最富裕的；至於願意擔任寄養父母的原因，有人在貧窮中成長，希望給需要幫忙的孩子更多幫助；有人因為宗教信仰，希望能夠照顧受傷的生命；有人從小缺乏關愛，希望陪伴孩子走過艱難的生命歷程；有人是因為兒女已經長大，把心力投注在這群需要溫暖的孩子身上，寄養父母大都願意積極參與學習家庭教育的課程與方案。

服務一位寄養童，社會局撥給家庭每個月定額的補助，家庭必須負擔起寄養童所有費用，但孩子的所需花費常常超過這個數目。要成為寄養家庭，各縣市政府訂定的條件不一，但皆有婚姻狀況、年齡、收入、子女數、居住環境與學歷等基本條件的限制，亦均需接受職前訓練。成為寄養家庭後，機構會透過頻繁的家訪與聯繫，瞭解寄養童是否受到應有的照顧。所以照顧寄養兒童比照顧自己的孩子更需付出較多的心力。

通常寄養家庭的職責有以下：

1. 為寄養孩子創造最佳利益與需求著想，努力充實親職能力，決不棄養。

2. 視寄養孩子為全家一分子，一視同仁的公平對待，同住者與家人均能對其接納並提供溫馨友善環境。研究顯示，寄養家庭之親屬關係以及教養方式是影響兒童情緒行為問題之重要因素。親屬關係對寄養家庭之成員是壓力的來源也影響寄養兒童的自尊，也因此更應關注於寄養家庭家人之支持（María D. Salas and MA' García-Martìn, 2014）。

3. 以愛與關懷照顧，並給予更多適應的時間，耐心引導其健全成長。

4. 接受寄養孩子的安排是短暫安置的，在寄養原因消失時，協助孩子做回歸原生家庭的準備。如果若寄養家庭與原生家庭合作密切，青少年對兩個家庭都有歸屬感（Hedin, 2012）。

10.4　家庭暴力

由於多元型態的家庭，面臨更多的生活壓力，家庭暴力（violence）的問題較為常見。

一般家庭的確很難維持完全的和樂相處，雖然基本上家人都願彼此關愛，互相扶持，但是大部分的家庭都難免有問題、有爭吵，夫妻或是親子之間的暴力事件總是不願張揚，因此研究臺灣的家庭暴力問題相當困難。

在美國，從1970年開始，文化及社會因素促使家庭研究者對家庭暴力的問題產生興趣。首先是行為學家和社會大眾注意到，1960年代的越戰、政府官員被暗殺、示威暴動、大都市的兇殺案件增加等等暴力現象。其次是女權運動的興起促使大眾注意到婦女被虐待的情形，尤其是毆妻事件。此外，雖有一些研究限制尚無法突破，但研究方法的進步已使研究結果更能深入。（Gelles, 1980）

10.4-1　家庭暴力的定義

到底如何才構成家庭暴力或虐待？虐待（abuse）通常是指對身體造成傷害的攻擊行為，或對個人造成傷害的非身體虐待。暴力（violence）則廣泛的包括合法與不合法的武力行為。家庭暴力指發生在家庭成員之間的暴力與虐待行為，家庭成員之間可為夫妻間，父母（老人）與子女（兒童與青少年）間。但是在一般人心目中，有些家庭暴力是管教的一部分，有些父母相信「不打不成器」，因此如果是父母或長輩、老師，打孩子是為孩子好，是被允許的，不算是家庭暴力或虐待。不管怎麼樣，「暴力」仍然被視為「一種有意的，或被認為有意的，對他人的身體傷害的行為」，包括打、推撞、揍、掐、拉扯等，也包括會造成心理傷害的行為。（Straus, 1980）

家庭暴力的對象可能是成人，也可能是小孩，針對孩子的暴力通常稱為兒童虐待（child abuse）。雖然說「虎毒不食子」，但是虐待兒童的事件仍時有所聞，毆妻案件也漸漸受到社會學者重視，毆夫事件則較少見，特別值得注意。

10.4-2　兒童虐待的種類

虐待兒童的方式有許多種，歸納為以下八類：（Watkins and Bradbard, 1982）

1. 身體虐待：任何造成肉體痛苦的傷害，如燒傷、咬傷、割傷、打傷等。
2. 性虐待：強迫兒童與大人發生性行為。
3. 身體疏忽：未能供給孩子日常生活之基本需要與環境。
4. 醫藥疏忽：當孩子身體需要某種醫療時，未能提供醫藥或治療。
5. 情緒虐待：以語言或動作破壞孩子的情緒健康及自尊，妨礙孩子的人格及社會發展。
6. 情緒疏忽：不關心孩子和其活動情形。
7. 遺棄：未能持續的督導孩子。

8. 多重虐待：以上部分的綜合。

目前臺灣的實務界與學術界對兒童虐待類型主要也是分成身體虐待、精神虐待、性虐待、疏忽等四大類型（余漢義，1995）。

1. 身體虐待：對兒童施行嚴重體罰，使兒童受到傷害以致需要治療，或用武力暴力令兒童受傷或死亡者。

2. 精神虐待：以漠不關心態度對待兒童，或經常大聲喝罵、藉故責罰等，使兒童在感情和智力方面發展受阻。

3. 性虐待：對兒童進行性侵犯或利用兒童進行性活動，包括亂倫或逼迫賣淫等。

4. 疏忽照顧：在食衣住行及醫療方面缺乏照顧，使兒童身體虛弱、營養不良或健康極差。

而根據我國兒童及少年福利及權益保障法第49條，任何人對於兒童及少年不得有下列行為：

一、遺棄。

二、身心虐待。

三、利用兒童及少年從事有害健康等危害性活動或欺騙之行為。

四、利用身心障礙或特殊形體兒童及少年供人參觀。

五、利用兒童及少年行乞。

六、剝奪或妨礙兒童及少年接受國民教育之機會。

七、強迫兒童及少年婚嫁。

八、拐騙、綁架、買賣、質押兒童及少年。

九、強迫、引誘、容留或媒介兒童及少年為猥褻行為或性交。

十、供應兒童及少年刀械、槍砲、彈藥或其他危險物品。

十一、利用兒童及少年拍攝或錄製暴力、血腥、色情、猥褻或其他有害兒童及少年身心健康之出版品、圖畫、錄影節目帶、影片、光碟、磁片、電子訊號、遊戲軟體、網際網路內容或其他物品。

十二、迫使或誘使兒童及少年處於對其生命、身體易發生立即危險或傷害之環境。

十三、帶領或誘使兒童及少年進入有礙其身心健康之場所。

十四、強迫、引誘、容留或媒介兒童及少年為自殺行為。

十五、其他對兒童及少年或利用兒童及少年犯罪或為不正當之行為。

任何人發現兒童及少年有受虐之情況或疑似受虐均可立即通報113、110專線電話或各縣市主管機關尋求協助。

10.4-3 虐待兒童的父母的特質

虐待兒童的人，十之八九是他們的親生父母，而以母親居多，而感情未成熟是虐待兒童者的共同點，通常他們本身都有很嚴重的問題，而不是孩子的問題。歸納一些虐待兒童的父母的特質如下：（Steele, 1975）

1. 童年的經驗十分不愉快。
2. 自己小時候也是被虐待的孩子。
3. 自己的父母未能提供好的親職榜樣。
4. 與家人、朋友、鄰居不太往來，很少與外界接觸。
5. 自尊心很低，自認差勁、沒有人愛、無能、無價值。
6. 不成熟，並依賴他人的供養。
7. 生活中幾乎沒有歡笑和樂趣。
8. 對孩子有一種扭曲的概念和不實際的期望。
9. 很反對寵孩子，認為體罰會使孩子變好（棒下出孝子），很少疼孩子，只知打罵。
10. 很缺乏同理心，尤其是對自己的孩子，也無法瞭解別人的感受。

至於被虐待的孩子，大多有行為問題：

1. 可能完全從人群中退縮，不信任別人。
2. 自尊心和自我概念都很低。
3. 對權威有不合理的反叛行為。
4. 對別人的攻擊性很強。
5. 很怕犯錯。
6. 對於讚賞和獎勵無法領受。
7. 與父母的溝通很差，親子關係惡劣。

10.4-4　家庭暴力的理論

探討家庭暴力問題的理論大致有四種：（Gelles and Straus, 1979）

1. 精神病模式（psychiatric model）

認為這些虐待他人的成人是變態的、有病的，虐待的行為主要原因是其人格特質。此派理論試著把人格類型或特性（traits）與虐待行為的傾向或其他行為（如酗酒、吸毒、心理疾病）連結起來。

2. 社會學模式（sociological model）

強調社會對暴力的價值觀和態度，決定暴力行為的形成。例如有些人認為暴力可以解決紛爭和衝突，尤其是以責打來使孩子聽話似乎很有效，對低社經水準的父母來說，這種想法很普遍。家庭的結構和組織也會影響暴力行為，太擁擠的生活空間、失業、經濟危機、被社會孤立，都會使親子關係的壓力增加，而造成虐待行為。

3. 社會心理學模式（social-psychological model）

認為人與人之間互動的型態、代代相傳的暴力行為、環境壓力等，都是暴力行為的主要動機，因此暴力是「有樣學樣」，是一種應付事情的手段。此外，虐待兒童是不一致的管教技巧的結果，也是體罰方法自然的發展。研究發現，孩子也可能是因，有些被虐待的孩子有身體缺陷，易使父母失望而生氣，而長子或長女也因父母比較沒輕驗，不瞭解孩子，對孩子期望過高而落空，以致虐待。而兄弟姊妹之間若經常以暴力方式來解決紛爭，也使孩子習慣於以暴力解決問題。

4. 生態學模式（ecological model）

從一個較廣的角度來看，發展是個體在環境中進行的，是個體與環境的互相適應。因此周遭的環境會影響生活的品質，例如人口的、政治的、經濟的因素，對個體的行為都有影響。以虐待兒童的情形來看，我們的社會環境尚允許成人對兒童使用暴力，使個體從自己年幼的經驗中、從工作中、從與人交往的經驗中，自然的培養暴力傾向，此外，家庭的支持系統不完備，家庭有困難時感到無助而惶恐。

暴力與虐待行為，通常與當事人具酒癮、藥癮或人格或精神異常無法自我控制有著密切關係。

10.4-5　民法上的懲戒權

父母對子女的懲戒權，是基於保護及教導之權利，因為子女難免有不守規矩，故民法賦予父母懲戒子女之權（民法第1085條）。但是如果逾越必要範圍，則為過度之懲戒，父母將受處罰，例如：採用傷害身體或危害生命之殘忍苛酷手段時，則為親權之濫用，不但會引起停止親權的惡果，有時也構成傷害罪。父母行使懲戒權之對象，以未成年子女為限，對於已成年的子女，父母已不能行使親權，故也無懲戒權。養子女則由養父母行使懲戒權，非婚生子女之懲戒權屬於生母（林菊枝，1980）。

民法第1090條「父母之一方濫用其對於子女之權利時，法院得依他方、未成年子女、主管機關、社會福利機構或其他利害關係人之請求或依職權，為子女之利益，宣告停止其權利之全部或一部。」

10.4-6　家庭暴力的治療

法律只能提供懲罰，但是家庭暴力通常是社會或心理因素，需要的是治療。建議幾種方法，以改善這些父母的親職行為：（Martin, 1980）

1. 幫助父母學習欣賞孩子的行為或特點。
2. 幫助父母認清孩子是一個獨立的個體。
3. 幫助父母對孩子有合理的期望。
4. 幫助孩子減少容易引起父母失去耐心的舉動。
5. 幫助父母學著儘量忍受孩子的負向行為。
6. 幫助父母學著表達對孩子的正面感受。
7. 鼓勵父母擴大社交生活和興趣。

暴力是學習而來，以暴力處理問題只會得到暴力。事實上，暴力是無能的人最後的辦法，也就是說，如果父母學得其他的管教子女的方法，可以使他有效的達到管教的目的，他就會少用暴力，那種冤冤相報的惡性循環就會停止。為人父母者應知道如何解決自己的負面情緒，才可以避免家庭暴力發生；親子間瞭解彼此的需求與想法，避免孩子有孤獨、無助的感覺。父母需要自我情緒管理，尊重子女的選擇與想法。父母應有一致的教

養態度，瞭解親子對話是提供子女學習重要價值的機會與建立和諧關係的管道。此外，有酒癮與藥癮者除戒治之外，也應教導其正確人際與家庭觀念，唯有回歸正常家庭生活，與家人重建良好互動，方能真正戒除惡習，得以展開新生。

10.5　多元文化家庭

臺灣本就是多元族群的美麗之島，最初的原住民、早期到來的平埔族人、客家族群及民國38年大陸遷移而來的所謂外省族群等等，各族群各有其文化背景。單就臺灣原住民就有母父系社會、平地或山地原住民等的不同，因為家庭結構、價值信念的差異、文化資訊的獲得不一，家庭教育觀念原本就有很大差異。對不同族群的保護與融合皆應在自然狀態，唯有互相尊重、協助其保持固有家庭傳統價值方為正確的態度。

而80年代，隨著臺資的外移、關廠，引進外勞，造成許多本國男性勞工失業而返鄉務農，加上女性教育程度提高與就業機會增加，因而降低中低階層男性在國內婚姻市場競爭的地位。在國內難找合適對象，轉而經國際婚姻仲介娶得外籍配偶，也使得外籍配偶的人數不斷的增加，如今普稱為新移民，而新住民在臺灣主要是1990年代以後透過通婚方式移居臺灣的新移民。夏曉鵑（2000）對跨國婚姻家庭所進行的訪問發現，有95%以上於婚後第一、二年便有下一代。

新移民母國最常來自於中國大陸、越南、印尼、泰國、菲律賓等地，其中語言語意、飲食文化、生活習慣、親職教養、宗教信仰、價值觀與婚姻觀等與臺灣差異極大，也因此其家庭更需支持。

新移民女性來臺後即要擔負起家庭中傳宗接代的生育任務，更要在短時間內經歷懷孕、生產和養育的過程，所以應提供學習機會以加強新移民女性的口語溝通、識字及書寫能力。

再者，本地人的家庭要學習對其原生文化接受與相互理解與認同，尊重多元與差異的態度，同時也幫助新移民女性瞭解臺灣的風俗民情；另方面幫助新移民建立社會資源網絡，尋求有效的資源與支援，而隨著「新臺

灣之子」進入學齡期，如何培養孩子正確生活習慣、課業問題，或是因應子女成長需求而調整親子互動的方式與內涵等，都是本階段親職教育的重點。

至於外籍配偶家庭，家人應鼓勵他／她參與語言和婚姻等相關課程，改變對外籍配偶的刻板印象，而外籍配偶本身要有自我覺察能力及發揮自己力量，協助同鄉獨立適應當地生活。而「在地國際化」的實現，必須藉由有意識的意識覺醒推動的社會運動才可能達成，非僅強調「多元文化」觀點可及。孔祥明（2010）以文化多元論觀點，認為最重要基礎即彼此尊重相互學習，跨國婚姻非同化結果的最高指標，反而是文化接觸的開始、價值調整的啟動。婦女不只是生育者延續族群生命，也是文化再生產者，在生活中創造文化軌跡。此外外籍配偶的子女，在學習道路上有其限制與優勢，限制是可能對本國某些文化刺激的不足，但如果環境中有更多的接納與關懷，多元文化的衝擊也可以化弱為強，讓孩子們在國際化的氛圍中成長，而有更優異的表現。

10.6　遠距生活家庭

隨著產業的發展趨勢，夫妻分地工作居住的狀況也日漸增加。所謂遠距生活家庭最常見的如一方到外地工作、軍職、入獄服刑等。通常這樣的家庭都有著類似以下的過程，即預期分開、退縮逃避面對、情緒不穩定、恢復適應、預期回家、調適、再次穩定（Morse, 2006）。

除了入獄服刑，必須遠距生活首先就要考慮家人是否同行，如果一同前往就職地點，對家人關係的鞏固必然是最好的，但也延伸出夫妻一方必須放棄工作生涯、孩子面臨轉學、社交環境再適應的問題；若各自維持事業分開生活，也要面對相互信任課題、獨自生活的寂寞、夫妻與親子關係的疏離等狀況，這些情況單看個人能力已無法應付，必須靠家人朋友等親族及其他外在支持協助。

單就軍職人員而言，同袍共同生活團體緊密，支持度較高，眷屬生活及孩子就學相對穩定；而軍人以服從為天職形成的強烈個性，或因戰爭造

成的身心創傷，在對待配偶與子女上也有可能是衝突的來源。也因此在婚姻教育與家庭教育方面，更應有特別的方案與政策加以支持。

　　至於家人入監，對其家庭必然面臨恥辱、羞愧、分離、隱私及情緒問題。有些受刑人不肯見家人，有些則是不希望子女知道父母服刑。美國目前對於服刑者的家庭教育目標在於與家人關係的改善，特別是親子關係；主要是教導受刑人如何教育孩童、幫忙孩子擬定探視計畫、對孩子進行個別的教育、以學校和社區為本位的支持等。另外，在入獄前、服刑中、假釋、回歸社區等階段均有一系列的家庭教育方案，協助其建立家人關係、未來生活及就業技能培養、家庭經濟支持、重回社區之適應等，另外對於負面情緒的疏導，讓受刑人產生自信、堅強與不受他人影響的正向人格也是重要課題。

　　家人無法在同屋簷下一起生活，通常都是最後不得已的選擇，對家長和孩子必然有很大的衝擊，也造成家庭的動盪不安，如果家人們能有互信與包容，則反而增進家人情感的緊密度。除個人的身心靈成長外，妥善運用親族支持與社會資源是讓遠距家庭跨越鴻溝成功很重要的因素。

第十一章

特殊兒童的家庭教育

特殊兒童的定義（Kirk & Gallagher, 1983）是指在心智特質、感覺能力、神經動作或生理特質、社會行為、溝通能力等方面偏離一般兒童者或具有多重障礙者。特殊兒童，廣義的說，就是與他同年齡的兒童的發展或表現，有某種程度的不同的兒童。在過去，孩子的個別需要及其家庭所面臨的困境，很少被人重視，而且常由於欠缺瞭解，總是給予負面的批評和論斷，也未給予合適和公平的教育機會。對於身心障礙的特殊兒童直到二十世紀中期，才逐漸因政治、經濟與社會價值的變化，由消極的養護隔離之機構本位，轉向正常原則社區化的服務本位。學者專家紛紛提出回歸融合、早期介入、提供家庭支持等觀念，2000年以後融合教育更進一步將身心障礙者及其家庭「充權賦能」（empower）的概念納入，終極目標是創造其滿足與成功的生活，提供自我決策的機會。至於資優教育的目標則在提供多元、彈性、適性的教育機會，以協助資優學生盡展潛能。在追求卓越表現的歷程中，培養其積極、正向、樂觀的學習態度，營造利於養成服務社會人生觀的學習氣氛，更以培育具有高道德、高責任感、利他、愛人的「智慧人」為目的。

11.1　臺灣特殊教育的興起

特殊教育（Special Education）在我國最早之法規則是根據1968年元月公布的九年國民教育實施條例第10條，該條下款文為：「對於體能殘缺、智能不足及天才兒童，應施以特殊教育或予以適當就學機會。」以其為基礎，追隨國外特教的發展始於1984年公布特殊教育法，並於1997年修訂，將身心障礙教育向下延伸至3歲、家長參與權法治化、強制實施個別化教育計畫、提供專業團隊服務、提供普通班融合教育並朝向最少限制環境。此期各縣市紛紛成立特殊學校及特教班，特殊教育亦進入蓬勃發展期。資優教育則於1973年全臺開始啟動實驗計畫至今。

11.2　特殊兒童的特徵

　　所謂特殊兒童主要是分為身心障礙與資賦優異兩大類，根據2009年修正之「特殊教育法」第3條所述，稱身心障礙，指因生理或心理之障礙，其分類為智能障礙、視覺障礙、聽覺障礙、語言障礙、肢體障礙、身體病弱、情緒行為障礙、學習障礙、多重障礙、自閉症、發展遲緩、其他障礙等十二類。而該法第4條，特別將資賦優異指有卓越潛能或傑出表現，其分類包括一般智能資賦優異、學術性向資賦優異、藝術才能資賦優異、創造能力資賦優異、領導能力資賦優異、其他特殊才能資賦優異等六類。又依2012年所訂定「身心障礙及資賦優異學生鑑定辦法」，以下將特殊兒童依其類別，簡述其特徵：

一、身心障礙

(一)智能障礙

　　指個人之智能發展較同年齡者明顯遲緩，且在學習及生活適應能力表現上有顯著困難。鑑定其為下列之一者：

　　1. 心智功能明顯低下或個別智力測驗結果未達平均數負二個標準差。

　　2. 學生在生活自理、動作與行動能力、語言與溝通、社會人際與情緒行為等任一向度及學科（領域）學習之表現較同年齡者有顯著困難情形。

(二)視覺障礙

　　指由於先天或後天原因，導致視覺器官之構造缺損，或機能發生部分或全部之障礙，經矯正後其視覺辨認仍有困難。鑑定其為下列之一者：

　　1. 視力經最佳矯正後，依萬國式視力表所測定優眼視力未達0.3或視野在20度以內。

　　2. 視力無法測定時，以其他經醫學專業採認之檢查方式測定後認定為視覺障礙。

(三)聽覺障礙

指由於聽覺器官之構造缺損或功能異常，致以聽覺參與活動之能力受到限制。鑑定其為下列之一者：

1. 接受行為式純音聽力檢查後，其優耳之500赫、1000赫、2000赫聽閾平均值，6歲以下達21分貝以上者；7歲以上達25分貝以上。

2. 聽力無法以純音聽力測定時，以聽覺電生理檢查方式測定後認定。

(四)語言障礙

指語言理解或語言表達能力與同年齡者相較，有顯著偏差或低落現象，造成溝通困難。鑑定其為下列之一者：

1. 構音異常：語音有省略、替代、添加、歪曲、聲調錯誤或含糊不清等現象。

2. 嗓音異常：說話之音質、音調、音量或共鳴與個人之性別或年齡不相稱等現象。

3. 語暢異常：說話節律有明顯且不自主之重複、延長、中斷、首語難發或急促不清等現象。

4. 語言發展異常：語言之語形、語法、語意或語用異常，致語言理解或語言表達較同年齡者有顯著偏差或低落。

(五)肢體障礙

指上肢、下肢或軀幹之機能有部分或全部障礙，致影響參與學習活動。經專科醫師診斷鑑定其為下列之一者：

1. 先天性肢體功能障礙。

2. 疾病或意外導致永久性肢體功能障礙。

(六)身體病弱

指罹患疾病，體能衰弱，需要長期療養，且影響學習活動者，其鑑定必須由醫師診斷後認定。

(七)情緒行為障礙

指長期情緒或行為表現顯著異常，嚴重影響學校適應者；其障礙非因智能、感官或健康等因素直接造成之結果。情緒行為障礙之症狀包括精神

性疾患、情感性疾患、畏懼性疾患、焦慮性疾患、注意力缺陷過動症，或有其他持續性之情緒或行為問題者。其鑑定基準如下：

1. 情緒或行為表現顯著異於其同年齡或社會文化之常態者，得參考精神科醫師之診斷認定之。

2. 除學校外，在家庭、社區、社會或任一情境中顯現適應困難。

3. 在學業、社會、人際、生活等適應有顯著困難，且經評估後確定一般教育所提供之介入，仍難獲得有效改善。

(八)學習障礙

統稱神經心理功能異常而顯現出注意、記憶、理解、知覺、知覺動作、推理等能力有問題，致在聽、說、讀、寫或算等學習上有顯著困難者；其障礙並非因感官、智能、情緒等障礙因素或文化刺激不足、教學不當等環境因素所直接造成之結果。其鑑定基準如下：

1. 智力正常或在正常程度以上。

2. 個人內在能力有顯著差異。

3. 聽覺理解、口語表達、識字、閱讀理解、書寫、數學運算等學習表現有顯著困難，且經確定一般教育所提供之介入，仍難有效改善。

(九)多重障礙

指包括二種以上不具連帶關係且非源於同一原因造成之障礙而影響學習者，其鑑定應參照特殊教育法其他各類障礙之鑑定基準。

(十)自閉症

指因神經心理功能異常而顯現出溝通、社會互動、行為及興趣表現上有嚴重問題，致在學習及生活適應上有顯著困難者。其鑑定基準如下：

1. 顯著社會互動及溝通困難。

2. 表現出固定而有限之行為模式及興趣。

(十一)發展遲緩

指未滿6歲之兒童，因生理、心理或社會環境因素，在知覺、認知、動作、溝通、社會情緒或自理能力等方面之發展較同年齡者顯著遲緩，且其障礙類別無法確定者，其鑑定需依兒童發展及養育環境評估等資料綜合研判。

(十二)其他障礙

指在學習與生活有顯著困難，且其障礙類別無法歸類之其他障礙，其鑑定應由醫師診斷並開具證明。

二、資賦優異者

根據特殊教育法，所謂資優一般而言其相關測驗評量結果在平均數正二個標準差或百分等級97以上，學習表現卓越或具傑出具體成就，參加政府機關或學術研究機構舉辦之國際性或全國性有關競賽、展覽活動、發明或獨立研究表現特別優異，獲前三等獎項等，現將其分述如下：

(一)智能資賦優異，指在記憶、理解、分析、綜合、推理及評鑑等方面，較同年齡者具有卓越潛能或傑出表現者。

(二)學術性向資賦優異，指在語文、數學、社會科學或自然科學等學術領域，較同年齡者具有卓越潛能或傑出表現者。

(三)藝術才能資賦優異，指在視覺或表演藝術方面具有卓越潛能或傑出表現者。

(四)創造能力資賦優異，指運用心智能力產生創新及建設性之作品、發明或解決問題，具有卓越潛能或傑出表現者。

(五)領導能力資賦優異，指具有優異之計畫、組織、溝通、協調、決策、評鑑等能力，而在處理團體事務上有傑出表現者。

(六)其他特殊才能資賦優異，指在肢體動作、工具運用、資訊、棋藝、牌藝等能力具有卓越潛能或傑出表現者。

11.3 特殊兒童的父母

除了資優兒童的父母以外，家有特殊兒童對父母來說，是很複雜的心情，尤其是面對家族及社會的壓力和面對資源及支持的缺乏；另一方面對身心障礙者而言，多數在成年後仍與家人同住，因而更凸顯家庭支持能力的重要性。根據美國智障國民協會的研究，當父母發現子女是智障後，大部分會出現的反應是：絕望、孤獨、不平、脆弱、幻滅等情結，通常父

母的心情包括了罪惡感、依賴、拒絕、焦慮。這些反應也因孩子的障礙類別、障礙程度、家庭社經狀況、親族支持、專業資源協助的獲得，以及家中是否有正常兒的手足情形而定（Canino and Reeve, 1980）。

11.3-1　身心障礙兒童的父母

無論如何，大部分的父母倘若生下身心障礙兒，或發生事故使孩子成身心障礙者，通常有否定、爭議、憤怒、沮喪、接納等一連串幾種反應：首先，當父母一知道自己有個身心障礙兒，會顯得悲哀和傷痛，可能會持續一年以上，才慢慢的接受這個事實。在這悲痛的過程中，父母先會拒絕這個事實，他們覺得孩子的問題可能是被誤診，或者也許漸漸的長大了就會好起來，有的會求神蹟治療，很多父母感到沮喪，不願與外界接觸，常常哭泣，感受很深的壓力。

其次，很多父母為孩子的障礙感到罪惡，加上原有的沮喪感，然後就開始感到憤怒，甚至表現其憤恨，責怪別人（或祖先）造成這樣的事，或生氣專業人員沒有能力克服這樣的問題，無法對家庭提供所需的協助。這種怨恨通常不會很快消失，有的甚至會轉變成對孩子口頭或身體的虐待，也不想去幫助孩子，而這些憤恨的行為會引起更多的罪惡感，使情況更惡化。即使是很好的父母也會有矛盾心理，常在接納與拒絕之間掙扎，這種矛盾心理有時形成過度保護，也就是給孩子過多的醫療、訓練，以及補償。在此情形下，父母過度焦慮，子女也過度依賴父母，這種互相依賴往往使孩子更無法照顧自己，無法有獨立的表現。

有些父母在痛苦過後，終於能適應，以面對現實的態度來度過個人的挫折和衝突的危機，也就是能接納這個孩子及其特殊的需要，不覺得其異常也不設法隱藏，自己仍恢復正常的社交生活、工作、興趣、夫妻關係，也能公平對待其他的孩子。

聖經裡面有一段話，耶穌看到一個瞎眼的人，門徒向耶穌說：「老師，這個人生來是瞎眼的，是誰犯了罪？是這個人呢？還是他的父母呢？」耶穌回答說：「也不是這個人犯了罪，也不是他父母犯了罪，而是要在他身上顯出神的作為來。……」

　　身心障礙的孩子並不是他前世犯了什麼罪，今世才得到報應，也不是他的父母做了什麼傷天害理的事，連累他的孩子，特殊孩子也是上帝的傑作，也是獨一無二的個體，只是他比一般所謂的「正常人」需要額外的幫助，才能學會生活的基本技能。而且有愈來愈多的發現，證明身心障礙的人雖然在某方面有缺陷，卻往往在另方面比一般人靈巧，例如：聽障者視覺特別敏銳；視障者觸覺和聽覺特別敏銳；有的自閉兒在藝術方面堪稱天才而無愧；肢體障礙者不但在各方面表現傑出，甚至也可能成為運動健將。這樣的案例不勝枚舉，可見重視特殊教育並不是浪費，而是重視每一位身心障礙者的個別特質優勢，支持其發展成一個有用的人。

　　也由於世間有這些所謂「身心障礙者」，我們才承認人不是萬能的。嚴格說起來，每一個人或多或少都有其不足，有的人不會唱歌，有的人沒有數學細胞，有的人動作不太靈活，有的人表達能力很差，但是，我們都以其他方面的能力補助，在不足之處我們也是依賴他人。既然是人當然都有差異，互相補其不足而發揮優勢，「天生我才必有用」，既然我們本身都是不很完全的，又能憑什麼認為身心障礙者是「異類」呢？

　　我們更該從「異常」轉變成以「差異」的角度看待身心障礙，發掘其優勢，並在其能力有限制的部分提供其需要的支持服務，幫助其個人及家庭成長。研究者（Karayan and Gathercoal, 2005）主張特殊教育服務的方式，也應從缺陷轉移到「充權賦能」（empowering）模式，讓身心障礙者展現其能力。也就是從以往對身心障礙兒採兒童中心模式，關注兒童的缺點或弱勢；轉變為強調提供出生前的服務與篩檢，採家庭中心模式，焦點在讓家庭瞭解自己的資源、優勢與獨特性。而此模式所指的充權是在專業人員支持下，家庭能對自己的生活現況有掌控感，也就是能用自己的力量掙脫束縛，追求想要的。充權表現於過程和結果，不同家庭有不同的形式。賦能則是藉由提供機會，讓家庭應用現有的技能獲得新技能，以因應家庭發展和發展遲緩孩子的需求。（萬育維、王文娟譯，2002）

　　身心障礙者之家庭面臨的另一困境在於，母親為生產者也是主要照顧者與被責難者，父親則較採取逃避的方式面對，不參與照顧者相關問題的探討與成長，形成在親職教育或家庭教育推展上的困境。

另一方面而言，家有身心障礙者對全家成員都是一種壓力，它包括主觀與客觀的負擔。主觀的負擔是指因家有障礙者所引起的情緒效應，這種情緒反應會持續很久，形成類似慢性的悲痛。而客觀的負擔指的是對家庭所造成的實質要求，如對家庭的功能和活動的限制、照顧的需要、經濟的負擔、照顧者身心健康的不利影響、婚姻的衝突、帶給同胞手足的壓力、對家人社交生活的限制、社會性的羞恥感等，也因此這類家庭更需要各類正式與非正式資源。

由身心障礙者身上，我們學著謙卑和感恩，也體會到人的尊嚴是在於其精神，不是在於軀殼。尤其是特殊兒童的父母必須有這種健康的心理，有了特殊的孩子，不是上天的懲罰，特殊兒童的父母付出比一般兒童的父母多，但是得到的喜悅和欣慰也會多於一般父母。

11.3-2　資優兒童的父母

資賦優異是指具有極高智力或若干特出的專門表現才能，需要特殊的安排，以達充分發展之目的。通常這類的孩子才智卓越，有高度的創造力。吳武典（1986）指出資優兒的特徵是比較好奇、堅持、敏感、有自信，在人群中常成為領導者，對人對己都較具批判性，有幽默感、正義感，也較有反叛性。在認知方面，資優兒相當好問，容易瞭解原則，瞭解不同事物間的關係。單一的刺激就能夠引發他們很多的想像、聯想。資優兒對反覆練習的工作容易感到厭煩，但是對於有興趣的工作卻很有耐性，注意力也較持久。資優兒較能表達自己，辭彙也較豐富。

資優兒童雖也是特殊兒童的一種，但其情形和父母一般所面臨的問題與其他方面的問題不同，故分開討論。

由於近年裡興起一陣資優風潮，很多父母看到自己的孩子有聰明的表現，就以為自己是「天才的老爹／老媽」，為了使孩子發揮潛能，十分掛慮。其實廣泛的說，大部分的孩子都是資優兒，都有他較特別較擅長的方面，也都有無限潛能待開發。但是嚴格的說，資優兒童並不等於天才或神童，由11.2節的定義和特徵裡，我們可以看出，「是資優兒卻未被當作資優兒」或「不是資優兒卻被當作資優兒」，對孩子來說都是可悲的。

　　不管是不是真的資優兒童，父母往往會產生兩種心情（鄭玉英，1986）；一種是「期望之心」，另一種是「比較之心」。父母對子女的期望是自然而必須的，被期許的孩子才有成就動機和努力意願，但是過度期望卻常是親子雙方的痛苦來源。被過度期望的孩子可能有兩種反應，一是放棄努力，一是過分努力。而父母情不自禁的把孩子拿來跟別人比，造成自己的焦慮和孩子的壓力。

　　如果確定家有資優兒，父母就該留意幾件事：

1. 靜觀孩子的興趣取向，更細心地觀察。

2. 滿足孩子的求知慾望和特殊需要。

3. 尋求可能的資源教室，以便多得啟發與刺激。

4. 留心其他子女，有時家中有一個特優的孩子，會使其他平凡的兄弟姊妹飽受威脅，父母要非常留意。肯定其他孩子的價值和能力，給予不同的發展方向，不要把幾個子女用同一根尺去量，否則可能形成其他子女的自卑或傷害。

5. 保持平常心，勿揠苗助長，迫不及待地逼孩子學習，或未經觀察便自以為是的替孩子決定學習方向。

6. 資優並不表示「每一方面」都比別人強，不要要求孩子十全十美。

　　楊維哲（1987）在談及資優生的教育問題時，以其本身的經驗，對家長有幾點中肯的建議：

1. 讓孩子接受磨練，給予失敗的經驗。失敗是孩子的權利，從未有失敗經驗是很危險的。

2. 每個孩子都是優秀的，不必計較年齡，名次也無多大用處，「成就」才是最重要的。名是虛的，成就才是實的。

3. 不要讓孩子受到干擾，更不要揠苗助長。要常和孩子溝通，了解他的需要。

4. 智力測驗只是測個大概，不必太在意。

5. 學校與家庭過於干涉孩子的做法，皆在令孩子變笨；真正的資優，不必太干涉，他就會長得很好，讓孩子悠哉遊哉的學習。

6. 對孩子的心理建設是最重要的。

資優兒童通常較敏感，他也需要來自父母的愛、信任和安全感，使他的學習能無後顧之憂，但是許多資優兒童在「身分」被確定後，就變成在特殊而不正常的環境裡成長，例如：父母的另眼相看、過度縱容、過度要求等等，很多人因為看他聰明過人，就忘了他也只是個孩子，不是小成人，許多資優兒童在成人的「誤愛」中提前結束童年，這是很悲哀的事。

資優學生因有較佳的資質及潛能，故在學習方面很容易超越同儕，表現成就，也因此教師及家長易將注意焦點置於其認知發展，忽略其心理及輔導上的需求。另外資優學生因在許多特質上異於一般學生，如：完美主義特質、身心發展不均衡現象、受限於傳統角色影響生涯抉擇而有較大的焦慮與困難等，所以存有一些獨特的適應問題。

此外，資優兒童也與一般兒童一樣，需要各方面均衡發展，因為人的發展是相輔相成的，強健的體魄、合群的性格、安定的情緒，都有助於資優兒發揮其特殊的能力，就像一部車子，光是引擎好而輪子或車身不好，也是跑不了多遠的。

學生的潛能是否得以充分發展，與其能否獲得適性教育有極為密切的關係。學校與家庭教育應能提供適性充實的學習環境及資源，鼓勵其自動自發地挑戰極限、追求最佳表現；而非自認孩子是資優生而在「望子成龍、望女成鳳」的期待下，為使子女能進入資優教育班，將子女送去補習，勤練鑑定相關測驗，或者科學作品找人「捉刀」「掛名」等，顯見此類怪現象均為部分家長對於資優教育理念、鑑定目的等認知不足，扭曲資優教育意涵。因此，正確資優生家長教育理念待加強釐清及宣導。

11.3-3　身心障礙兒童對家庭的影響

特殊兒童的家庭如果沒得到好的指導和協助，容易產生下列問題：

1. 父母的婚姻關係遭到破壞，因為情緒受到很大的威脅和打擊，特殊兒童的父母離婚率高於一般父母。

2. 由於特殊兒童的需要與一般兒童很不相同，必須花額外的時間和心血，比較「難養」，如果父母失去耐心，較易受到肉體或心理虐待。

3. 父母對特殊兒童，也許是因為實在不太知道怎麼做才對，容易過度的縱容，看起來好像是對他特別好，沒有要求、沒有規定、沒有期望，其實也算是一種拒絕，因為這表示孩子的缺陷並沒有真正被接納，是已經被放棄的。

4. 如果特殊兒童占據父母太多的時間和心力，兄弟姊妹可能會受到情緒干擾。同時由於父母特別忙碌，其他的孩子要多分擔家務，或幫忙照顧這個特殊兒童，本身也得不到足夠的照顧，生活受到影響。如果特殊兒童的問題是先天的，其他的孩子心理上也感到恐懼。

然而，如果特殊兒童的父母對孩子的能力和限制瞭解越多，他們會修正對他的期望，有研究（Strom, 1981）比較成功的父母和失敗的父母，發現：

1. 大部分成功的父母接受了孩子的殘障，不否認事實；也就是說，終歸都認命了。

2. 成功的父母不過度保護孩子，但會感到自己無法提供合適的學習經驗給孩子，也怕做不好，反而幫不上忙。

3. 大部分成功的父母認為只要持之以恆，並用心觀察，不難看到孩子的進步。

4. 成功的父母很清楚孩子的能力，以評估學習的成效。

許多特殊兒童的父母會儘快再懷孕，以證明自己沒有問題，是正常的父母，上一次只是運氣不好。但是太快懷孕也會造成其他問題，例如對這個特殊兒的照顧會受影響，而對下一個孩子可能也無法全心照顧。當然，如果生下一個正常的孩子，會使父母恢復信心，也不會把注意力完全放在特殊兒身上，可以有平衡心理的作用。但是萬一再生下來的又是特殊兒，那就更加辛苦了，因此必須與醫生好好的討論這個問題，才作決定。

11.4　特殊教育與家長參與

簡茂發（1986）曾將教師喻為園丁，父母為苗圃的園主，園丁固然要

精於栽植的技巧，但若無園主的同意及支持也是枉然。因此家長和教師是教育的夥伴，尤其對於特殊教育而言，更需要學校與家庭雙管齊下，方能收效。

家長參與（parent involvement）有許多優點：

1. 就學校而言

(1) 父母參與能降低成人與兒童的比例，使每一個孩子得到更多照顧。

(2) 父母以其特殊才能貢獻於教學，或幫忙蒐集教材教具，均有益於教學品質的提升。

(3) 學校的計畫更易獲得家長的共鳴及支持。

2. 就父母而言

(1) 藉著參與，學習和孩子相處的技巧，增進親子間的和諧關係。

(2) 有機會看到與自己孩子同齡孩子的發展及活動情形，而對自己的孩子建立更正確更客觀的認識。

(3) 有機會觀摩、學習教師的教育態度和方法，而修正自己的教養方式。

3. 就兒童而言

(1) 得到更周全的照顧，並能接觸多元的文化刺激。

(2) 有助於孩子發展積極的自我概念，並提高其成就分數。

而家長參與的方式則有不同的層次和類型。例如：

1. 父母以接受簡單的訊息為主，如電話聯絡。

2. 父母在家裡扮演教師的角色，協助教學計畫的完成。

3. 父母參與計畫，但執行一般性的工作。

4. 父母參與計畫，而執行專業性的工作。

5. 父母參與決策的過程。

王天苗、吳武典（1987）更建議在設計身心障礙父母參與活動時，應注意克服父母對於障礙兒童可能有的無知、緊張和無助三大障礙。由專業人員和父母合作進行，與家庭教育有關的部分包括：(1)直接訓練父母

教學的技巧；(2)讓父母觀摩老師或其他父母指導孩子的方法；(3)對父母進行個別諮商；(4)組成父母團體，進行團體諮商；(5)為父母舉辦專題研討會；(6)提供父母管教孩子行為的建議；(7)提供父母社區中可運用的資源；(8)實施身心障礙者家庭互助計畫；(9)提供安排家庭活動的建議；(10)協助訓練兄弟姊妹作助手等。

此外，黃志成（1986）提出，特殊兒童的父母組織家長團體，可以有以下功能：

1. 提出自己處理孩子問題的經驗和意見，集思廣益，將有助於問題的解決。

2. 把自己處理孩子問題的困難，向其他家長提出，徵詢有效的輔導方式。

3. 父母可以互相給予情緒上的支持，此乃輔導孩子邁向成功的原動力。

4. 利用集會，請學者專家演講，增進對學習的認識，以及學習更好的輔導方式。

5. 以開會結果，送請教師作為教學方式的參考，如涉及其他單位，亦可尋求支援。

11.5　父母親為身心障礙者家庭

身心障礙成人也有愛與被愛的需求和權利，因此戀愛與婚姻亦是其成年生活的重要主題之一。研究（Scheetz, 1993）即指出，婚姻能提升身心障礙成人的生活品質和生活適應情形，包括：增進自我概念、獲得經濟及社會支持、拓展人際關係、融入社區生活與更有社會歸屬感。但大多數人對於身心障礙者的婚姻結合抱持不看好的態度，首先是認為身心障礙者難以勝任家庭或婚姻生活中的性別角色（Oliver and Sapey, 1999），或認為身心障礙者為一種別無選擇的結婚對象，與之結婚是種犧牲（引自黃忠賢，2001），甚至身心障礙者的壽命與死亡率也成為被反對結婚的一大理由（Lam, Lee, Gómez-Marín, Zheng, and Caban, 2006）。

　　父母本身為身心障礙者，需要更多心理建設與自我重建，包括如何面對社會大眾異樣眼光，及父母與子女人際關係的建立等。在我國因著職業及生活獨立面而言，較容易尋求到對象的主要是聽語障、肢障與視障者；智障或其他精神情緒障礙者則大多需要家人完全的支持方能走進婚姻。

　　不同障礙及障礙程度影響婚姻的溝通、滿意度與穩定性。夫妻雙方均為同樣障礙者，雖然能體會對方的限制與生活問題，但共同的困難可能須仰賴外界支持；而其中一方為障礙者，則最怕無法以同理心瞭解與包容對方的想法，以最常見的聽障者組成的家庭而言，研究（Hétu, Jones, and Getty, 1993）發現配偶一方為聽障時，夫妻雙方均認為不僅彼此互動的質和量減少，婚姻關係的滿意度也降低。

　　一般而言障礙者組成家庭後最明顯的家庭教育問題是：

　　1. 擔心子女遺傳本身的障礙：甚至於整個家族都擔憂著遺傳的問題，有些家人甚至表明不希望其生育。

　　2. 不同障礙者在撫育與教養子女方面有不同困境：如聽語障者因溝通問題易造成教養子女與親子互動的品質受損；肢障與視障父母在照顧與陪伴活動上與孩子有明顯活動量上的差異。

　　3. 隔代教養是障礙夫婦無奈又常見的選擇：雖然祖父母與家人是重要支持來源，但親權的干擾與剝奪卻是一大困擾。

　　4. 婚姻中的自主與發展：障礙父母生出正常的孩子尚有後續教養的問題，但若孩子亦為障礙者其父母在婚姻中必定難化解姻親原有的排斥；障礙父母的職業、社會適應能力、經濟狀況、獨立性等又影響到與親族的關聯，其婚姻的自主與發展亦受影響。

　　在國外的研究（Lightfoot and Slayter, 2014）也顯示，如果親子兩代均為身心障礙者，許多特殊孩子被錯誤的對待。這些特殊父母對孩子施予暴力對待的情形，原因是特殊父母從小就被錯誤對待，或是成人之後也經歷人與人之間的暴力行為，所以造成這些特殊父母日後有孩子，也使用同樣的方式對待自己的特殊孩子。該研究也建議，社會福利系統不只是要針對特殊孩子服務，連同其父母也應列入服務範圍裡面。當然我們對身心障礙者的婚姻需求應予以尊重，然其結婚與組成家庭後適應的壓力與困難等問

題，更值得探究並給予支持。至於家庭教育整體而言不只是對身心障礙父母提供婚姻教育、對父母為身心障礙者的子女提供適切輔導，更應著重於其親職、子職教育和家族支持等層面的正向互動。

第十二章

社會變遷中的
家庭教育

社會變遷非常快速，許多人在面對變遷時毫無心理準備，應變能力不足，難免慌亂。尤其原本熟悉的事物漸漸從生活中消失，祖先傳下來的教訓和經驗似乎參考價值過於實際價值，經過社會變遷的篩選和過濾，到底還有些什麼可以薪火相傳的？

在快速的變遷中，人類社會的最基本單位——家庭——該何去何從？總要對未來的情況有些瞭解，才比較清楚未來的成人——也就是今日的孩子——需要具備些什麼能力，家庭教育也才能落實。這些都是本章將討論的重點。

12.1　社會變遷對家庭的影響

歸納本書前述的一些觀念，我們可以看出在變遷快速的社會中，家庭教育成為相當複雜的過程。目前的家庭有幾個基本的影響因素：

1. 在過去，生兒育女是結婚後必然的，而現在的人比較有選擇，或多或少可以自己決定是否要生育，何時生育，也因不同的理由而生育。

2. 不管是過去或是現代，父母一直都是子女社會化最主要、最基本的資源。

3. 現代的父母要能具備兒童發展方面的知識，也要有輔導子女的情緒和社會發展的方法。

4. 父母仍是兩性的社會角色，照顧子女的功能同多於異。

5. 孩子的行為和發展，對父母的親職風格和行為有很大的影響。

6. 孩子的發展需要是一直在改變的，而父母給他的教養和照顧也應隨著調整。

7. 家庭的結構不僅影響整體的功能，也影響親子關係的本質。

8. 為人父母的挑戰是在於使孩子在未來的社會中能適應環境，並發揮才能。

英國政府旗艦級創新學習計畫「創意夥伴」的負責人多次在演講中提到：「在未來，有60%的工作，現在都尚未發明。」（Collard, 2013）因此過去父母期待子女照著父母安排路線成長的教育方式，未來可能不敷使

用，並將遭受極大挑戰。

12.1-1　社會變遷研究

在變遷中，社會和文化所承受的壓力，家庭也經歷到了。社會變遷對家庭結構和功能的影響歸納如下幾點：（Skolnick, 1980）

1. 職業上的分工愈來愈精細複雜，也需要更長時間和更專門的訓練。

2. 能源和資源有限，而消費卻增加。

3. 人力勞工漸被自動化的機器所取代。

4. 貨物和服務的分配比其生產的問題更多。

5. 郊區的發展增加。

6. 世界性的傳播更快速而有效，促成「世界社區」（world community）的形成。

7. 社會變遷快速。

8. 學習和知識是成長的工業。

9. 科學的發展迅速取代了現有的知識，代之以更新、更適切的資訊。

研究者（Skolnick, 1980）認為社會的急速變遷對於未來的家庭生活有很大的影響，這一代的知識和觀念對下一代已經不適用，個人對於角色的揣摩及把握就更不容易了。在家庭裡，丈夫應該如何，妻子應該如何，父親應該如何，母親應該如何，子女又該如何，似乎沒有一定公式，而教育子女更沒有一套「放諸四海皆準」的方法，需要每個人多運用智力，不斷地思考、觀察、體會，以前父母如何教導我們，如今也只能當作參考，無法依樣畫葫蘆。

父母面臨最大的問題，倒不在於如何將文化及現有的知識和技術傳遞給子女。現在父母最大的挑戰在於，如何不使過時的知識阻撓了必要的改變，以及如何以開放的心胸去面對並迎接人生的新知識及經驗。而最直接的方法可能就是：改變我們對「成人」的觀念。因為我們通常一提到「成人」，就很理所當然的認為他已長成（grown-up），所以再也沒有學習的

必要和潛能，也沒有改變的機會了。但是在這急速變遷的時代中，停止學習的人難免會被社會所淘汰，否則他就會限制、妨礙別人的發展。事實上，所謂的「成年期」，只是家庭過程中的一個階段，跟兒童期、青少年期一樣，都是在「成長」（growing-up）， 有無限的可能，停止成長，就等於死亡。

藉著談到家庭中的孩子的發展與父母的發展之間的互動，我們可以看到這種互動的力量刺激父母繼續不斷成長，未來的親子關係最大的特色就是：每個人都分享其他人的發展。父母固然看著孩子漸漸長大，一點一滴的學習；孩子也看著父母隨著經驗的增多及歷練的加深，愈來愈散發成熟的風韻。很明顯的，「以不變應萬變」的態度已不能適用於今日及未來的家人關係及家庭生活了。（Skolnick, 1980）

在教養孩子的過程中，父母不論以何種理念，以何種方法，均應朝向「平等」和「民主」的方向。並不是說，父母的權力會擾亂親子關係，而是說，有時父母太過分權威，無形中把自己的想法、價值觀、態度等，牢牢的灌輸在孩子身上，對孩子的影響及控制太大，使得孩子比較不能開放的去學習新的觀念和方法，對於改變的反應和彈性也較小。

不過，從另一個角度看，由於大眾傳播媒體的盛行與網路快速發展，取得婚姻及教養兒女的知識管道很多。大眾媒體與網路資訊取得容易，也造成各種說法各行其是，讓現代父母無所適從。此外，愈來愈多父母樂於分享自己的家庭生活經驗，以致媒體形塑「經驗專家」的能力強大，造成各種似是而非的想法大行其道，也增加社會大眾取捨的困難。

12.1-2 艾爾金的家庭教育研究

心理學家艾爾金（Elkind, 1979），是猶太裔美國學者，除了學術研究著作等身，也寫了科普的著作，其中《蕭瑟的童顏》（*The Hurried Child*）、《不再錯愛孩子》（*Miseducation*）都有中文版。

他相信，社會變遷所帶來的父母對孩子的態度及教育觀念的改變，間接影響了孩子。他認為父母代表了社會的改變，但是有幾個錯誤的觀念，

使得父母對於這種角色不太瞭解，而引起一些教育的問題：

1. 很多父母認為現在的年輕人跟他們自己年輕時不太一樣了，造成他們對目前年輕人的獨特性（uniqueness）有了誇大和扭曲，此為「世代的錯覺」（generational illusion）。

2. 父母隨著年紀增長，對時間的看法和感覺改變了，回顧年輕時光，總覺得時間過得很快，所以當他們看到目前的一些社會問題，如環境汙染、社會的不公平現象、核能威脅等，他們就深切的覺得這些問題非「立即」解決不可，而且他們「將心比心」，以為年輕人都該跟他們一樣憂心忡忡。

這是父母一廂情願的想法，事實上年輕人不會瞭解「歲月催人老」或「寸金難買寸光陰」，而「少壯不努力，老大徒傷悲」對兒女來說也太遙遠了，因為青春正是他的本錢，他有的是時間。即使他同意問題必須解決，但他不會有急迫的感覺。父母可以讓他知道有這些社會問題的存在，但不必強迫他有很強烈的使命感，此為「立即的錯覺」（immediacy illusion）。

3. 父母以為「天下的年輕人都是一樣的」，以為同年齡的孩子就會有同樣的信仰、態度和行為。其實這種刻板的印象很不實際，忽略了人的個別差異，常會把孩子比來比去，如果孩子比人好，就驕傲，比別人差，就認為他不夠努力，此為「同質的錯覺」（homogeneity illusion）。

這些錯誤的觀念說明了為什麼成人不瞭解社會變遷對孩子的影響，成人體驗的社會變遷比孩子直接，因此有較多的壓力、焦慮、關切和挑戰。相反的，孩子對於社會變遷的感受，是來自父母的教養的方向，父母認為怎麼做才是對孩子好。當今的父母對子女有三種態度，會影響子女對社會變遷的反應：（Elkind, 1979）

1. 要求孩子提早具備某些能力。

2. 要求孩子提前情緒獨立，不依賴。

3. 對「明天會更好」失去信心。

首先，今日的父母比較不關心孩子的情緒的需要，但是比較熱衷於激發孩子的智力發展，這種心態反映在各種益智書刊的蓬勃，以及學校重

視孩子的學業成就，而對個人的適應，強調智育，而忽視德育、體育、群育、美育。孩子感受到父母對其能力的要求的壓力，有好處也有壞處，孩子可能學會面對競爭，但也可能無法對成功和失敗處以平常心，這會引起情緒問題，父母始料不及，也無法幫助孩子解決。

其次，以前的成人總是呵護孩子的，但是現代父母不但要顧及孩子的需要，也頗重視自己的需要，因此會要求孩子早些獨立，自己可以有多一點自由。社會學家曾預測這種趨勢，提醒我們，在二十世紀的前半段，養兒育女的觀念像鐘擺一樣，從「以孩子為中心」，到「以父母為中心」，然後又盪回去。從1950年到1970年，教養的觀念是以兒童為本位的，近年來則走向成人本位。雖然指的是美國的情形，但是在臺灣也有這種現象，那種「犧牲自己，完全為孩子著想」的父母，養育出來的孩子很容易比較自我中心，英文稱為me-generation。因此在他們這一代長大而為人父母後，他們仍很注意自己的需要，這並不是說他們就不顧孩子的需要，而是他們認為「父母過得好」也是孩子的需要之一。而且他們也不一定認為父母對他們百依百順是對的。很可能在這種父母本位的觀念下教養出來的孩子，又會覺得父母的呵護不夠，會羨慕某些父母對孩子的全心付出，當他們為人父母後，又會以孩子為中心，以彌補自己幼年的缺憾。這個「觀念的鐘擺」在每個家庭中都一代一代的在更替，也許這也說明在某些情況下，隔代的觀念反而更容易溝通。

此外，成人逐漸對過去被視為有效的解決社會問題的辦法，失去信心，不再相信理智和科技能使世界變得更好；相反的，對於目前科技帶來的汙染、戰爭威脅及環境問題，感到相當無奈，而有無力感。艾氏覺得孩子感同身受，會很想尋找一個穩固的力量，即是永久的，且又真又善又美。因此近年來，宗教活動或是玄祕事物，如魔術、玄學、巫術等等，很能吸引人，包括達官貴人和販夫走卒。基本上，孩子的認同發展中很需要「相信」，相信一些人，相信一些事，但是變遷太快，到底什麼是永恆的，而非今天信了，明天又不能信的？對人生沒有信心，會失去上進的動力，使人陷入苦悶，這是世界共有的問題。（Elkind, 1979）

以上種種，似乎都顯示我們太重視過去的傳統，而太忽視對未來的

期望。父母以過去或現在「成功的人」的典型來塑造目前的孩子，但是孩子是未來的成人，如此刻意塑造出來的孩子，將來長大後是否仍符合「當時」社會所要求的標準？很多父母都以為父母有絕對的權利，按照「理想」去塑造孩子，給予「正確的教育」，就會使孩子長成「模範成人」。例如：父母若希望孩子成為「某某人第二」，便會儘量在那方面栽培，以為如法炮製便會如願以償；問題是，即使目標達成，孩子可能永遠都是一個「複製品」，走在別人的足跡裡，沒有自我實現的機會。這種想法使得許多用心的父母都自問：「要發展成一個成功的人，孩子需要什麼？」這個問題就等於：「我希望我的孩子長大後，成為什麼樣的人？」

　　雖然這樣的問題沒有一致的答案，但是孩子並不需要成人特別的行為或行動，才能發展得好。並不是說孩子不需要父母的照顧和關心，而是強調，一般的育兒指南並不能保證一定會教人做成功的父母。例如：到底什麼時候該懲罰？如何懲罰？如何才是適度的鼓勵？等等，沒有配方，沒有公式。孩子的確有心理需要，但是沒有人可以告訴父母，該怎麼做才能充分滿足自己的孩子的心理需要。父母必須運用智慧去判斷，去瞭解，去體會。

　　儘管如此，在少子化速度愈來愈快的社會，少數的第三代幾乎成為家庭的中心，因此上面兩代，仍然急欲從專家或其他的經驗中，找到所謂「成功」教養的方式。這一類的父母即便知道自己的孩子與他人不同，但仍然以最快速的方式找到教養子女的答案，以及可以讓子女「成功」的方式。但結果是不是與套用的理論或經驗相同，卻難有實證的答案，這毋寧是現代父母時間被高度壓縮難為之處，也是現代晚婚、少子、高齡化的家庭結構，難以避免的現象。

12.1-3　社會變遷中父母態度的改變

　　美國曾做過一個綜合性的研究，探討在社會變遷中，父母態度的改變及所遭遇的挑戰（General Mills, 1977）。此研究的樣本是從全美國抽樣的1,230個有13歲以下的子女的家庭，主要的發現是：父母可分為兩種，一種相信傳統的價值，另一種相信新的價值，但是二者均認為傳統的價值應

該在養育的過程中傳遞給子女。

在當時，此大規模的調查研究中，傳統型的父母占全部的57%，他們管教子女較嚴格，對子女期望較高，雖然他們支持傳統的價值觀，多少也接受當前社會的新價值觀，例如：他們也認為父母不必為了孩子而勉強維持婚姻；他們也相信父母有權為自己的生活著想，即使如此一來就必須減少與孩子相處的時間。

而那些新型的父母占43%，他們比較以成人為本位，他們不認為親職是社會責任，而是自己選擇的，他們懷疑為了孩子而完全自我犧牲是否有意義，他們相信父母和子女的權利是平等的、自由的。大部分的受訪父母（64%）對其家庭生活和問題的處理都還滿意，其餘的36%則不太確定他們是否為好父母，尤其是職業婦女、單親、低收入的父母。他們認為在目前社會裡，養育子女的困難主要是：

1. 犯罪和暴力的蔓延所帶來的社會壓力。
2. 通貨膨脹和物價上升的問題，還有廣告刺激孩子的購買慾望。
3. 新舊價值觀的衝突。
4. 職業婦女、單親、貧窮的父母所面臨的特殊需要。
5. 在管教的寬或嚴，為孩子犧牲太多或太少，對孩子要求過多或過少等等之間取得平衡。

雖然這些因素使得親職看似一份很困難的責任，但是90%的父母仍願意有子女，不管在未來，父母會面臨什麼問題，我們確信，孩子情緒的滿足和教養仍需靠父母。隨著社會變遷的鐘擺，也許我們不斷會有新的答案：到底孩子應該學些什麼？父母需要知道些什麼？父母能給孩子什麼？

12.2　家庭的未來與未來的家庭

「人無遠慮，必有近憂。」在我們這一世代的人還為了社會的快速變遷而七葷八素時，仍需睜眼看一看我們往哪裡去。對於「過去」，我們都曾聽過、看過或經過，而「現在」就在眼前，因此討論過去和現在都不算太困難，但是要談「未來」，只能用推測和想像力，似乎一般人力有未

逮。

　　無論如何，人們對未來總是有興趣、好奇和關心。因此，自古以來，占卜的行業就存在，至今雖科技發達，人類早已登上月球，卻仍有許多人相信算命卜卦，由相士來指點他們的迷惑。然而若是以社會科學的角度來看，「鑑往知來」是可能的，社會學家蒐集許多資料，歸納分析，可以預見未來的光景。

12.2-1　第三波的家庭

　　美國社會學家托弗勒（Alvin Toffler）所著的《第三波》（*The Third Wave*）裡，有一章專門談到未來的家庭。

　　1. 非核心的生活型態

　　托弗勒認為核心家庭是工業革命之後的產物，是為了適應工業社會而形成的，但是核心家庭已不再是第三波社會的理想型態了，其他的家庭型態迅速繁衍。例如：單身者、同居者都迅速增加，而且已不以為怪。

　　2. 沒有孩子的文化

　　一部分人刻意選擇沒有孩子的生活方式，我們即將由「以孩子為中心」的家庭轉為「以成人為中心」的家庭。單親家庭增加的速度驚人，在美國有七分之一的孩子是由單親撫養，都市地區更高。而合成家庭（由兩個離婚有孩子的人再結婚，把雙方的孩子帶入新家庭）可能會成為明日家庭型態的主流。在第三波時代，家庭制度會趨於多樣化。

　　3. 親密的關係

　　由於電子住宅的出現，在家裡工作將會普遍化，這意味著個人的工作和生活幾乎不可能完全分開，在這些家庭裡，不論雙方分擔幾分工作，都必須向對方學習，共同解決問題，互通有無，雙方的關係會愈來愈親密。

　　4. 愛情加法

　　電子住宅使得配偶在家中一起工作成為可能，而人們在擇偶時，很可能不單單考慮性和心理的滿足，連帶要考慮社會地位。他們會強調「愛情加法」——性和心理的滿足加上大腦，愛情加上理智、責任感、自制力，和其他工作上必須的德行，家庭成為多目標的社會單位。

5. 支持童工運動

在電子住宅裡，孩子不僅可以觀察父母的工作情形，而且到了某個年齡之後，還可以參與工作。可能會出現一些專為年輕人設計的工作，而且與教育合併進行。使年輕人也能扮演生產性的角色，解決失業問題。同時支持童工運動，呼籲以適當的措施來保護童工，使他們不致受到嚴重的剝削。

6. 電子大家庭

明日的家庭裡可能會有一兩位外人，如同事或鄰居，這種組合方式下產生的家庭會受到特別法律的保護，成為聚居的合夥企業，這類的住家將成為電子大家庭。可能還會有許多大家庭連成一個網狀系統，可以提供必需的商業和社會服務，聯合推銷其勞務，或者成立自己的貿易協會。電子大家庭的興起對社區生活、愛情和婚姻型態、友誼的重建、經濟和消費市場，以及我們的心理和個性，在在都具有重大意義。

7. 父母失職

任何家庭結構的改變均會改變我們所扮演的角色，一旦核心家庭面臨考驗，其相關角色亦告瓦解，使家中的人備受折磨，角色必須重新劃分。

托弗勒認為第三波已是無法抵擋的，第三波的家庭型態和個人角色是多變的，多樣化的家庭為個人提供了許多新的選擇機會，第三波的文明並不拼命把每一個人塞進單一的家庭型態，在新的家庭制度下，我們可以選擇或者創造一種最適合個人需要的家庭型態。然而在新舊交替時，人們因選擇過多而感到痛苦、憂慮、孤獨，為了讓新制度順利運行，必須在各方面進行改變：

1. 在價值觀方面，要袪除隨著家庭破碎和重建而來的無謂的罪惡感，不要增加不必要的痛苦，對於核心家庭以外的家庭型態要容忍，甚至鼓勵。

2. 在經濟和社會生活方面，法律、稅則、福利制度、學校安排、住宅規定、建築形式等，都應考慮到各種特殊的需要。為了提高管理家務工作的地位——不論是由男人或女人負責，也不論由個人或團體執行，都應該支薪，或承認其經濟價值。同時，放寬工作年齡限制、實施彈性上班時

間、開放工作半天的機會，這些措施都可使生產工作更合乎人情，同時也能配合多樣化家庭型態的需要。

托弗勒認為適當的措施可以減少轉型期間眾人的痛苦，幫助我們順利邁入明日世界。當時流行「未來學」（Future Studies或Futurology），他在40年前對未來家庭能有如此的洞察，著實令人佩服他的遠見。在托弗勒的時代，完全不知道二、三十年後會出現一種東西叫做「網路」，也不可能知道因為網路的發明，會讓家庭的關係重整。的確，托弗勒預測的「非核心的生活型態」、「沒有孩子的文化」在現代家庭已經不稀奇，而因為物聯網的發明，類似托弗勒當年說的「電子住宅」、「電子大家庭」，更讓家庭與工作更難以分際。當時托弗勒沒有見過的「soho族」，如今日見普遍。不過，雖然社會變遷的速度比托勒弗預測的速度還快，但提高管理家務工作地位的情形並沒有真正大規模地發生，為配合多元家庭型態的工作狀態也沒有如托弗勒預期地更加進步，反而雙薪家庭的工作時間日益增加，也使家庭關係及衍生的變數更加複雜。

12.2-2　第三波孩子

托弗勒推測第三波社會對孩子的教育態度與方式，他認為這不同的一代可能會有這些情況：

1. 明日的孩子可能會在一個托兒中心較少的社會裡長大。

2. 大眾會更注意老年人的需要，而減少對年輕人的關切。

3. 婦女在工作和事業上的發展，使她們不再將全副精力投入傳統的母職。

4. 明日出生的嬰兒可能會發現，這個世界不再重視孩童的需要、期望、心理發展和滿足感，甚至抱著冷淡的態度。

5. 青少年期也不會像這樣漫長、痛苦，也得不到現在這種富裕和從容的享受。

6. 孩子會在電子住宅或工作家庭中長大，很早就負起生活責任，生產力較以往大。

7. 孩子比較不會感受到同輩朋友的壓力，將來可能更有成就。

8. 教育方式轉變，在教室外學到的知識比教室內還多。義務教育的年限會縮短，而非延長。

9. 未來的年輕人將具有不同的個性，不在乎同輩朋友、不以消費為目的、不沉溺於個人的享樂。

第三波社會的孩子成長的過程和以往不相同，所形成的人格自然也有所差異。托弗勒相信家庭會在第三波文明中擔當一個重要的角色，在其教育功能方面，他認為家庭應該負起更大的教育責任。願意自己在家裡教育孩子的父母，學校應該支持他們，不要把他們視為怪物和違法之徒，而且家長對學校應該有更大的影響力，未來的社會是個以家庭為主的社會。

托弗勒40年前的見解，對於現代社會發展的確是重要的觀點。家庭如能在網路科技快速發展的社會中，發揮重要的力量，當然可以發揮重要的穩定作用。托弗勒當時看到的在家教育，以父母為教學主體的非主流教育方式，已成為一股教育浪潮，反而成為一種時尚。而且家長對於學校的影響力，也正如托弗勒預期，更深入地進入校園當中。

不過，這股影響力利弊得失究竟如何，尚無定論。家長的影響力進入校園，可以讓「學生成為教育的主體」的目標更加落實，有了家長的支援，親師之間的合作必然能使學生成為直接的受益者；但許多對教育較有主觀或對教學現場不明理的家長，會有意無意地介入，甚或干涉、妨礙老師的教學，以致成為「怪獸家長」（吳迅榮，2014）。

此外，托弗勒在思考社會對教育態度與方式時，可能沒有想到網路對社會會發生如此重大而深入的影響。這可以從以下幾個方面觀察：

1. 父母可以利用網路，瞭解孩子們的行蹤，過去孩子因為缺乏工具而不能回報所處位置的問題，因著行動通訊載具的暢行而失去藉口。

2. 父母可以在網路上與其他父母交換教育兒女的經驗及心得，並且隨時下載家庭問題，包括婚姻及親子問題的原因及解決方法。

3. 網路讓家人關係變得既冷淡又熱絡、既熟悉又陌生。家人同時在家，卻可能在不同的房間，以電腦或行動通訊載具裡的通訊軟體「溝通」。

4. 孩子們在家言行學習的對象，不再僅限於父母。透過網路，孩子

可以學習任何他們想學的東西、才藝，並且「反駁」、「踢爆」父母教育孩子時的種種錯誤，「天下無不是的父母」的觀念，對現代家庭已漸稀薄。

5. 「秀才不出門，能知天下事」，在網路時代的確可能發生。不過這些所謂「宅男、宅女」也有可能在網路裡面是巨人，但面臨實際生活時卻極無知。

然而，從第三波孩子到網路時代，現代家庭受到網路許多影響。尤其近年來網路對於青少年及兒童的影響，在社會、家庭、傳播等各方面學界，一直都有大規模深入的探討。綜觀之後，有以下幾點：

1. 人際互動問題：有的研究指出，青少年及兒童從小重度使用網路者，將愈少和家人溝通，未來的人際溝通能力也愈差；不過也有相反的研究發現顯示，使用網路愈多則愈覺得與社會不脫節，而愈增加與他人溝通的動機（王嵩音，2007）。被稱為「網路世代原住民」的青少年及兒童，其人際互動會受到長期使用網路的影響，則是事實。

2. 網路成癮問題：過度沉溺於電腦及網路因而成癮的問題，在不同國家均有7%～13%的兒童與青少年深陷其中。依其使用內容加以區分，可分為五大類：

(1)性成癮：深受網路上與性相關的網頁內容及情色活動所吸引而沉溺。

(2)關係成癮：沉溺於網路上的人際關係活動之中。

(3)強迫行為：包括沉溺於網路遊戲、網路賭博、網路購物與交易等活動。

(4)資訊超載：沉溺於網路資訊的搜索與蒐集之活動。

(5)電腦成癮：沉溺於與網路有關之電腦操作與探求之活動。

五類成癮的強度不一，而網路成癮當事人的成癮行為有可能會橫跨兩類以上，許多網路成癮的現象，都是從兒童或青少年時期就開始。（王智弘，2008）

3. 角色扮演問題：當家庭中的成員因為少了現實生活中的角色限制，反而可以從中嘗試、預演現實個人在家庭或社會中的角色與任務，並

發現自己的潛力，增加自我的認識，的確有助於少年對正向角色的認定、增進少年自我的瞭解與自信。但另一方面，青少年在虛擬世界與真實世界之間界線的區辨，往往可能陷入何者為「虛擬」、何者為「真實」的世界或人生的困惑。再加上網路的匿名特性，於是欺騙、勢利、背叛、霸凌的戲碼不斷上演，使得青少年在人際交往「互信」的價值，與現實友伴間講求的「忠誠」、「道義」的價值也面臨抉擇的兩難與矛盾。「虛擬」與「真實」之間，常常讓家庭成員陷入衝突而不知原因。

4. 網路暴力問題：電腦及網路世界，將暴力使用直接導入遊戲中，導致青少年與兒童在暴力攻擊行為的認知上產生錯亂。而且，當所玩之遊戲角色愈逼真，遊戲者受到的暴力行為影響愈強烈，也就更容易產生暴力行為。而當父母強力反對孩子繼續沉溺在電腦及網路遊戲時，孩子以暴力方式抗拒的情況更嚴重（李德治、林思行、吳德邦、謝正煌，2014）。此外，社群網路盛行後，網路霸凌也日益嚴重。

兒童福利聯盟（2007）的調查發現臺灣的國中國小學生，每四人就有一人有網路霸凌行為，其中「網路小霸王」又以男生多於女生，多次在網路上做出各種傷害人的舉動。顯然，電腦遊戲及網路世界，已經成為青少年使用肢體及言語暴力的來源及管道。

5. 身心健康問題：收看電視確實傷害兒童視力。網路世代使用螢幕更小、更難聚焦的電腦螢幕，對視力的影響更加嚴重。此外，研究證實，網路過度使用與部分憂鬱症的形成互為關聯。柯志鴻（2007）指出，一部分青少年網路成癮背後的因素可能是憂鬱症，臺灣高雄醫學院針對國高中生的調查均顯示，網路成癮者有較高的憂鬱指數。而瑞士洛桑大學的研究團隊指出，對於青少年來說，花太多時間在網路上，會增加罹患憂鬱症的機率；但那些完全不上網的青少年，同樣容易罹患憂鬱症，重要的是如何適度的使用網路。

12.2-3 第三波的家庭生活

第三波中提到電子住宅，當一般人還覺得電子住宅好像只能存在於科

幻故事中時，已有許多人從事智慧家庭的研究。不過，現在更因著物聯網時代來臨，過去想像由電腦控制的「智慧型家庭生活」，已經被物聯網及行動通訊載具，或穿戴式行動通訊所掌握。

第三波是不可抗拒的潮流，多年前柴松林（1985）即認為明日世界將有幾項重大的改變：

1. 人口結構與經濟型態

(1) 人口結構塔型式改變，年輕人比例減少，老年人愈來愈多。

(2) 教育支出不斷增多。

(3) 老年時間增長，過幾年將逐漸步入老年國。

(4) 人生的風險加大，現代人會變得小氣。

(5) 投資儲蓄行業看好。

2. 社會制度與兩代關係

(1) 社會安全制度要求升高，兩代觀念產生巨大差異。

(2) 兩代同住的問題因觀念差距而無法解決。

(3) 痛苦地「享受」挫折感，在升學機會有限的情況下，只有三分之一的父母能達到期望。

(4) 未來的世界以單身為主。

(5) 單親家庭增加。

(6) 離婚率上升並不表示世風日下，人心不古。

(7) 同性家庭。

(8) 組合家庭，由若干男女構成一個家庭。

3. 休閒生活與流行觀念的改變

(1) 個人活動增加，團體活動減少，產品設計要多樣化。

(2) 流行觀念改變，要具創造力與想像力才能生存，產品要個別化，因此生產方式不要大量生產標準化的產品，而是要改變為彈性自動化制度，按顧客願望生產各種不相同的東西。

4. 人口密度與人情味成反比

人口愈來愈密集，易於養成競爭性格，也愈貪得無厭。

5. 生活空間與生活時間的再開發

(1) 生活領域愈來愈小，必須創造時間和空間。

(2) 日用品的設計要節省空間，即生活空間再開發。

(3) 生活時間的再開發，採取彈性工作制、部分分工的方法及全時數，以分散擁擠的時間。

(4) 傳播媒介逐漸縮小，小眾媒介逐漸發達。

6. 主動的積極貢獻取代被動的獨善其身

(1) 人們希望不要再被別人控制，自己動手做的時代來臨。

(2) 道德觀改變很少，不自私、與人分享，為別人著想。

(3) 以更大的包容面對未來。

柴松林教授30年前的預測除了「升學機會有限」之外，目前的確正在發生中。臺灣初婚年齡的提高，離婚率高居不下，單親家庭比例日漸提高，多元家庭面貌的紛陳，傳播媒體使用的個人及分眾化，在在都顯示這是個愈來愈強調自由主義，以個人為家庭發展的中心。

12.3　有關家庭的研究

12.3-1　家庭研究發展簡史

在十九世紀以前，有關家庭的問題，只出現在小說、詩歌和戲劇裡面。然而文學作品難免是主觀的描述，在研究上較無參考價值。科學的探討家庭問題大約起源於十九世紀，當時社會達爾文主義（Social Darwinism）幾乎支配了這個研究範疇的興趣，主要論題是初民社會的婚姻制度和家庭系制。學者（Morgan, 1970; Engels, 1884）應用歷史資料、民俗和神話，來討論人類家庭的起源和發展，或直接比較研究某些現存的初民社會之家庭生活。雖然家庭研究之領域已被學者所開拓，然而問題分析的觀點與方法爭論尚多。

隨著社會變遷加劇，學者開始注意到當代家庭貧窮問題，因而針對城市的家庭勞力和經濟結構做研究，如歐洲勞工研究（Le Play, 1855）可為

代表。此時期家庭研究的缺點在於研究對象太集中於低階層家庭之經濟情況，而對中上階層家庭的瞭解甚為缺乏，尤其忽略了家庭與其周遭環境、社會和文化的關係。

二十世紀初期，個人主義盛行，婦女勞動參與力提高，離婚和分居增加，生育率降低等問題層出不窮，且持續於家庭體系內，導致家庭研究轉向這些主題的探討，視家庭為一群互動人格的整體，以分析其個體化（individualization）的過程，並採用統計資料加以討論、說明，但是此階段的家庭研究過度重視個人態度之探討，而降低了社會結構對家庭影響的重要性，於統計分析上亦未能做深入系統的研究。

1929年世界性的經濟不景氣，緊接著第二次世界大戰發生，家庭社會學的研究亦受影響，發展出一套更廣泛的觀點，匯集研究焦點於家庭與外在社會體系的密切關係上，試圖發現和說明當外在社會體系發生某種變動時，家庭對此種變動的反應及其所受的影響。如研究經濟不景氣、流行病和戰爭等事故對家庭的影響，以及家庭的反應如何（Bell and Vogel, 1960）。

在此時期內，有三種研究方式值得參考：

1. 人格互動法（the personality-interaction approach）：偏向心理學觀點與技巧。

2. 記錄連鎖法（the method of record linkage）：偏向統計文獻法，較適合當輔助資料。

3. 直接觀察法：偏向人類學田園參與觀察法。

最近的家庭社會學者試圖發展出一套更新、更普遍的家庭研究的概念架構與研究方法，將家庭視為一種社會體系，一方面著重於家庭的結構和功能對外在體系的關係，另方面也注意到個人與家庭的關係。

歸納以上的家庭研究，可知西方學者大都基於兩種觀點：一是將家庭視為一種社會制度，以分析其社會所範定的行為模式和社會所賦予的價值，因此家庭研究的主題，在於分析家庭過去和目前在社會所擔負的功能及其變遷；另一觀點是將家庭視為一種社會團體，而著重於家庭和其分子間的動態關係，亦即研究分析家庭分子間的互動情形。

　　至於我國的家庭研究，大約興起於五四運動時期，當時是對社會問題的注意而引來興趣，易家鉞與羅敦偉（1922）合著的《中國家庭問題》，為我國學者鑽研本國家庭問題的第一本書。此時期的家庭研究缺乏理論的探討，對實際問題的討論缺乏客觀性。

　　五四運動的熱潮減退及北伐全國統一後，對家庭的討論才逐漸地客觀和科學化，學者對舊有的家庭，不再是一味的攻擊，而代之以正確而適當的評價，一方面試圖從歷史的觀點來探討家庭功能的變遷，並以此作為討論當代家庭的依據，如陳東原（1928）的《中國婦女生活史》，陳顧遠（1925）的《中國婚姻史》等都是對於華人家族制度史的分析。另一方面鄉村社會的學者更以實地研究，描寫農村社會的日常生活和其對社區的功能，如楊懋春、楊慶堃、許烺光等人的研究。這時期的學者大都把家庭當作一種社會制度來研究，很少注意到家庭動態關係的分析。

　　從1960年起，有關家庭的研究才重新在臺灣蓬勃起來，理論與實際並重，鄉村與都市兼顧，科學態度與方法更是廣泛的被應用，並注意到家庭生活和家庭分子關係的研究。

　　綜觀臺灣的家庭研究，可知三個演進過程，最初是將近代臺灣家庭與傳統中國家庭做比較，進而注意到家庭動態關係的研究，最近更重視社會體系的變遷對家庭組織和結構的影響。尤其重要的是學者對方法論的探討，使家庭研究的誤差減少，促進了家庭社會學領域之正確科學研究。

12.3-2　家庭研究概念架構

　　理論必須有研究作為基礎，而研究也需要理論為指引。有關於家庭的理論和研究目前還不是很有系統，家庭研究的概念架構（conceptual framework for family study），有五種家庭探究法，分述如下：（Hill and Hansen, 1960）

　　1. 互動探究法（the interactional approach）

　　家庭互動探究肇始於社會和社會心理學，從米德（Mead）和柏吉斯（Burgess）的著作中發展而成。米德在其《心理、自我與社會》（*Mind,*

Self and Society）一書中，謂人所具有之理性和自我均為社會之產物，換言之，人的自我是在社會互動及溝通的過程中發展而成，並非先於社會而存在。人藉著角色扮演及設身處地，學習他人對某種行為或環境的態度，來控制自己的行為，故自我概念乃從「概化他人」（generalized other）的想像中，獲得更充分的發展。

柏吉斯認為家庭是諸互動人格的整合體（an interacting unity），而非集合體（collection），因為一般人對自己以及家人在家庭內所扮演的角色均有相當的瞭解，所以夫妻、父母、子女、兄弟姊妹這些角色，交相決定彼此在家庭中的地位與互動情形，於溝通過程中，家庭各成員的價值與態度相互融合，使家庭成為一個整合體。

互動探究法視家庭為一初級團體，其焦點集中於角色的分析、地位間的關係、溝通、衝突、問題解決、決策形成和緊張反應之種種過程，因此只注重家庭內部各方面，只能適用於個別家庭或特殊團體的家庭。

2. 結構功能探究法（the structure-function approach）

此探究法用於家庭的許多方面，從廣度鉅型分析（broad macroanalysis）到深度微型分析（intensive microanalysis）都有。視家庭為整個社會系統的許多組成單位之一，家庭又分為內、外二系統，內部系統是管制家庭以內的種種關係，外在系統是處理家庭與非家庭單位及事務的種種關係。

結構功能探究法認定家庭對家庭以外的事件和影響是開放的，將家庭看為一個維持其本身範圍的系統，視家庭個別成員為被動的行為反應者，而非主動的行為發動者。家庭本身是在適應社會系統，而不是變遷的動因。換言之，本法重視靜態的結構，較不重視動態變遷。

3. 情境探究法（the situational approach）

以情境概念來探究家庭（Bossard, 1943），將社會情境定義為「存在於有機體之外的一些刺激，它們對有機體定會發生影響，且彼此交相關聯，以刺激有關之特殊有機體。」情境論者將家庭看為行為的社會情境，家庭是其成員的刺激單位，但不是刺激的唯一來源。家庭是個人或團體的即時情境（immediate situation），是整個情境範圍的一部分，而情境之非家庭部分則為邊緣部分，在研究中當為自變數來分析。

4. 制度探究法（the institutional approach）

制度探究法視社會系統為一個有機整體，由諸構成單位所維繫，制度只是其中的一部分。強調家庭是一個社會單位，研究家庭成員和社會文化之價值。家庭制度由個別家庭系統所組成，而個別家庭系統是在普遍的文化環境中形成，文化環境之籠罩家庭，是以文化價值結叢或文化全形（cultural configuration）的姿態出現。

5. 發展探究法（the developmental approach）

家庭發展探究法跨越數種探究法的領域，將其不衝突的部分融合為統一的架構，此探究法認為個人由幼而少、而壯、而老、而死亡，形成一個「個人生命循環」（individual life cycle），家庭的發展也是如此，由形成（formation）、而發展（development）、而擴大（augmentation）、而衰落（decline），成為「家庭生命循環」（family life cycle）。隨著家庭生命循環的改變，每個階段之變化各具不同的特性，而且在此家庭發展過程中，許多事件對家庭都是重要而且有意義的，而且相互影響家庭成員的角色關係。

至於階段的劃分，有兩種方法：一是以個人出生為起點，一是以結婚為起點（註：本書採用的是後者）。發展探究法以家庭生命循環為其研究時距（time span），以各階段為基本時間單位，分析在此時距內之家庭互動與變遷，亦即對家庭內部發展做長期縱貫的研究。

表12-1　家庭探究法的比較

探究法	家庭的角色
互動探究法	成員角色互動的整合體
結構功能探究法	整個社會系統的靜態結構
情境探究法	刺激其成員之行為的社會情境
制度探究法	社會有機系統的組成單位
發展探究法	生命循環過程

12.3-3　家庭研究的類型

家庭是生活的實驗室，是各種理論和課程計畫的很重要的試驗場，

很多學科都可以從不同的角度來研究它。例如：生命學研究基因、生育等等；醫學和藥學也可以針對家庭的環境與家人健康做研究；建築學可以研究家庭的居住問題；營養學研究家人飲食習慣；凡此種種，都是為了改善人類的家庭生活。

　　但是就行為科學和學科方面，以下列舉15種社會科學在家庭生活方面所做的研究。（Duvall, 1977）

表12-2　有關家庭研究的學科

學科	研究的例子
人類學 　文化人類學 　社會人類學 　人種學	文化和次文化的家庭型態和功能 泛文化的比較家庭型態 人種的、種族的和社會地位的家庭的差異 原始的、發展中的、工業社會的家庭
諮商 　諮商理論 　臨床實習	婚姻與家庭人際關係的動力學 個別、婚姻、家庭諮商的方法和結果
人口學	家庭生活各方面的人口調查和生命統計 泛區域的、縱貫的、紀錄連鎖的調查 差別的生育率 家庭計畫和人口控制
經濟學	消費行為、市場學、動機研究 家庭的保險、津貼、福利需要 生活水準、薪資等級、社經地位
教育 　學前 　小學 　中學 　大學、專科 　親職 　專業	養育孩子的方法 發展的型態 教育方法和評量 家庭生活教育 動機和學習 婚前準備 性教育
歷史學	現代家庭的歷史根基 家庭型態的起源 未來家庭的預測 社會對家庭的影響 社會趨勢和調適
家政學 　家人關係 　家政教育 　家庭管理營養	實習的評量和教育結果的測量 家庭飲食習慣和營養 家庭管理和實習 家庭成員的關係

學科	研究的例子
人類發展 　兒童發展 　青少年發展 　中年和老年	性格發展 兒童成長和發展 發展的標準和差異 認知學習的本質 泛文化的變化 人格發展 老年人的社會角色
法律	領養和兒童保護 兒童保育和福利 婚姻和家庭法 離婚和解除婚姻 性的控制和行為 親權和責任
精神分析	異常和正常的行為 臨床診斷和治療 人格的基礎 發展的階段 心理疾病的治療
心理學 　臨床心理學 　發展心理學 　社會心理學	自我概念和渴望 衝動、需要、慾望 人際交互作用的動力學 學習理論 心理衛生
公共衛生學	傳染病學和免疫學 家庭保健和預防醫藥 母親和嬰兒的健康 有毒的物品研究 小兒科的衛生教育 性病
宗教	教會對婚姻和家庭的政策 不同宗教的家庭 不同教派間的婚姻 宗教中的愛、性、婚姻、離婚、家庭
社會工作 　家庭個案 　團體工作 　社會福利	評價家庭的需要 設計幫助家庭的建設性計畫 測量家庭功能
社會學	求偶和擇偶 家庭的形成和功能 社會變遷對家庭的影響 家庭危機和解體 家庭成功的預測 社會階層對家庭的影響

　　家庭研究的目的無非想更多認識、瞭解家庭的種種，也是為了要在探究過程中，學習讓家庭更有活力的方向和方法，使得每個人在家庭生活和家人互動中蒙福。從研究到落實，除了政府的倡導，喚起社會的關注和重視，並以前瞻性的規劃，結合整體的力量，也需要全民的投入和參與，持續的推展。

附錄一　一位父親的祈禱詞

● 麥克阿瑟將軍

　　本文是麥克阿瑟將軍留給他的愛子亞瑟一筆最珍貴的遺產。這篇祈禱詞是他在南太平洋戰爭初期最絕望的日子裡寫下的。從這篇祈禱詞裡可以看出麥帥信仰的虔誠、感情的真摯，以及文章的優美，令人百讀不厭，是千古不朽之作。

　　「主啊，教導我兒子在軟弱時能夠堅強不屈，在懼怕時能夠勇敢自持，在誠實的失敗中毫不氣餒，在光明的勝利中仍能保持謙遜溫和。

　　教導我兒子篤實力行而不從事空想；使他認識祢——同時也認識他自己，這才是一切知識的開端。

　　我祈求祢，不要將他引上逸樂之途，而將他置於困難及挑戰的磨練與刺激之下。使他學著在風暴中站立起來，而又由此學著同情那些跌倒的人。

　　求祢讓他有一顆純潔的心，有一個高尚的目標，在學習指揮別人之前，先學會自制；在邁向未來之時，而不遺忘過去。

　　主啊，在他有了這些美德之後，我還要祈求祢賜給他充分的幽默感，以免他過分嚴肅；賜給他謙虛，才能使他永遠記著真正的偉大是單純，真正的智慧是坦率，真正的力量是溫和。

　　然後，作為父親的我，才敢輕聲地說：『我總算這輩子沒有白活』。阿門！」

附錄二　新孝道和新慈道

• 新孝道的基本原則和實踐

楊國樞針對我國家庭的觀念，提出「新孝道與新慈道」的看法，給為人子女和父母的人一個方向。

新孝道的基本原則有三：

1. 合情的原則

子女行孝應以愛心為本，以感情為重，並應設身處地，盡力為父母著想；在對父母表達關懷之情時，應採取其習於接受之方式。

2. 合理的原則

子女行孝當適當運用理性，考慮事實，顧全事理，而不衝動短視，為近誤遠，以私害公；行孝有很多方法，應各自量力而為，不宜過度過分，走入極端，尤不可因行孝而自殘、自虐或自貶，即不可愚孝。

3. 合法的原則

行孝應不違反現行法律為原則，不可因圖利父母，而有犯法之。父母如要子女做不法的事，子女應好言相勸，不可接受亂命；也就是在合情、合理、合法的範圍內，子女盡力善待父母。

其實踐原則有14項：

1. 子女善待雙親，父母一樣看待，不可厚此薄彼。
2. 多與父母交談，以瞭解其看法、想法及感受。
3. 盡力敬愛父母，不以言辭或行為侮慢父母。
4. 盡力使父母心情愉快，少惹父母生氣。
5. 幫助父母從事並完成善舉，不陷父母於不義。
6. 對父母應真心誠意，不因父母之社會地位與經濟能力而表面做作與應付。
7. 言行儘量使父母引以為榮，不使父母因子女言行而抬不起頭來。
8. 盡力使父母信任與放心，而不使父母為子女行為耽心。
9. 保持自己身心健康，以免父母憂慮掛念。

10.以同情的態度來瞭解父母的時代與生活背景,不可冒然視為落
伍。

11.父母如有過錯,子女應以委婉的態度耐心相勸。

12.父母在物質生活上如需照料,子女應盡力予以安排,勿使有所匱
乏。

13.父母生病時,子女應妥為照顧,盡力設法醫治。

14.父母喪亡,子女應予以妥善安葬。

- ### 新慈道的基本原則和實踐

而新慈道的基本原則與新孝道相似,只是父母和子女的角色互換。而
其實踐原則有20項:

1. 對子女應公正公平,不厚此薄彼。

2. 愛護、支持子女,不在情緒或行為上拒絕子女。

3. 對子女表達情感,不以冷漠待之。

4. 鼓勵子女從事多方面活動,以瞭解與發現子女的各項潛能。

5. 在子女能力範圍內給予充分的受教育機會。

6. 尊重子女的性向與意願,不勉強子女去完成自己未達成的志向或
構想。

7. 接受子女的能力限制,不勉強子女去做力所不及的事情。

8. 管教時多用獎勵與理喻,少用懲罰、諷刺或其他可能傷害子女自
尊心的方法。

9. 規定不宜太多或太少,並解說規定的意義與目的。

10.容許並教導子女在意見與行動上參與家事,以培養其團體生活能
力。

11.訓練子女處理自有事務的獨立能力,不放縱、溺愛、護短或過度
保護。

12.避免嚴苛、武斷或任意行使父母的權威,不輕易將子女合理的異
議視為傲慢或反抗,必要時承認自己的錯誤,反使子女更尊敬。

13.多與子女溝通意見，鼓勵子女表達自己的看法，以增進對子女的瞭解。

14.親自教養子女，不假他人手。

15.以身作則，在德操與行為上善自檢點，以為子女表率。在相同的事情上，不宜以雙重標準來要求自己與子女。

16.管教子女時，意見應一致，以免抵消或減少管教的效果。

17.盡力改進自己的婚姻生活，避免夫妻不和對子女產生不良影響。

18.體認今日兒童與青少年與往昔不同，不拿子女與當年的自己相比。

19.子女成年後，父母應尊重其交友與擇偶的決定。

20.成年子女有他們自己的事業與家庭生活，父母應予適度尊重。

參考文獻

一、中文部分

內政部（2009）。老人狀況調查報告。臺北：內政部統計處。

孔祥明（2010）。東南亞婚姻移民者在家庭所受文化際遇與生活影響：鞏固、箝制、還是多元文化交流？亞太研究論壇，**49**，58-84。

毛樂祈（2015）。讓耶穌幫你帶小孩。臺北：校園。

王天苗、吳武典（1987）。殘障兒童與家庭交互影響之研究。特殊教育研究學刊。

王連生（1980）。親職教育的基本觀念之分析。師友月刊，**162**，9-12。

王智弘（2008）。網路成癮的成因分析與輔導策略。輔導季刊，**44**（1），1-12。

王嵩音（2007）。網路使用之態度、動機與影響。資訊社會研究，**12**，57-85。

王禮錫等譯（1975）。家族論（上冊）。臺北：商務。

王麗容（1994）。社會變遷中的親職教育需求、觀念與策略。國立臺灣大學社會學刊，**23**，191-216。

伊慶春、章英華（2006）。對娶外籍與大陸媳婦的態度：社會接觸的重要性。臺灣社會學，**12**，191-232。

朱岑樓（1970）。婚姻研究。臺中：霧峰。

朱岑樓（1977）。中國家庭組織的演變。臺北：三民。

朱瑞玲（1985）。社會變遷中的子女教養問題之探討。加強家庭教育促進社會和諧學術研討會論文。行政院研考會。

余漢儀（1995）。兒童虐待現象與問題反思。臺北：巨流。

余德慧（1987）。中國人的父母經。臺北：張老師出版社，1-21。

利翠珊、張妤玥（2010）。代間照顧關係：臺灣都會地區成年子女的質性訪

談研究。中華心理衛生學刊，**23**（1），99-124。

吳自甦（1973）。**中國家庭制度（二版）**。臺北：商務，12。

吳秀碧（1986）。正確認識與協助單親家庭的兒童。**輔導月刊，23**（1）。

吳明燁（1987）。職業婦女與鑰匙兒。**社區發展季刊，38**。

吳明燁（2001）。父母控制與管教行爲對於青少年問題之影響。發表於中央研究院社會學研究所主辦：青少年生命歷程與生活調適研討會。

吳武典（1986）。重視資優的殘障者之教育。**特殊教育季刊**。

吳就君（1985）。**人在家庭**。臺北：張老師出版社。

吳就君譯（1983）。**家庭如何塑造人**。臺北：時報。

吳靜吉（1984）。**青年的四個大夢**，新一版。臺北：遠流。

吳聰賢（1976）。臺灣的人口。**人口問題與研究**，66-71。臺北：國立臺灣大學人口研究中心。

吳麗君（1986）。以家長參與提昇資優教育的品質。**資優教育季刊，**_20_，10-12。

宋光于編譯（1977）。**人類學導論**。臺北：桂冠。

李亦園（1981）。**信仰與文化**。臺北：巨流，235-244。

李德治、林思行、吳德邦、謝正煌（2014）。國小學童線上遊戲、網路成癮與校園霸凌之關聯。**臺中教育大學學報：數理科技類**。

沈靜（1986）。正視單親家庭子女。**我們的雜誌，20**，129-133。

兒童福利聯盟文教基金會（2007）。兒童校園「霸凌者」現況調查報告。取自http://www.children.org.tw/database_report.php?id=204&typeid=4&offset=20。

周育如（2015）。**聽寶寶說話**。臺北：親子天下。

周雅容（1996）。不同來源的社會支持與老年人的心理健康。人口變遷，國**民健康與社會安全，37**，219-246。

易家鉞、羅敦偉（1922）。**中國家庭問題**。臺北：水牛（1978年，臺版）。

林文瑛、王震武（1995）。中國父母的教養觀：嚴教觀或打罵觀？**本土心理學研究，**（3），2-92。

林如萍（1998）。**農家老人與其成年子女代間連帶之研究——從老人觀點分**

析。未出版博士論文，臺北：國立臺灣大學。

林惠雅（2008）。國小學童母親信念、教養目標和教養行為之類型初探：兼論其與子女學業表現之關聯。**應用心理研究**，**37**，181-213。

林菊枝（1980）。**婚姻與家庭（臺三版）**。臺北：正中。

林麗莉（1983）。**現代化過程與家庭價值觀變遷**。東吳大學社會研究所社會理論組碩士論文。

南南南譯（2003）。**解毒後現代**。臺北：校園。原著：Dennis McCallum (1996). *The Death of Truth*.

柯志鴻（2007）。潛藏在網路成癮背後的憂鬱症。**高醫醫訊月刊**，**27**（1）。

韋政通（1974）。**中國文化與現代生活**。臺北：水牛，35-67。

夏曉鵑（2000）。資本國際化下的國際婚姻──以臺灣的外籍新娘現象為例。**臺灣社會研究季刊**，**39**，45-92。

徐良熙、張英陣（1987）。臺灣的單親家庭：問題與展望。**中國社會學刊**，**11**，121-153。

徐澄清（1985）。**小時了了──嬰幼兒智能發展的一些問題（十七版）**。臺北：健康世界。

徐澄清（1985）。**因材施教──從出生的第一天開始（十八版）**。臺北：健康世界。

柴松林（1985）。明日世界。**婦女與家庭**，**38**。

涂妙如（2003）。影響家庭嬰幼兒照顧方式決策之相關因素研究。**家政教育學報**，**5**，95-120。

馬信行（1983）。**行為改變的理論與技術**。臺北：桂冠。

高淑貴、林如萍（1998）。農村老人與成年子女之代間交換。**農業推廣學報**，**15**，77-105。

高淑貴、賴爾柔、張雅萌（1989）。親職功能與青少年社會行為、學業成就關係之研究。行政院國家科學委員會專題研究計畫。

張春興（1984）。**跟孩子一起成長**。臺北市立社教館（幸福叢書第六輯），8。

張英陣、彭淑華（1996）。從優勢的觀點論單親家庭。東吳工作學報，**2**，227-272。

張清富、薛承泰、周月清（1995）。單親家庭現況及其因應策略之探討。行政院研考會。

張劍鳴譯（1970）。父母怎樣跟孩子說話。臺北：大地。

張瀞文（2009）。受傷生命的避風港——寄養家庭。中時電子報，2009年8月5日，取自：http://www.parenting.com.tw。

莊英章（1986）。家庭文化。變遷中的幼兒教育。臺北：豐泰文教基金會。

許雅惠（2001）。建構單親家庭支持方案之政策建議。線上檢索日期：2010年。

陸洛、陳欣宏（2002）。臺灣社會變遷中老人的家庭角色調適及代間關係之初探（1），應用心理研究，**14**，221-224。

馮燕（1996）我國社會托育政策的展望。理論與政策，**10**（4），111-130。

黃志成（1986）。學習障礙兒童教育之父母參與。特殊教育季刊，**19**。16-18。

黃明堅譯（1981）。第三波。臺北：經濟日報社。

黃迺毓（1987）。家園同心——家庭與幼兒園教養觀念的溝通。臺北：信誼基金會。

楊亮功（1980）。中國家族制度與儒家倫理思想。食貨月刊，復刊**11**卷**4**期，149。

楊國樞（1978）。現代社會的心理適應。臺北：水牛。

楊朝祥編著（1984）。生計輔導——終生的輔導歷程。臺北：行政院青輔會。

楊維哲（1987）。小家庭——圓。臺北：敦理，58-63。

楊懋春（1981）。中外文化與親屬關係。臺北：中央文物供應社，30-34。

楊懋春（1981）。中國家庭與倫理。臺北：中央文物供應社。

萬育維、王文娟譯（2002）。身心障礙家庭：建構專業與家庭的信賴聯盟。臺北：洪葉文化。原著：A. P. Turnbull, & R. Turnbull (2000). Families, professionals, and exceptionality: collaborating for empowerment.

葉光輝（2000）。家庭共親職互動文化類型之探討。中華心理衛生學刊，**13**（4），33-76。

葉光輝（2009）。臺灣民眾的代間交換行為：孝道觀點的探討。本土心理學研究，**31**，97-141。

劉清榕（1975）。現代化與家庭結構之關係。臺灣大學農業推廣學系，7002號報告。

鄧皓引（2013）。我不想和父母說話──青春期孩子的溝通狀況調查。載於愛家編輯部（主編），搞定你家的青少年（114-117頁）。臺北：愛家文化基金會。

鄭玉英（1986）。面對「資優風潮」父母如何安身立命。資優教育季刊，**18**，3-7。

鄭慧玲譯（1981）。家庭溝通。臺北：獅谷。

蕭新煌（1988）。家教的變與不變·聯合報副刊。3。

龍冠海（1976）。社會學（七版）。臺北：三民。

謝繼昌（1982）。中國家族研究的檢討。中央研究院民族學研究所專刊，乙種之10，255-280。

簡茂發（1986）。親職教育座談會。教師研習簡訊，**21**，29。

蘇建文（1996）。緒論。發展心理學。臺北：心理出版社。

二、英文部分

Adams, G. R., & Munro, G. (1979). Portrait of the North American runaway: A critical review. *Journal of Youth and Adolescence, 8*, 359-373.

Alwin, D. F. (1984). Trends in parental socialization values: Detroit, 1958-1983. *American Journal of Sociology, 90*, 359-382.

Assimina Tsibidaki (2013). Marital Relationship in Greek Families Raising a Child with a Severe Disability Electronic. *Journal of Research in Educational Psychology, 11*(1), 025-050.

Barber, C. E. (1980). Gender differences in experiencing the transition to the empty nest. *Family Perspective, 14*, 87-95.

Bart, P. (1975). The loneliness of the long distance mother. In J. Freeman, ed., *Women: A feminist perspective*. Palo Alto, CA: May field.

Baumrind, D. (1966). Effects of authoritative parental control and child behavior. *Child Development, 37*, 887-907.

Bell, R. Q. (1968). A reinterpretation of the direction of effects in studies of socialization. *Psychological Review, 75*, 81-95.

Belsky, J., & Cassidy, J. (1994). Attachment and close relationships: An individual-difference perspective. *Psychological inquiry*, *5*(1), 27-30.

Berne, E. (1961). *Transactional analysis in psychotherapy*. New York: Grove Press.

Berne, E. (1964). *Games people play*. New York: Grove Press.

Bigner, J. J. (1985). *Parent-child relations*. New York: Macmillan.

Bigner, J., Jacobson, B., Turner, J., & Bush-Rossnagel, N. (1982). The development of social competence in children. Paper presented at the 5th National Symposium on Building Family Strengths, Lincoln, Nebraska.

Buckley, W. (1967). *Sociology and modern systems theory*. New York: Prentice-Hall.

Buckley, W., ed. (1968). *Modern system research for the behavioral scientist*. Chicago: Aidine.

Burgess, E. W., & Locke, H. J. (1953). *The family*. New York: American Book. 462-470.

Burnette（1997）. Grandparents raising grandchildren in the inner city. Family in Social. *The Journal of Contemporary Human Sciences,78*(5), 498-499.

Burr. W. (1973). *Theory construction and the sociology of the family*. New York: Wiley.

Canino, F. J., and Reeve, R. E. (1980). General issues in working with parents of handicapped children. In R. Abibin, ed., *Parent education and intervention handbook*. Springfield, IL.: Charles C. Thomas.

Carter, D., & Welch, D. (1981). Parenting styles and children's behavior. *Family*

Relations. 30, 191-195.

Cherlin, A. J. (1981). *Marriage, divorce, remarriage*. Cambridge, MA: Havard University Press.

DeFrain, J. (1979). Androgynous Parents Tell Who They Are and What They Need. *The Family Coordinator, 28*(2), 237-243.

Driekurs, R. (1950). *The challenge of parenthood. Rev. ed*. New York: Duell, Sloan, and Pearce.

Driekurs, R., & Dinkmeyer, D. (1963). Encouraging children to learn. Englewood Cliffs, N. J.: Prentiss-Hall.

Duberman, L. (1973). Step-kin relationships. *Journal of Marriage and the Family, 35*, 283-292.

Duncan, G. J., & Hoffman, S. D. (1985). A reconsideration of the economic conse-quences of marital dissolution, *Demography, 22*(4), 485-497.

Duvall, E. M. (1977). *Marriage and family development, 5th ed*. Philadelphia: J. B. Lippincott.

Dyer, E. (1963). Parenthood as crisis: A restudy. *Journal of Marriage and the Fam-ily, 25,* 196-201.

Elkind, D. (1979). Culture, change, and children. In D. Elkind, ed., *The child and society.* New York: Oxford University Press.

Emery, R. E., & Tuer, M. (1993). Parenting and the marital relationship. *Parenting: An ecological perspective*, 121-148.

Erickson, E. H.(1963). *Childhood and society, (2nd ed.)* New York: Norton.

Erickson, E. H. (1950). *Childhood and society*. New York: Norton.

Fowler, W. (1972). A developmental learning approach to infant care in a group setting. *Merrill-Palmer Quarterly, 18*, 145-175.

Gelles, R. (1980). Violence in the family: A review of research in the seventies. *Journal of Marriage and the Family, 42*, 873-885.

Gelles, R., & Straus, M. (1979). Determinants of violence in the family. In W. Burr et al., eds., *Contemporary theories about the family. Vol. 1*. New York: Free

Press.

General Mills (1977). *Raising children in a changing society.* Minneapolis, Minn.: General Mills.

Ginsberg, E. (1972). *Career Guidance: Who needs it, who provides it, who can improve it.* New York: McGraw-Hill.

Goetting, A. (1982). The six stations of remarriage: Developmental tasks of remarriage after divorce. *Family Relations, 31*, 213-222.

Goldfarb, W. (1945). Effects of psychological deprivation in infancy and subsequent adjustment. *American Journal of Psychiatry, 102*, 18-33.

Good, C. V. (1973). *Dictionary of education, 3rd ed.* New York: McGraw-Hill.

Gordon, T. (1975). *Parent effectiveness training: The tested way to raise responsible children.* New York: Peter Wyden.

Gould, R. (1978). *Transformation: Growth and change in adult life.* New York: Simon and Schuster.

Harlow, H. (1958). The nature of love. *American Psychologist, 13*, 673-685.

Harris, I. (1959). *Normal children and mothers.* New York: Free Press.

Harris, T. (1969). *I'm OK－You're OK. Rev. ed.* New York: Harper and Row.

Havighurst, R. J. (1970). *Developmental tasks and education. Rev. 2nd ed.* New York: David Mackay.

Hedin, L., Höjer, I., & Brunnberg, E. (2012). Jokes and routines make everyday life a good life—On 'doing family' for young people in foster care in Sweden. *European Journal of Social Work, 15,* 613-628.

Hétu, R., Jones, L., & Getty, L. (1993). The impact of acquired hearing impairment on intimate relationships: Implications for rehabilitation. *Audiology, 32*(6), 363-380.

Hill, R., & Hansen, D. A. (1960). The identification of conceptual frameworks utilized in family study. *Marriage and Family Living, 42*, 729-741.

Hoffman, L. W., & Hoffman, M. L. (1973). The value of children to parents. In J. T. Fawcett, ed., *Psychological Perspectives on population.* New York: Basic

Books. 19-76.

Hurlock, E. (1980). *Developmental Psychology, 5ᵗʰ ed.* New York: McGraw-Hill.

Kalter, N., & Rembar, J. (1981). The significance of a child's age at the time of parental divorce. *American Journal of Orthopsychiatry, 51*, 85-100.

Karayan, S., & Gathercoal, P. (2005). Assessing service-learning in teacher education. *Teacher Education Quarterly, 32*(3), 79-92.

Kirk, S. A., & Gallagher, J. J. (1983). *Educating exceptional children.* Boston: Houghton Mifflin.

Lam, B. L., Lee, D. J., Gómez-Marín, O., Zheng, D. D., & Caban, A. J. (2006). Concurrent visual and hearing impairment and risk of mortality: the National Health Interview Survey. *Archives of ophthalmology, 124*(1), 95-101.

Lamb, M. E., ed. (2004). *The role of the father in child development.* John Wiley & Sons.

Lamb, M. E., Pleck, J. H., Charnov, E. L., & Levine, J. A. (1985). Paternal behavior in humans. *American Zoologist, 25*, 883-894.

Lang, O. (1946). *Chinese family and society.* New Haven: Yale University Press. 13.

Langer, N. (1990). Grandparents and adult grandchildren: What do they do for one another? *International Journal of Aging and Human Development, 31,* 101-110.

Le Master, E. E. (1957). Parenthood as crisis. *Marriage and Family Living, 19,* 352-355.

Le Master, E. E. (1974). *Parents in modern America.* Homewood, IL: Dorsey.

Levinson, D. (1978). *The seasons of a man's life,* New York: Knopf.

Lightfoot, E., & Slayter, E. (2014). Disentangling over-representation of parents with disabilities in the child welfare system: Exploring child maltreatment risk factors of parents with disabilities. *Children and Youth Services Review, 47,* 283-290.

Macrae, J., & Herbert-Jackson, E. (1976). Are behavioral effects of infant day care program specific? *Developmental Psychology, 12,* 269-270.

Martin, H. (1980). Working with parents of abused and neglected children. In R. Abidin, ed., *Parent education and intervention handbook.* Springfield, IL.: Charles C. Thomas.

Maultsby, H. (1979). Rational rules for making rules. *Interaction, 7.* 3-4.

McCallum, D. (2003) . The deth of Truth. 解毒後現代。臺北：校園。

McClelland, J. (1976). Stress and middle age. *Journal of Home Economics, 69*, 16-19.

Oliver, M., & Sapey, B. (1999). Social work with disabled people. London: Macmillan.

Orthner, D., Brown, T., & Ferguson, D. (1976). Single parent fatherhood: An emergent family life style. *Family Coordinator, 26*, 420-437.

Piaget, J. (1967). *Six psychological studies.* New York: Random House.

Queen, S. A., & Habenstein, R. W. (1967). *The family in various cultures, 3rd ed.* New York: J. B. Lippincott. 7.

Ribble, M. (1943). *The rights of infants*. New York: Columbia University Press.

Roe, A. (1957). Early determinants of vocational choice. *Journal of Counseling Psychology, 4*(3), 216.

Rollins, B. & Cannon, K. (1974). Marital satisfaction over the family life cycle: A reevaluation. *Journal of Marriage and the Family, 36*, 271-282.

Rossi, A. (1968). Transition to parenthood. *Journal of Marriage and the Family, 40*, 105-114.

Rothbard, N. P. (2001). Enriching or depleting? The dynamics of engagement in work and family roles. *Administrative Science Quarterly, 46*(4), 655-684.

Sagi, A., van IJzendoorn, M. H., Avizer, O., Donnell, F., & Mayseless, O. (1994). Sleeping out of home in a Kibbutz communal arrangement: It makes a difference for infant-mother attachment. *Child Development, 65*, 992-1004.

Salas, M. D., García-Martín, M. A., Fuentes, M. J., & Bernedo, I. M. (2014). Children's Emotional and Behavioral Problems in the Foster Family Context.

Journal of Child and Family Studies,24 (5), 1373–1383.

Scheetz, N. (1993). *Orientation to deafness.* Boston, MA: Allyn and Bacon.

Schulz, M. S., Cowan, P. A., Cowan, C. P., & Brennan R. T. (2004). Coming home upset: Gender, marital satisfaction, and the daily spillover of workday experience into couple interactions. *Journal of Family Psychology, 18*(1), 250-263.

Sears, R., Maccoby, E., & Levin, H. (1957). *Patterns of child rearing.* New York: Harper and Row.

Senge, P. (1990). *The Fifth Discipline: The art and practice of the learning organization.* New York: Doubleday.

Sheehy, G. (1976). *Passages: Predictable crises of adulthood.* New York: Dutton.

Sheerin, F.K., Keenan, P. M., & Lawler, D. (2013). Mothers with intellectual disabilities: interactions with children and family services in Ireland. *British Journal of Learning Disabilities, 41*, 189-196.

Skolnick, A., & Skolnick, J. (1980). *Family in transition, 3rd ed.* Boston: Little, Brown, & Co.

Spitz, R. (1945). Hospitalism. In O. Fenichel et al., eds., *Psychoanalytical study of the child. Vol. 1.* New York: International Universities Press.

Spock, B. (1946). *The common sense book of baby and child care.* New York: Duell, Sloan, and Pearce.

Steele, N. (1975). *Working with abusive parents from a psychiatric point of view.* Washington, D. C.: U. S. Government Printing Office.

Stephen, W. N. (1963). *The family in cross-cultural perspectives.* New York: Holt, Rinehard, and Winston.

Straus, M. (1980). *Husbands and wives as victims and aggressors in marital violence.* Paper presented at the annual meeting of the American Association for the Advancement of Science.

Strom, R., Rees, R., Slaughter, J., & Wurster, S. (1981). Childrearing expectations of families with atypical children. *American Journal of Orthopsychiatry, 51*, 285-296.

Targ, D. B. (1979). Toward a reassessment of women's experience at middle age. *Family Coordinator, 28,* 377-382.

Titus, S. (1976). Family Photography and transition to parenthood. *Journal of Marriage and the Family, 38*, 525-530.

Waters, E., Kondo-Ikemura, K., Posada, G., & Richters, J. E. (1991). Learning to love. In *Self processes and development: The Minnesota symposium in child development.* 217-255.

Watkins, H. D., & Bradbard, M. R. (1982). Child maltreatment: An overview with suggestions for intervention and research. *Family Relations, 31*, 323-333.

Watson, J. B. (1928). *Psychological care of infant and child.* New York: Norton.

Weiss, R. (1979). *Going it alone: The family life and social situation of the single parent.* New York: Basic Books.

Wellman & Wortley (1990) . Different strokes from different folks: Community ties and social support. *American Journal of Sociology, 96*(3), 558-588.

Williams, J. W., & Stith, M. (1980). *Middle childhood: Behavior and development.* New York: Macmillan.

Winch, R. (1971). *The modern family, 3ʳᵈ ed.* New York: Holt.

您，了没？

趕緊加入我們的粉絲專頁喲！

教育人文 & 影視新聞傳播～五南書香

等你來挖寶

【五南圖書 教育／傳播網】
https://www.facebook.com/wunan.t8

粉絲專頁提供──

書籍出版資訊（包括五南教科書、
知識用書，書泉生活用書等）

不定時小驚喜(如贈書活動或書籍折
扣等)

粉絲可詢問書籍事項（訂購書籍或
出版寫作均可）、留言分享心情或
資訊交流

封面圖
不定期
會更換

請此處加入
按讚

國家圖書館出版品預行編目資料

家庭教育導論／黃迺毓著. -- 初版. -- 臺北
市：五南圖書出版股份有限公司，2016.10
　　面；　公分
　ISBN 978-957-11-8791-4 (平裝)

1.家庭教育

528.2　　　　　　　　　105015817

1IZM

家庭教育導論

作　　　者 ― 黃迺毓（290.8）

企劃主編 ― 黃文瓊

責任編輯 ― 李敏華

封面設計 ― 陳翰陞

內文插畫 ― 陳德馨

出 版 者 ― 五南圖書出版股份有限公司

發 行 人 ― 楊榮川

總 經 理 ― 楊士清

總 編 輯 ― 楊秀麗

地　　　址：106台北市大安區和平東路二段339號4樓

電　　　話：(02)2705-5066　　傳　　真：(02)2706-6100

網　　　址：https://www.wunan.com.tw

電子郵件：wunan@wunan.com.tw

劃撥帳號：01068953

戶　　　名：五南圖書出版股份有限公司

法律顧問　林勝安律師

出版日期　2016年10月初版一刷
　　　　　2024年 9 月初版三刷

定　　　價　新臺幣380元

經典永恆・名著常在

五十週年的獻禮 —— 經典名著文庫

五南，五十年了，半個世紀，人生旅程的一大半，走過來了。

思索著，邁向百年的未來歷程，能為知識界、文化學術界作些什麼？

在速食文化的生態下，有什麼值得讓人雋永品味的？

歷代經典・當今名著，經過時間的洗禮，千錘百鍊，流傳至今，光芒耀人；

不僅使我們能領悟前人的智慧，同時也增深加廣我們思考的深度與視野。

我們決心投入巨資，有計畫的系統梳選，成立「經典名著文庫」，

希望收入古今中外思想性的、充滿睿智與獨見的經典、名著。

這是一項理想性的、永續性的巨大出版工程。

不在意讀者的眾寡，只考慮它的學術價值，力求完整展現先哲思想的軌跡；

為知識界開啟一片智慧之窗，營造一座百花綻放的世界文明公園，

任君遨遊、取菁吸蜜、嘉惠學子！